세토우치 홀리데이

세토우치 홀리데이

2023년 11월 3일 초판 1쇄 펴냄

지은이 인페인터글로벌
발행인 김산환
책임편집 윤소영
디자인 윤지영
지도 글터
펴낸 곳 꿈의지도
인쇄 다라니
종이 월드페이퍼

주소 경기도 파주시 경의로 1100, 604호
전화 070-7535-9416
팩스 031-947-1530
홈페이지 blog.naver.com/mountainfire
출판등록 2009년 10월 12일 제82호

979-11-6762-076-7
979-11-86581-33-9-14980(세트)

지은이와 꿈의지도 허락 없이는 어떠한 형태로도 이 책의 전부, 또는 일부를 이용할 수 없습니다.
※ 잘못된 책은 구입한 곳에서 바꿀 수 있습니다.

SETOUCHI
세토우치 홀리데이

글 · 사진 인페인터글로벌

꿈의지도

CONTENTS

010 〈세토우치 홀리데이〉 100배 활용법
012 프롤로그
014 세토우치 안내도

SETOUCHI BY STEP
여행준비&하이라이트

STEP 01
Preview
세토우치를 꿈꾸다
016

018 01 세토우치 MUST SEE
024 02 세토우치 MUST DO
028 03 세토우치 MUST EAT

STEP 02
Planning
세토우치를 그리다
030

032 01 세토우치의 5가지 키워드
034 02 나만의 세토우치 여행 레시피
036 03 세토우치 여행 추천 코스
043 04 세토우치 교통 정보

STEP 03
Enjoying
세토우치를 즐기다
048

050 01 시선 닿는 끝까지 절경, 세토우치 전망대
052 02 그 섬에 가고 싶다
054 03 세토우치 자전거 여행법
058 04 예술을 통한 섬과 바다의 복원
062 05 세토우치 아트 투어
066 06 세토우치 건축 순례
069 07 세토우치의 선물, 기념품 숍
072 08 섬과 바다에서 즐기는 액티비티
074 09 오코노미야키 로드
076 10 사누키 우동 완전 정복
080 11 한일 교류의 꽃, 조선통신사의 길

SETOUCHI BY AREA
세토우치 지역별 가이드

01 히로시마현

- **086** 히로시마현 세토우치 한눈에 보기
- **088** 히로시마현 키워드
- **089** 히로시마현 찾아가기

히로시마시
- **093** 돌아보기
- **094** 지도
- **096** 당일 추천 코스
- **097** SEE
- **102** EAT
- **104** BUY
- **107** SLEEP

미야지마
- **109** 돌아보기
- **110** 지도
- **111** 당일 추천 코스
- **112** SEE
- **116** EAT
- **120** BUY
- **122** SLEEP

구레시&다케하라시
- **125** 돌아보기
- **126** 2일 추천 코스
- **128** SEE
- **139** EAT
- **142** BUY
- **144** SLEEP

후쿠야마시&오노미치시
- **147** 돌아보기
- **148** 2일 추천 코스
- **150** SEE
- **164** EAT
- **166** BUY
- **168** SLEEP

02 오카야마현

- 172 오카야마현 세토우치 한눈에 보기
- 174 오카야마현 키워드
- 175 오카야마현 찾아가기

오카야마시
- 177 돌아보기
- 178 지도
- 180 당일 추천 코스
- 181 SEE
- 188 EAT
- 194 BUY
- 198 SLEEP

구라시키시
- 200 돌아보기
- 201 당일 추천 코스
- 202 지도
- 203 SEE
- 209 EAT
- 212 BUY
- 217 SLEEP

다마노시
- 219 돌아보기
- 220 당일 추천 코스
- 221 SEE
- 223 EAT

세토우치시&비젠시
- 225 돌아보기
- 226 당일 추천 코스
- 227 SEE
- 236 EAT
- 237 SLEEP

03 에히메현

- 240 에히메현 세토우치 한눈에 보기
- 242 에히메현 키워드
- 243 에히메현 찾아가기

마쓰야마시
- 245 돌아보기
- 246 당일 추천 코스
- 247 SEE
- 248 지도
- 260 EAT
- 265 BUY
- 268 SLEEP

이마바리시
- 273 돌아보기
- 274 당일 추천 코스
- 275 지도
- 276 SEE
- 283 EAT
- 287 SLEEP

우치코&오즈시
- 289 돌아보기
- 290 당일 추천 코스
- 291 SEE
- 298 EAT
- 299 BUY
- 299 SLEEP

04 가가와현

- **302** 가가와현 세토우치 한눈에 보기
- **304** 가가와현 키워드
- **305** 가가와현 찾아가기

다카마쓰시
- **309** 돌아보기
- **310** 당일 추천 코스
- **311** SEE
- **312** 지도
- **316** 메기지마
- **318** 오기지마
- **320** 세토우치 트리엔날레 작품 투어
- **322** EAT
- **328** BUY
- **331** SLEEP

쇼도시마
- **335** 돌아보기
- **337** 당일 추천 코스
- **338** 지도
- **339** SEE
- **342** 쇼도시마 간장 투어
- **347** 세토우치 트리엔날레 작품 투어
- **348** 데시마
- **351** EAT
- **354** BUY
- **355** SLEEP

나오시마
- **357** 돌아보기
- **358** 지도
- **359** 당일 추천 코스
- **360** SEE
- **364** 이에 프로젝트
- **367** EAT
- **368** BUY
- **369** SLEEP

사카이데시&마루가메시&고토히라
- **371** 돌아보기
- **372** 2일 추천 코스
- **374** SEE
- **382** EAT
- **385** BUY
- **386** SLEEP

SPECIAL_아와지시마
- **389** 아와지시마 돌아보기
- **390** 당일 추천 코스
- **391** SEE
- **394** EAT
- **385** BUY

- **396** 스마트한 여행준비
- **408** 인덱스

〈세토우치 홀리데이〉 100배 활용법

세토우치 여행 가이드로 〈세토우치 홀리데이〉를 선택하셨군요. '굿 초이스'입니다. 세토우치에서 뭘 보고, 뭘 먹고, 뭘 하고, 어디서 자야 할지 더 이상 고민하지 마세요. 친절하고 꼼꼼한 베테랑 〈세토우치 홀리데이〉와 함께라면 당신의 여행이 완벽해집니다.

01
세토우치를 꿈꾸다
STEP 01 ≫ PREVIEW 를 펼쳐 여행을 위한 워밍업을 시작해 보세요. 레트로한 소도시와 아름다운 섬들이 공존하는 세토우치에서 꼭 봐야 할 것, 해야 할 것, 먹어야 할 것들을 알려줍니다. 놓쳐서는 안 될 핵심 요소들을 사진으로 먼저 만나 보세요.

02
여행 스타일 정하기
STEP 02 ≫ PLANNING 을 보면서 나의 여행 스타일을 정해 보세요. 우선 역사, 지역, 기본정보로 세토우치와 가까워져 보세요. 그다음은 일정과 취향에 따라 핵심 여행 코스부터 주변 지역까지 연결하여 여행 스타일을 결정하세요.

03
세토우치를 즐기다
STEP 03 ≫ ENJOYING 을 보면서 보고 싶고, 먹고 싶고, 사고 싶은 것에 펜과 포스트잇을 들고 표시해 보세요. 가보고 싶은 섬과 보석 같은 소도시, 사누키 우동과 오코노미야키 같은 음식, 꼭 사야 할 기념품, 성공적 여행을 위한 숙박 가이드 등을 체크하면 됩니다.

04

여행지별 일정 짜기

여행의 콘셉트와 목적지를 정했다면 이제 여행지별로 동선을 짜 봅니다. 세토우치 지역편 의 도시별 추천 코스에서 그 도시의 관광지를 둘러보는 효율적인 동선을 제시해 줍니다. 세토우치 구석구석까지 안내하는 추천 루트만 따라가도 이동경로를 짜는 것이 수월해집니다.

05, 06

한눈에 보기 및 키워드

세토우치에 접한 히로시마현, 오카야마현, 에히메현, 가가와현 4개의 현으로 나눠서 여행자가 꼭 알아야 할 것들을 담았습니다.

세토우치 지역편 한눈에 보기에서는 큰 지역에 들어갈 때마다 지도와 함께 각 소도시별로 핵심 여행 정보를 알려줍니다. 세토우치 지역편 찾아가기 코너에서는 교통편과 여행지에서 이동할 수 있는 가장 효율적인 방법과 여행 팁, 관광안내소 위치를 꼼꼼히 알려줍니다.

07

홀리데이와 최고의 여행 즐기기

이제 모든 여행 준비가 끝났으니 〈세토우치 홀리데이〉가 필요 없어진 걸까요?
여행에서 돌아올 때까지 내려놓아서는 안 돼요. 여행 일정이 틀어지거나 계획하지 않은 모험을 즐기고 싶다면 언제라도 〈세토우치 홀리데이〉를 펼쳐야 하니까요.
〈세토우치 홀리데이〉는 당신의 여행을 끝까지 책임집니다.

011

prologue

박성희
〈오사카 홀리데이〉를 시작으로 행복한 여행자를 꿈꾸는 분들을 생각하며 일본의 다양한 지역 가이드북을 기획하고 있다. 이국적인 풍경과 류큐 문화를 경험할 수 있는 〈오키나와 홀리데이〉, 대자연이라는 멋진 공간에서 소박하게 살아가는 사람들을 만났던 〈홋카이도 홀리데이〉, 고난과 역경을 견디며 흔들리지 않고 단단한 삶의 지혜가 있는 〈도호쿠 홀리데이〉, 지역마다 사뭇 다른 매력 덕분에 새로운 지역의 가이드북을 준비하며 여행하고 있다. 세토우치 지역은 섬과 섬을 넘나드는 예술을 경험하고 탐험할 수 있는 곳이다. 나오시마도 유명하지만 이누지마, 오미시마, 데시마, 쇼도시마, 미야지마 등 짙푸른 바다와 수천 개의 섬이 어우러진 모든 풍경이 섬마다의 특색 있는 여행 스폿과 어우러져 예술과 자연을 통한 힐링을 선물해 준다. 세상에서 가장 아름다운 사이클링 로드 시마나미카이도, 지역 주민들이 달리는 열차 여행자에게 손을 흔들어 주며 환대하는 이요나다모노가타리! 세토우치 여행은 그림 같은 '세토 내해'로 잠시 들어가서 그림 속에 머무르는 시간 여행지이기도 하다. 아주 소소한 것들을 발견하는 여행을 좋아한다면 세토우치 모험을 추천한다.

이정선
'세토우치'라는 지역은 일본 여행을 자주 다닌 사람에게도 낯설다. 흔히 '47 도도부현'으로 일컬어지는 일본의 행정 구역이 아니라, '세토 내해'라는 거대한 바다를 둘러싸고 있는 연안 지역을 아우르는 명칭이기 때문이다. 즉, 히로시마현이나 가가와현은 들어봤어도 여기가 세토우치 지역에 속한다는 생각은 거의 하지 못한다. 이 책을 통해 각 도시의 고유한 특성과 함께, 세토 내해 공동체로서 공유하는 정서와 풍경, 문화를 최대한 담아내고자 했다. 교통과 물류의 창구가 되고 온화한 날씨를 선물하고 풍부한 어족자원을 아낌없이 내어주는 세토 내해. 눈이 시리도록 아름답고 고요한 바다를 바라보는 것만으로도 알 수 없는 위안을 받았다. 다시 하늘길이 열리고 저가 항공편도 재개된 요즘, 더 많은 사람들이 세토 내해와 더불어 살아가는 소도시와 섬을 여행하며 일본 여행의 새로운 매력을 발견할 수 있길 바란다.

이토미사코
세토우치라는 지역이 가진 아름다움과 온화한 기후, 그리고 따뜻한 사람들. 한번 방문하면 또 가고 싶어지는 그런 곳이라고 생각한다. 여행을 계획하면서 세토우치의 매력을 느껴보시길 바란다.

김하나

일본 여행 중에도 특히 소도시 여행을 좋아한다. 이유는 한적한 소도시에서 느낄 수 있는 여유와 정이 넘치는 현지 사람들의 모습에서 여행 그 이상의 행복을 맛볼 수 있기 때문이다. 〈세토우치 홀리데이〉 작업을 함께 하면서 특색 있는 소도시가 한데 모여 있는 세토우치의 매력을 다시 발견하게 되었다. 여기는 일정을 일주일 이상 잡고 여유롭게 떠나기 좋은 곳이다. 여행 속에서 진정한 행복을 찾고 싶은 독자라면 꼭 참고하면 좋겠다.

이경애

도쿄, 오사카 같은 대도시를 둘러보는 것으로 시작된 일본 여행이지만 관광과 쇼핑, 온천과 미식이 종합선물세트처럼 눈앞에 펼쳐진 곳이 바로 세토우치의 에히메현과 가가와현이다. 나에게는 가장 이상적인 여행지가 바로 세토우치 지역이다. 〈세토우치 홀리데이〉를 통해 더 많은 여행자가 세토우치를 알고 여행했으면 좋겠다.

우리에게 세토우치는...

〈세토우치 홀리데이〉를 펴내기까지 어쩌다 보니 6년이라는 시간이 걸렸다. 취재를 반복하고 다시 정보를 수정하면서 과연 이 책이 세상에 나올 수 있을까 생각한 적도 있다. 그래도 우리는 단념하지 않았다. 세토우치에서의 추억과 설렘이 있었기에. 세토우치 여행에서 만난 인연과 그들과 함께 만든 이야기, 그리고 그들이 알려준 여행 정보가 이 책을 보는 분께도 세토우치의 매력으로 전해졌으면 한다.

Special Thanks to

〈세토우치 홀리데이〉 제작에 협조를 해준 일본정부관광국(JNTO), 에히메현, Inpainterglobaljapan에 깊은 감사 말씀을 전합니다.

세토우치 위치도

동해
혼슈
도쿄
나고야
요코하마
시즈오카
세토우치
오사카
오카야마
고베
히로시마
다카마쓰
후쿠오카
마쓰야마
시코쿠
규슈

세토우치 여행 키워드

1. 일본의 지중해
2. 일본 소도시 여행의 보고
3. 일본 예술의 고향
4. 사누키 우동 VS 오코노미야키 먹방

세토우치 안내도

- 오카야마현
- 효고현
- 히로시마현
- 비젠시
- 히메지시
- 오카야마시
- 세토우치시
- 후쿠야마시
- 구라시키시
- 쇼도시마
- 이와지시마
- 히로시마시
- 다케하라시
- 오노미치시
- 세토 대교
- 사누키시
- 구레시
- 시마나미카이도
- 다카마쓰시
- **세토우치**
- 이마바리시
- 가가와현
- 나루토시
- 니이하마시
- 도쿠시마시
- 사이조시
- 마쓰야마시
- **시코쿠**
- 도쿠시마현
- 고치현
- 에히메현
- 오즈시

0 ────── 50km

5. 에도 시대 낭만 가득한 레트로 여행지
6. 마쓰야마·다카마쓰·히로시마·오카야마 등
  저가항공 취항지로 접근성 용이
7. 기차, 페리 등 다양한 교통편을 이용한 여행

Step 01
Preview

세토우치를
꿈꾸다

01 세토우치 MUST SEE
02 세토우치 MUST DO
03 세토우치 MUST EAT

PREVIEW 01
세토우치 MUST SEE

연두색 올리브가 알알이 열리는 언덕을 배경으로
짙푸른 바다와 수천 개의 섬이 펼쳐진 이국적인 풍광.
세토우치의 바다와 어우러진 모든 풍경은 그대로 화보가 된다.

1

기로산 전망대 (에히메현)
바다와 섬과 현수교가 그리는 절경 → **280p**

이쓰쿠시마 신사
(히로시마현)

신비로운 물 위의 신사
→ 113p

리쓰린 공원
(가가와현)

한 폭의 동양화 같은
국보급 정원 → 313p

고토히라궁
(가가와현)

일생에 한 번은
가봐야 한다는
행복의 신사 → 380p

5

신쇼지 (히로시마현)
예술과 건축이 빚어낸 새로운 명상 체험 → 152p

6

나오시마 & 이누지마 (가가와현)
작은 섬마을을 살린 예술의 힘 → 358p

오리즈루 타워 (히로시마현)

히로시마의 꿈이 담긴
전망 타워 → **098p**

7

구라시키 미관지구 (오카야마현)

300년 전 풍경을 간직한 창고 마을 → **201p**

8

쇼도시마 올리브 공원
(가가와현)

여기가 바로 그리스 지중해
→ **341p**

9

도고온천
(에히메현)

일본에서 가장 오래된
유서 깊은 온천마을 → **255p**

10

11 고라쿠엔 (오카야마현)

아름다운 성과 어우러진
일본 3대 정원 → **183p**

12 오사키시모지마 미타라이 지구 (히로시마현)

빈티지 항구도시에서 시간 여행 → **133p**

1 섬과 바다를 끼고 질주하는 사이클링 성지, 시마나미카이도 → **054p**

> PREVIEW **02**

세토우치
MUST DO

바다 풍경을 만끽할 수 있는 사이클링, 테마 열차, 온천, 내 손으로 만들어보는 사누키 우동, 오더 메이드 청바지까지. 어느 것 하나 놓칠 수 없다.

3 섬과 섬을 넘나들며 즐기는 예술 탐험, 세토우치 트리엔날레 → **060p**

2 해안 따라 달리는 로맨틱 테마 열차, 이요나다모노가타리 → **298p**

4 망망대해 한가운데서 누리는 힐링의 시간,
바다 전망 온천 → **170p**

5 개성 만점 레트로 상점가 구경하기,
오노미치 상점가 → **168p**

6 내 손으로 만들어 먹는 사누키 우동, 나카노 우동학교 → 382p

8 박진감 넘치는 소용돌이를 코앞에서,
　나루토 해협 소용돌이 크루즈 → 395p

7 시간이 빚어낸 전통의 맛, 쇼도시마 간장 양조장 투어 → **344p**

9 오더 메이드 청바지,
고지마 진즈 스트리트 → **218p**

10 그림 같은 풍경과 함께 커피 타임,
바다 전망 카페 → **118p**

PREVIEW 03

세토우치 MUST EAT

어부의 삶을 지탱해준 풍요로운 바다는
뛰어난 식문화가 전래되는 통로이기도 했다.
자연과 사람이 함께 빚어낸 다채로운 세토우치의 음식을 즐겨보자.

원조의 맛, 히로시마풍
오코노미야키

튀기고 찌고 굽고 생으로
먹어도 맛있는 굴

고급스러운 풍미 한 그릇,
붕장어 덮밥

입 안에서 춤추는
탱탱한 면발, 사누키 우동

제철 과일 듬뿍 올린
과일 파르페

솥밥, 국수, 라멘 등
도미 요리의 무한 변신

담백하고 건강하게 즐기는
섬의 식사

시원한 맥주가 생각나는
숯불 닭구이, 호네쓰키도리

단짠의 오묘한 조화,
쇼도시마 간장 푸딩

양파가 주연이자 조연,
아와지시마 양파 버거

하루 한 잔 새콤달콤
귤 주스

친숙해서 더 당기는 맛,
데미카쓰돈

후루룩 찰진 면발,
쇼도시마 소면

세토우치 식재료의
고급스러운 변신,
가이세키 요리

눈과 입으로 행복 충전,
과일 디저트

01 세토우치의 **5가지 키워드**
02 나만의 세토우치 **여행 레시피**

Step 02
Planning

세토우치를 **그리다**

03 세토우치 여행 추천 코스
04 세토우치 교통 정보

PLANNING 01
세토우치의 **5가지 키워드**

세토우치는 일본의 가장 큰 내해와 그 연안 지역을 아우르는 명칭이다. 규슈, 주고쿠, 시코쿠 및 간사이 지역에 걸쳐 있는 이 광대한 영역은 유사한 기후와 역사, 풍습을 공유하며, 이제까지 알던 일본과는 결이 사뭇 다르다. 낯선 만큼 궁금해지는 세토우치로 떠나기 전, 알아두면 좋을 5가지 키워드를 소개한다.

1 일본의 지중해

동서 길이 450km, 남북으로 15~55km의 길고 좁은 바다인 세토 내해는 일명 '일본의 지중해'로 통한다. 육지에 둘러싸여 호수 같이 잔잔한 해면에 크고 작은 수천의 섬이 점점이 흩뿌려져 있는 풍광은 한눈에도 지중해를 연상시킨다. 예로부터 해상 교역의 중심지로 번영을 누렸으며 연중 건조하고 온화한 기후와 그 속에서 연두빛 올리브가 알알이 자라는 것까지 지중해와 꼭 닮아 있는 등 많은 공통점을 찾을 수 있다.

2 다채로운 미식 천국

오사카 사람들이 최고의 어장으로 치는 세토 내해는 특히 도미, 굴, 붕장어, 문어 등이 맛 좋기로 유명하다. 도미밥, 가키오코(굴 오코노미야키), 문어 덮밥 등 다양한 해산물 요리는 세토우치가 선사하는 바다의 맛이다. 올리브, 레몬, 라임 등 이국적인 과실도 주렁주렁 열리고 감귤의 종류는 40가지가 넘는다. 케이크, 주스, 잼, 아이스크림 등 여행 내내 상큼 달콤한 디저트 타임이 기다리고 있다.

3 세토 내해의 지배자, 무라카미 가문

바다에는 육지와는 또 다른 역사가 흐른다. 약 400년 동안 바다의 왕으로 군림한 무라카미 가문은 세토 내해 역사의 주인공이다. 인노시마, 구루시마, 유게지마 등을 거점 삼아 해상권을 장악하고 통행세를 받거나 유력 가문의 편에 서서 수군이 되기도 하며 세토 내해의 명실상부한 지배자가 되었다. 1588년 해적 활동 금지령이 선포되기 전까지 세토 내해 곳곳에 관련 유적이나 설화를 남겼다.

4 건축과 예술을 통한 지역 재생

산업화 도시화가 가속되면서 연안의 공장 폐수나 생활 하수가 세토 내해로 무분별하게 쏟아졌고 심각한 환경 문제로 이어졌다. 젊은이들마저 도시로 빠져나가 폐허처럼 변한 섬마을은 1980년대 후반부터 뜻있는 사람들을 통해 서서히 달라지게 된다. 그 변화의 중심에 건축과 예술이 있었다. 베네세 재단이 뿌린 씨앗은 세토우치 트리엔날레로 꽃을 활짝 피웠고, 지역 재생의 새로운 패러다임으로 평가 받고 있다.

5 매력적인 소도시 여행지

세토우치는 과거에 번영을 누렸으나 현재는 그 흔적만이 남은 항구도시, 하루에 배가 서너 차례밖에 닿지 않는 섬마을, 대단한 관광지는커녕 편의점조차 변변치 않은 소도시가 대부분이다. 다소 불편할 수는 있지만 여유롭고 느린 시간을 보내고 싶은 여행자에겐 더할 나위 없는 곳이다. 또한 일본 여행의 뻔한 루트에 싫증이 난 사람에게도 새로운 즐거움을 발견할 수 있는 매력적인 소도시 여행지다.

PLANNING 02

나만의 세토우치 **여행 레시피**

세토 내해 연안의 여러 도시를 아우르는 세토우치는 일본에서 가장 아름다운 섬과 바다를 만날 수 있는 여행지다. 새로운 일본을 만날 수 있는 이 여행의 주인공이 되어 보자.

여행 기간은?

서쪽의 규슈 후쿠오카현부터 동쪽으로 간사이 효고현까지 아우르는 세토우치 지역을 한번에 다 여행하겠다는 것은 말 그대로 욕심이다. 자신의 관심 분야나 취향에 따라서 꼭 가보고 싶은 장소를 정하고 그곳을 중심으로 스케줄을 짜는 것이 좋다. 한 지역만 집중적으로 간다면 2박 3일도 가능하다. 2~3개 지역을 여행하고 싶다면 4박 5일 이상 계획할 것을 추천한다. 세토우치 여행에 유용한 JR 패스(세토우치 에어리어 패스)도 5일 기준으로 나와 있다.

여행하기 좋은 계절과 시기는?

연중 온화하고 화창한 기후의 세토우치 지역은 사계절 여행하기 좋은 곳이다. 여름에도 비교적 강수량이 적고, 산간 지역을 제외하고는 한겨울 폭설도 드물어 야외 활동에도 적합하다. 섬과 육지에 둘러싸인 바다는 파도가 잔잔해 패들보드나 씨카약과 같은 바다 레포츠에 안성맞춤이다. 다만 한여름에는 뜨거운 햇살이 못 견딜 정도로 작렬하니 사이클링을 즐기고 싶다면 7~8월은 가급적 피하도록 하자. 한여름이 아니어도 직사광선을 막아줄 양산이나 모자, 선글라스 등을 가져가는 것이 좋다.

여행 예산은?

세토우치 지역은 저가항공을 비교적 폭넓게 이용할 수 있어 티켓을 빨리 예매하면 비용을 절약할 수 있다. 각 항공사에서 판매하는 얼리버드 티켓을 노려보자. 교통비는 JR 패스 이용 시 종류에 따라 1만 3,500~1만 7,000엔(5일, 성인 기준)이다. 섬 여행을 계획 중이라면 왕복 승선 요금을 따로 책정해두어야 한다. JR 패스 종류에 따라 특정 구간의 선박을 탈 수 있기도 하니 꼼꼼히 알아보자. 숙박비를 제외한 입장료, 식사비, 간식비 등은 하루 1인당 3,000~5,000엔 정도로 잡고 여행 기간에 따라 계산하면 된다.

일본은 우리나라와 달리 신용카드 사용이 안 되

는 곳이 의외로 많다. 특히 소도시의 식당이나 상점에서 현금만 받는 경우가 있으니 현지에서의 여행 경비는 가능하면 현금으로 가져가도록 하자. 일본의 공식 통화인 엔화는 1엔, 5엔, 10엔, 50엔, 100엔, 500엔의 동전이 있으며, 지폐는 1,000엔, 5,000엔, 10,000엔이 쓰인다. 환율은 100엔이 910엔 정도(2023년 10월 기준)이다.

숙박은 어디서?

가장 일반적인 숙박은 비즈니스 호텔이다. 교통과 시내 관광이 편리하며, 1박 숙박 요금은 5,000~8,000엔이다. 전 세계에서 온 여행자들과 교류할 수 있는 게스트하우스는 3,000엔 내외(도미토리 기준)로 저렴한 편이다. 대신 잠자리는 불편할 수 있고 역과의 거리가 다소 떨어진 경우가 있다. 섬은 민박이 주를 이루며 1박에 4,000~5,000엔이다. 섬에는 가게가 변변치 않기 때문에 민박집에서 식당을 겸하기도 한다. 쇼도시마 같이 오래전부터 휴양지로 이름난 섬에는 리조트 호텔이나 온천 료칸도 찾아볼 수 있다. 세토 내해를 바라보며 온천을 즐기고 저녁 식사로 가이세키 코스 요리가 포함된 료칸의 하루 숙박비는 1인당 15,000~20,000엔 정도 예상하면 된다. 법정 공휴일이 포함된 연휴나 4월 말 5월 초의 골든 위크, 여름 휴가철, 연말연시에는 숙박 요금이 상승하며 방을 잡기 어려울 수도 있으니 가능한 빨리 알아보는 것이 좋다.

세토우치 항공권 예약하기

최근 몇 년 사이 세토우치 지역 직통 항공 노선이 여럿 생기면서 선택의 폭이 넓어졌다. 에히메현, 가가와현 등 주요 여행지와 가까운 공항을 선택할 수 있고, 운항 편수가 많은 후쿠오카 공항이나 간사이공항을 통해 일정을 계획하는 것도 가능하다.

후쿠오카공항

운항사 대한항공, 아시아나, 진에어, 제주에어, 에어서울, 에어부산, 티웨이항공
운항 일정 매일
소요 시간 1시간 20분
홈페이지 www.fukuoka-airport.jp

히로시마공항

운항사 제주에어
운항 일정 10월 28일부터 매일 운항
소요 시간 1시간 20분
홈페이지 www.hij.airport.jp

마쓰야마공항

운항사 제주에어
운항 일정 주 5회(월·화·목·토·일요일)
소요 시간 1시간 30분
홈페이지 www.matsuyama-airport.co.jp

다카마쓰공항

운항사 에어서울
운항 일정 매일
소요 시간 1시간 35분
홈페이지 www.takamatsu-airport.com

오카야마 모모타로공항

운항사 대한항공
운항 일정 주 3회(수, 금, 일요일)
소요 시간 1시간 30분
홈페이지 www.okayama-airport.org

간사이공항

운항사 대한항공, 아시아나, 진에어, 제주에어, 에어서울, 에어부산, 티웨이항공
운항 일정 매일
소요 시간 1시간 45분
홈페이지 www.kansai-airport.or.jp

PLANNING 03

세토우치 여행 추천 코스

여러 현과 섬들이 포함되어 있어 다양한 루트와 방식으로 여행할 수 있는 세토우치 지역.
짧고 굵은 주말 여행부터 취향에 따라 쏙쏙 골라가는 테마 여행까지 다 가능하다.

세토우치 2박3일 주말 여행

저가항공의 취항으로 한층 더 가까워진 세토우치 여행. 항공편이 편리한 지역을 중심으로 가볍게 떠날 수 있는 주말 여행을 계획해 보자.

에히메현 2박3일

공항과 거리가 가까운 마쓰야마 시내와 각종 창작물에 모티브가 된 유서 깊은 온천마을, 고풍스러운 오즈의 옛 거리 등 에히메현의 다채로운 매력을 느끼기에 2박3일이면 충분하다.

1일 도고온천

오후 마쓰야마공항 입국, 리무진 버스로 이동 (40분 소요)
도고온천 료칸 숙박(1박)
숙소 온천 즐기면서 휴식
가이세키 코스 요리로 저녁 식사 즐기기
도고온천 상점가 밤 산책하며 족욕 즐기기

2일 도고온천 & 오즈

오전 도고온천 본관, 아스카노유에서 온천 즐기기
봇짱 열차 타고 마쓰야마 시내로 이동 (15분 소요)
오후 JR 특급 열차 타고 이요오즈역으로 이동 (35분 소요)
오즈에서 점심 식사 및 빈티지 카페 가기
가류 산장 관람하기
오모이데소코에서 빈티지 물건 구경하기
JR 특급 열차로 마쓰야마역으로 이동 (35분 소요)
마쓰야마 시내 숙박(1박)
시내에서 시원한 맥주와 야키토리 또는 오코노미야키 즐기기

3일 마쓰야마

오전 마쓰야마성 관광하기
시내에서 점심 식사 & 쇼핑하기
오후 마쓰야마공항으로 이동(20분 소요)
마쓰야마공항 출국

가가와현 2박3일

교통이 편리한 다카마쓰를 중심으로 유수의 관광지인 고토히라궁이 자리한 고토히라, 세계적으로 이름난 '예술의 섬' 나오시마를 관통하는 가가와현 알짜 여행이다.

1일 고토히라

오전 다카마쓰공항 입국, 리무진 버스로 고토히라로 이동(50분 소요)
오후 나카노 우동 학교에서 우동 만들어 먹기
고토히라궁 참배
곤피라 온천향 료칸 숙박(1박)

2일 나오시마

오전 페리 타고 나오시마 이동(1시간 소요)
지추 뮤지엄 & 베네세 하우스 뮤지엄 관람

오후 혼무라항 주변에서 점심 식사
나오시마 이에 프로젝트 관람
페리 타고 다카마쓰항 이동(1시간 소요)
리쓰린 공원 산책하기
숯불 닭구이 호네쓰키도리로 저녁 식사
다카마쓰 시내 호텔 숙박(1박)

3일 다카마쓰

오전 다카마쓰공항으로 이동
다카마쓰공항 출국

오카야마현 2박3일

운하가 흐르는 고풍스런 거리를 따라 세련된 물건이 즐비한 구라시키 미관지구와 활기 넘치는 오카야마의 시내 관광까지 더한 알짜배기 여행을 계획해 보자.

1일 오카야마

오전 오카야마공항 입국, 리무진버스로 이동(30분 소요)
오후 데미카쓰돈으로 점심 식사
오카야마성 & 고라쿠엔 관광하기
시내 카페에서 커피 즐기기
이온몰에서 쇼핑하기
오카야마 시내 비즈니스 호텔 숙박(1박)

2일 구라시키

오전 열차 타고 JR 구라시키역으로 이동(20분 소요)
오하라 미술관 관람하기
오후 구라시키 미관지구에서 점심 식사
디저트로 과일 파르페 맛보기
구라시키 미관지구 산책 & 쇼핑하기
구라시키 시내 게스트하우스 또는 비즈니스 호텔 숙박(1박)

3일 오카야마

오전 오카야마공항으로 이동하기
오카야마공항 출국

세토우치 **4박5일 테마 여행**

지중해를 닮은 자연과 기후를 바탕으로 독자적인 해양문화를 발전시켜온 세토우치. 그 풍부한 아름다움을 만끽할 수 있는 세 가지 여행법을 소개한다.

건축 & 예술 여행

세토우치의 수려한 풍경은 많은 예술가와 건축가에 영감을 주고 곳곳에 그 결과물을 남겼다. 크고 작은 도시와 섬을 넘나들며 예술의 바다에 빠져보자.

1일 히로시마

오전 히로시마공항 입국, 리무진 버스 타고 히로시마 시내 이동(50분 소요)
오후 히로시마 미술관 관람
오리즈루 타워
히로시마 오코노미야키로 저녁 식사
히로시마 시내 숙박(1박)

2일 후쿠야마 & 오카야마

오전 평화기념공원 산책하기 & 기념관 관람
신칸센 타고 JR 후쿠야마역으로 이동
(25분 소요)
오후 버스 타고 신쇼지로 이동(30분 소요)
신쇼지 산책 및 명상체험, 우동으로 점심 식사
버스 타고 후쿠야마역 이동(30분 소요)
신칸센 타고 오카야마역 이동(20분 소요)
오카야마 명물 데미카쓰돈으로 저녁 식사
오카야마 시내 숙박(1박)

3일 나오시마

오전 우노항으로 이동
(열차 또는 버스 1시간 소요)
페리 타고 나오시마 미야노우라항 이동
(20분 소요)
지추 뮤지엄 & 베네세 하우스 뮤지엄 관람
오후 혼무라항 주변에서 점심 식사
나오시마 이에 프로젝트 관람
페리 타고 다카마쓰항 이동(1시간 소요)
다카마쓰 시내 숙박(2박)

4일 데시마 & 이누지마

오전 다카마쓰항에서 페리 타고 데시마 이동
(50분 소요)
고속선 타고 이누지마 이동(25분 소요)
이누지마 제련소 미술관&이에 프로젝트
관람
오후 고속선 타고 데시마 이동(25분 소요)
버스 타고 이동(10분)
데시마 미술관 관람하기
버스 타고 항구 이동(10분)
고속선 타고 다카마쓰항 이동(35분 소요)

5일 다카마쓰

오전 다카마쓰공항으로 이동(50분)
다카마쓰공항 출국

소도시 레트로 여행

세토우치는 소도시 여행에 최적화된 지역이다. 느린 시간 속에서 고유의 풍경이 고스란히 남은 소도시를 발견하는 기쁨을 누릴 수 있다.

1일 구라시키

오전 오카야마공항 입국, 리무진버스 이동
(35분 이동)
오후 구라시키 미관지구에서 점심 식사
고민가 카페에서 과일 파르페 맛보기
옛 골목길을 산책하며 수공예품 구경하기
고민가 게스트하우스에서 숙박(1박)

2일 도모노우라

오전 열차 타고 JR 후쿠야마역으로 이동
(40분 소요)
버스 타고 도모노우라 이동(30분 소요)
오후 옛 항구도시 도모노우라 거리 산책하기
조선통신사의 영빈관 후쿠젠지 돌아보기
지역 명주를 만들던 옛 양조장 구경하기
도모노우라 온천 료칸에서 숙박(1박)

3일 다케하라 & 미타라이 지구
(오사키시모지마)

오전 버스 타고 JR 후쿠야마역으로 이동
(30분 소요)
열차 타고 JR 다케하라역으로 이동
(약 1시간 20분 소요)
다케하라 옛 거리 산책하기
오후 고속선 타고 다케하라항에서 오초항으로
이동(45분 소요)

미타라이 지구 산책하기
고속선 타고 오초항에서 다케하라항으로 이동(45분 소요)
열차 타고 다케하라역에서 구레역으로 이동(1시간 10분 소요)
구레 시내 숙박(1박)

미쓰하마야끼로 점심 식사
미쓰하마 거리 산책하기
- 오후 노면 전차 타고 도고온천으로 이동(50분)
도고온천 료칸에서 숙박 & 온천 후 휴식
료칸에서 가이세키 요리로 저녁 식사
온천가 밤 산책하기

4일 미쓰하마 & 도고온천

- 오전 구레항에서 마쓰야마항으로 이동(55분 소요)
마쓰야마항에서 도보로 다카하마역으로 이동 후 교외선 전차 타고 미쓰역으로 이동(6분 소요)

5일 도고온천

- 오전 도고온천 본관 또는 아스카노유에서 온천 즐기기
도고온천 상점가 쇼핑하기
- 오후 마쓰야마공항 이동(40분)
마쓰야마공항 출국

세토우치 미식 여행

최고의 어장으로 불린 바다와 이국적인 과실을 키워내는 온화한 기후, 전통의 맛을 지키고 발전시킨 세토우치는 미식의 천국이다.

1일 다카마쓰

- 오전 다카마쓰공항 입국, 리무진 버스 타고 이동(50분 소요)
- 오후 사누키 우동버스 투어(우동집 두 곳)
리쓰린 공원 또는 야시마 관광
(요일에 따라 다름)
다카마쓰 시내 숙박(2박)

2일 쇼도시마

- 오전 페리 타고 다카마쓰항에서 도노쇼항으로 이동(1시간 소요)
버스 타고 올리브 공원 이동(30분)
올리브 아이스크림 맛보기
쇼도시마에서 일품으로 차려진 점심 식사

오후 버스 타고 간장마을 이동
간장 양조장 투어 및 간장 푸딩과 아이스크림 맛보기
페리 타고 도노쇼항에서 다카마쓰항으로 이동(1시간 소요)
숯불 닭구이 호네쓰키도리와 맥주 한 잔

3일 오카야마 & 오노미치

오전 열차 타고 JR 오카야마역으로 이동
(1시간 소요)
고라쿠엔 & 오카야마성 관광
오카야마 과일 파르페 투어

오후 열차 타고 JR 오노미치역으로 이동
(신칸센+보통열차 50분 소요)
오노미치 상점가에서 점심 식사
센코지 공원 & 고양이 골목길 산책하기
오노미치 베이커리 & 카페 투어
오노미치 시내 숙박(1박)

4일 미야지마 & 히로시마

오전 신칸센 타고 JR 히로시마역으로 이동
(40분 소요)
열차 타고 JR 미야지마구치역으로 이동
(30분 소요)
명물 붕장어 덮밥으로 점심 식사
페리 타고 미야지마로 이동(10분 소요)

오후 미야지마 오모테산도 상점가 구경하기
즉석 굴 구이, 모미지 만주 등 주전부리 즐기기
이쓰쿠시마 신사 돌아보기
고민가 전망 카페에서 티타임
페리 & 열차 타고 히로시마 시내로 이동
(1시간 소요)
히로시마 오코노미야키로 저녁 식사
히로시마 시내 숙박(1박)

5일 히로시마

오전 히로시마공항으로 이동(50분 소요)
히로시마공항 출국

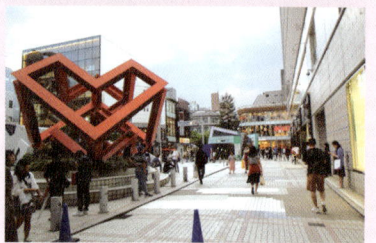

PLANNING 04

세토우치 교통 정보

세토우치 전역을 지상에서 연결하는 열차와 바닷길을 따라 운항하는 선박, 그리고 보다 자유롭게 구석구석 여행할 수 있는 렌터카까지. 세토우치 여행에 꼭 필요한 교통 정보 총정리.

열차

일본의 여러 지역을 여행할 때 가장 편리한 수단은 열차이다. '땅 위의 항공'이라 불리는 신칸센을 비롯해 운행 구간, 좌석 등에 따라 다양한 열차가 대도시부터 중소도시, 농어촌 지역까지 아우르고 있다. 가격적인 면에서도 외국인 여행자를 위한 JR 패스를 이용해 교통 비용을 절감할 수 있다. JR 패스는 일본 JR 주요 역의 티켓 창구에서 판매한다. 국내에서 여행사를 통해 미리 예약 구매하거나 JR WEST 홈페이지에서 구매하면 좀 더 저렴하다. 온·오프라인으로 발급받은 교환권은 현지의 JR 티켓 창구에서 실물 티켓으로 교환해야 한다. 외국인 관광객 전용이므로 교환 시 여권이 필요하다. JR 패스 이용자는 일반 자동개찰구가 아닌, 역무원이 있는 문을 통과해야 한다. 개시하는 첫날 역무원이 해당 날짜가 찍힌 스탬프를 패스에 찍어 준다. 그 후 개찰구 통과 시 JR 패스의 날짜가 찍힌 부분을 역무원에게 보여주면 된다.

세토우치 여행에 유용한 JR 패스

세토우치 에리어 패스 SETOUCHI AREA PASS

후쿠오카현, 히로시마현, 에히메현, 오카야마현, 가가와현, 효고현 등에 걸쳐 있는 세토우치 지역 여행 맞춤 교통 패스. 신칸센을 포함한 JR 열차뿐 아니라 특정 구간의 선박과 고속버스도 이용할 수 있어서 다양한 루트로 계획이 가능하다. 후쿠오카공항과 간사이공항까지 닿아 있어 항공권 선택의 폭도 넓다.

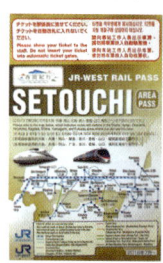

요금 연속 7일권 22,000엔 (어린이는 반값)
홈페이지 www.westjr.co.jp/global/en/ticket/setouchi/areapass/

산요 산인 패스 SANYO SANIN PASS

간사이 지역과 더불어 산요(오카야마·히로시마·야마구치)와 산인(돗토리·시마네) 지역 등 서일본 지역 거의 대부분을 아우르는 JR 패스. 지역 내 신칸센을 이용할 수 있으며 미야지마 페리도 탈 수 있다. 시코쿠 지역은 다카마쓰역까지만 해당된다.

요금 연속 7일권 23,000엔(어린이는 반값)
홈페이지 www.westjr.co.jp/global/kr/ticket/pass/sanyo_sanin/

간사이 히로시마 패스
KANSAI HIROSHIMA PASS

간사이공항을 이용하여 히로시마, 오노미치, 구라시키, 오카야마, 다카마쓰 등을 여행하고자 할 때 유용한 레일 패스이다. 오사카, 교토 등도 포함한 여행을 계획할 수도 있다.

요금 연속 5일권 17,000엔(어린이는 반값)
홈페이지 www.westjr.co.jp/global/kr/ticket/pass/kansai_hiroshima/

시코쿠 레일 패스 SHIKOKU RAIL PASS

시코쿠 전 지역에서 이용할 수 있는 레일 패스로, 세토우치 지역에 속한 에히메현과 가가와현을 비롯해서 도쿠시마현과 고치현을 여행할 때 유용하다. JR 열차뿐 아니라 시내의 노면 전차도 탈 수 있고 쇼도시마 페리, 올리브 버스 등도 포함된다. 마쓰야마 관광항과 구레항, 히로시마항을 잇는 페리 및 고속선의 요금도 30% 할인받을 수 있다.

요금
연속 3일권 12,000엔
연속 4일권 15,000엔
연속 5일권 17,000엔
연속 7일권 20,000엔
(한국 내 구입 기준, 어린이는 반값)
홈페이지 shikoku-railwaytrip.com/kr/railpass.html

오카야마 히로시마 야마구치 패스
OKAYAMA HIROSHIMA YAMAGUCHI PASS

후쿠오카공항을 포함해서 시모노세키, 야마구치, 히로시마, 오카야마, 다카마쓰 등을 여행할 수 있는 레일 패스이다. 후쿠오카공항과 가까운 JR 하카타역에서 신칸센으로 히로시마역까지 1시간 정도밖에 걸리지 않아 이 항공편으로 계획하는 것도 가능하다.

요금 연속 5일권 17,000엔(한국 내 구입 기준, 어린이는 반값)
홈페이지 www.westjr.co.jp/global/kr/ticket/pass/okayama_hiroshima_yamaguchi/

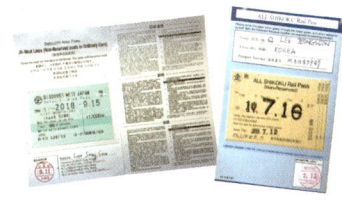

Tip 일본 열차시간 검색하기

과거에는 두꺼운 열차 시간표 책자가 역마다 있었지만 지금은 스마트폰이나 PC로 손쉽게 출·도착 시간, 환승 역, 열차 플랫폼 번호, 요금 등을 검색할 수 있다. 검색 사이트로 가장 흔히 사용하는 것은 야후 재팬(www.yahoo.co.jp)의 노선정보 路線情報이다. 스마트폰에서 홈페이지로 들어가서 상단의 기차 모양 아이콘(PC에서는 왼편에 위치)을 누르고 출발지와 도착지를 입력(영어로도 가능)하면 열차, 고속버스, 선박 등의 교통정보가 바로 나온다. 당장 열차 시간 확인이 필요할 때는 구글 지도만 한 것이 없다. 현재 위치에서 도보 이동 시간도 나와 있어서 기차를 제 시간에 타는 데 도움이 된다. 기상 이변이나 사고 등으로 인해 열차 지연 및 취소가 발생하기도 하는데 이 경우에는 JR WEST 홈페이지(www.westjr.co.jp) 메인 화면의 열차 운행 정보를 확인하도록 하자.

선박

세토우치 지역에서 섬과 섬을 연결하는 뱃길은 버스나 노면 전차만큼 주민들의 일상적인 교통수단이다. 승객이 이용하는 선박은 크게 페리와 고속선으로 나뉜다. 자동차도 실을 수 있고 300~500명이 탈 수 있는 페리는 안전성이 높은데 반해 속도는 느린 편이다. 페리 내에는 음료수 자판기나 간단한 음식을 판매하는 매점이 있기도 하다. 주로 100명 이하의 승객이 이용하거나 경우에 따라 자전거 정도만 실을 수 있는 고속선은 빠른 대신 운임료도 비싼 편이다. 또한 파도의 울렁임이 직접적으로 전달되기 때문에 뱃멀미를 잘 느낀다면 멀미약을 먹어두는 것이 좋다. 배표는 여객터미널의 티켓 창구에서 끊을 수 있으며, 왕복 티켓 구입 시 다소 할인되기도 한다. 보통 10~20분 전부터 승선을 시작해 정시에 출발하니 늦지 않도록 하자.

고속버스

고속버스는 열차에 비해 시간이 좀 더 걸리지만 상대적으로 저렴해서 지역간 이동이 적거나 이동 거리가 짧은 경우에 활용하기 좋다. 또한 다리를 통해 연결된 섬 구간 중에는 도로를 통해서만 이동이 가능한 경우가 있다. 오노미치와 이마바리를 잇는 시마나미 고속도로, 고베와 아와지시마, 나루토를 연결하는 고속도로 등이 대표적이다. 고속버스에 따라 예약 시에만 승차가 가능한 경우가 있으며 승차와 하차 구간이 정해져 있는 곳도 있으니 꼼꼼히 알아보도록 하자.

렌터카

세토우치의 주요 도시나 관광지는 대중교통이 잘 발달되어 있는 편이지만 섬이나 변두리로 가면 렌터카 없이 다니는 데 한계가 있다. 전체 일정을 렌터카로 소화할 수도 있지만 한나절 정도만 대여하는 방식도 가능하다. 또한 같은 회사의 다른 영업소에서 반납할 수 있는 서비스를 운영하기도 해서 여행 스케줄에 따라 선택할 수 있다. 단, 수령과 반납 지점의 거리에 따라 비용이 발생하니 주의할 것. 각 렌터카 회사 홈페이지를 통해 간편하게 예약할 수 있으며 영어뿐 아니라 한국어가 지원되는 경우가 많아서 손쉽게 이용할 수 있다. 만 6세 이하의 어린이가 동승하는 경우에는 어린이용 카시트가 의무화되어 있으니 예약 시 확인하도록 하자. 네비게이션은 언어를 선택할 수 있으며 한국어 지원이 되는 경우도 있으니 미리 확인하도록 하자. 렌터카 수령 시에는 국제면허증과 여권을 반드시 지참해야 한다. 사고 등 긴급 상황에 대비해 렌터카 회사와 통화 가능한 시간을 알아두자.

렌터카 회사 홈페이지

도요타 렌터카 rent.toyota.co.jp/ko
타임스 카 렌탈 www.timescar-rental.com/ko
버젯 렌터카 www.budgetrentacar.co.jp/kr
닛산 렌터카 nissan-rentacar.com/kr
닛폰 렌터카 www.nrgroup-global.com/ko
오릭스 렌터카 car.orix.co.jp/kr
JR 렌터카 www.ekiren.co.jp/phpapp/ko
헤이세이 카 렌탈스 www.heisei-car.jp/global/kr/

산인 세토우치 시코쿠 익스프레스 패스 (SEP) 구입하기

일본의 차량 렌트비와 주유비는 우리나라와 큰 차이가 없거나 저렴한 편이다. 하지만 고속도로 톨게이트비가 만만치 않다. 우리나라와 비교했을 때 3~4배 정도 비싸서 무턱대고 고속도로를 이용하다가 큰 낭패를 볼 수 있다. 이런 부담을 덜기 위해 외국인 여행자를 대상으로 정해진 기간 내에 세토우치 지역의 고속도로(일부 구간 제외)를 무제한 이용할 수 있는 산인 세토우치 시코쿠 익스프레스 패스San'in-Setouchi-Shikoku Expressway Pass, SEP를 판매하고 있다. 연속된 날짜에 이용할 수 있는 3일권부터 10일권까지 있으며, 날짜가 길수록 할인율이 높아진다. 렌터카 접수와 함께 신청이 가능하고 ETC 카드 (한국의 하이패스 같은 톨비 결제 시스템)를 받아서 차량 탑재 기기에 셋팅하면 된다. 사용이 끝난 ETC 카드는 차량 반납 시 함께 반납한다. 이때 패스가 적용되지 않는 구간에 대한 추가 요금도 지불한다. 각 렌터카 회사의 패스 취급 지점은 아래 사이트에서 확인할 수 있다.

요금 3일권 6,100엔, 4일권 7,100엔, 5일권 8,100엔
홈페이지 global.w-nexco.co.jp/kr/sep/

도로주행 시 주의사항

① 한국과 반대로 좌측통행이다. 반드시 신호를 확인하고 우회전하도록 하고, 그래도 헷갈릴 수 있으니 좌회전, 우회전 시에는 되도록 앞차를 따라가는 편이 좋다.

② 깜박이와 와이퍼의 위치 역시 우리나라 차와 반대다.

③ 표시가 따로 없는 경우 법정 제한 속도는 일반도로에서 시속 60km, 고속도로에서 시속 100km다.

④ 일본은 노상주차 단속이 엄격하고 과태료를 물 수 있으니 꼭 지정된 주차 장소에 주차하자.
⑤ 운전 중에는 네비게이션을 조작할 수 없다. 반드시 P상태나 핸드브레이크가 당겨진 상태여야 하므로 출발 전 루트를 꼼꼼히 확인하도록 하자.

주유 시 주의사항

① 주유소를 일본에서는 '가솔린 스탠드', 줄임말로 GS라고 한다.
② 도시 주변이나 교통량이 많은 간선도로에는 GS가 많지만 도시에서 멀어질수록 극단적으로 줄어든다. 반드시 이동 거리와 주유량을 체크해 두자.
③ 종업원이 있는 주유소와 셀프서비스 주유소가 있으며, 셀프서비스가 약간 저렴하다.
④ 연료의 종류는 고급휘발유(하이오크), 보통(레귤러), 경유(디젤) 세 가지가 있다. 일본의 렌터카는 대부분 가솔린 엔진이므로 보통을 주유하면 된다.
⑤ 종업원에게 주문할 때는 연료의 종류, 양 또는 금액을 이야기한다. 연료를 가득 채워달라고 할 때는 '만땅'이라고 하면 된다.
⑥ 셀프 주유 시에는 노즐 색깔로 연료를 구분한다.
⑦ 가솔린을 가득 채운 상태에서 빌리고 반납 시 다시 가득 채워서 돌려준다. 보통 렌터카 회사 근처에 주유소가 있다.

Tip 렌터카 여행의 즐거움, 도로 휴게소

우리나라와 마찬가지로 일본의 도로에는 화장실과 식당, 매점을 갖춘 휴게소가 자리한다. 단 일본의 도로 휴게소는 특산품 매장의 규모가 남다르다. 지역을 대표하는 과자나 술, 기념품, 농산품 등 웬만한 특산품 매장보다 나은 곳이 많아서 여기서 여행 선물(오미야게)을 구입하는 여행자들을 종종 볼 수 있다. 식당에서도 그 지역의 식재료로 다양한 향토음식을 선보이고 있다. 온천이 유명한 지역에는 족욕이나 온천 시설을 갖춘 곳도 있다. 세토우치의 도로 휴게소는 전망이 좋은 곳에 위치하는 경우가 많아서 일부러 찾아가기도 한다. 고속도로 휴게소는 규모에 따라 PA(Parking Area)와 SA(Service Area)로 나뉘며 SA가 PA보다 더 규모가 크고 시설도 다양하다. 국도 휴게소는 미치노에키 道の駅라고 한다.

고속도로 휴게소 홈페이지
www.driveplaza.com/sapa
미치노에키 홈페이지
www.michi-no-eki.jp

01 시선 닿는 끝까지 절경, **세토우치 전망대**
02 **그 섬**에 가고 싶다
03 세토우치 **자전거 여행법**
04 예술을 통한 **섬과 바다의 복원**
05 세토우치 **아트 투어**
06 세토우치 **건축 순례**

Step 03
Enjoying

세토우치를
즐기다

07 세토우치의 **선물, 기념품 숍**
08 섬과 바다에서 즐기는 **액티비티**
09 **오코노미야키** 로드
10 사누키 **우동 완전 정복**
11 한일 교류의 꽃, **조선통신사의 길**

ENJOYING 01

시선 닿는 끝까지 절경, 세토우치 전망대

시시 때때 달라지는 하늘과 오묘한 푸른빛의 바다 사이에
점점이 떠 있는 섬들과 웅장한 현수교가 빚어내는 그림 같은 풍경.
세토우치 여행의 하이라이트는 단연코 바로 이 순간이다.

구라시키 와슈잔 전망대

오카야마현 구라시키시 남단의 바다로 내민 해발 133m의 와슈잔 정상에 자리한 전망대. 여섯 개의 현수교가 이어진 웅대한 세토대교와 바다에 점점이 자리한 섬이 어우러져 그림 같은 절경이 펼쳐진다. **(210p)**

오시마 기로산 전망대

에히메현의 오시마 남단 해발 307.8m 기로산 정상에 건축가 구마 겐고가 설계한 파노라마 전망대. 총 연장 약 4km의 현수교인 구루시마 해협 대교의 위용과 아름다운 세토 내해의 풍경을 가장 드라마틱하게 볼 수 있는 곳이다. **(280p)**

미야지마 미센 전망대

예로부터 신들의 섬으로 불리던 히로시마현 미야지마의 중심에는 천연기념물 원시림을 간직한 영산 미센산이 있다. 전망대 2층의 널찍한 툇마루 같은 자리에 앉아 360도로 크고 작은 섬이 푸른 바다 위에 펼쳐진 절경을 마주할 수 있다. **(112p)**

오노미치 센코지 공원 전망대

히로시마현 동남쪽의 항구도시 오노미치를 병풍처럼 두르고 있는 센코지산은 해발 144.2m의 야트막한 산이지만 세토 내해와 시가지를 한눈에 조망할 수 있다. 오노미치 항구와 바로 앞바다에 떠 있는 섬 무카이시마 뒤로 겹겹이 이어진 섬들의 풍경을 볼 수 있다. **(157p)**

다카마쓰 야시마 시시노레이간 전망대

다카마쓰항 동쪽 세토 내해로 돌출된 반도인 야시마에 사자 형상의 바위 절벽 위로 시시노레이간 전망대가 자리하고 있다. 해발 293m의 사방이 탁 트여 있어 다카마쓰항을 비롯해 바다 건너 오카야마현이 파노라마처럼 펼쳐진다. **(316p)**

ENJOYING 02
그 섬에 가고 싶다

짧게는 10분, 길게는 1시간 배를 타고 떠나는 섬 여행은 세토우치 여행의 꽃이다.
고유의 역사와 문화를 만들고 지켜온 섬에는 그 시간만큼 특별함이 켜켜이 쌓여 있다.

신들의 섬, 미야지마

천 년 전부터 '신들의 섬'으로 숭배해온 미야지마는 섬 전체가 신성한 신체神體로 여겨져 엄격히 보존, 관리되어 왔다. 원시림과 야생 사슴의 낙원이며, 중심이 되는 신사는 바닷가에 건립되었다. 짙푸른 바다와 선명한 대조를 이루는 붉은 열주의 이쓰쿠시마 신사는 유네스코 세계문화유산이자 독보적인 일본의 역사 건축물이다. 이쓰쿠시마 신사 앞의 번화한 상점가와 신의 영역에서 살아가는 주민들의 삶이 묻어난 뒷골목이 사이 좋게 공존하는 섬에는 1년 내내 전 세계 여행자의 발길이 끊이지 않는다. **(108p)**

시간이 멈춘 섬, 오사키시모지마

구레와 다케하라 사이에 자리한 섬 중 하나인 오사키시모지마는 17세기 세토 내해를 통한 항로가 개척되면서 조성된 대표적인 기항지이다. 섬의 서쪽 항구인 미타라이 지구에는 부유한 상인과 선주가 분주히 오갔을 것이다. 300년간 누린 번영은 고급 요정과 전용 극장, 일본에서 가장 오래된 시계상점에서도 느낄 수 있다. 시간이 멈춘 듯한 미타라이 지구는 여러 광고의 촬영지가 될 정도로 독특한 분위기를 뿜어낸다. 비어 있던 고민가를 개조한 카페에선 빈티지 감성이 물씬 난다. **(133p)**

자전거의 섬, 오미시마

이마바리(에히메현)와 오노미치(히로시마현) 사이의 섬들을 연결하는 해상 도로 시마나미카이도의 가장 큰 섬 오미시마. 70~80km에 달하는 시마나미카이도는 보통 이틀에 걸쳐 자전거로 달리는 경우가 많은데, 그 중간쯤 자리한 오미시마를 쉬어가는 섬으로 삼곤 한다. 이곳에 '사이클리스트의 성지' 기념비가 서 있어서 자전거 동호회의 단골 기념 촬영장소로도 유명하다. 또한 세토 내해를 배경으로 자리한 아름다운 미술관과 '일본의 수호신'이라 여겨지는 오래된 신사가 자리하고 있는 오미시마는 볼 것 많은 섬 여행지이기도 하다. **(282p)**

미식의 섬, 쇼도시마

세토 내해 해상 교역의 중심지이며 뛰어난 식문화의 중심이 된 쇼도시마는 뿌리 깊은 미식의 섬이다. 일본 최초로 올리브 재배에 성공한 최대 산지로 올리브의 매력적인 풍미를 제대로 즐길 수 있다. 염전을 통해 생산된 소금과 무역을 통해 수입한 콩으로 400년 전부터 간장을 양조해 왔다. 계단식 논에서 재배한 품질 좋은 쌀과 앞바다에서 잡은 신선한 생선으로 조리한 음식을 즐길 수 있고 바닷바람에 건조시킨 소면은 쫄깃하게 착 감기는 맛이 일품이다. **(336p)**

아름다운 돌담의 섬, 오기지마

다카마쓰항에서 약 7.5km 북쪽에 위치한 오기지마는 여의도 면적의 절반도 안 되는 작은 섬이지만 몇 년 전 일본 사회의 큰 주목을 받았다. 젊은 가족을 중심으로 한 이주민의 증가로 휴교 중이던 분교가 다시 문을 열게 되는 초유의 사건이 일어났기 때문이다. 경사지에 층층이 들어선 오래된 집과 돌담의 작은 섬마을에는 사람의 온기까지 더해져 그 아름다움이 더욱 오래도록 빛날 수 있게 되었다. 미로 같이 얽히고 설킨 골목길을 오르내리며 고민가를 개조한 카페와 도서관, 세토우치 트리엔날레의 전시장을 만나보자. **(320p)**

ENJOYING 03
세토우치 **자전거 여행법**

라이더들이 사랑하는 일본 최고의 자전거 코스가 조성된 세토우치. 자전거를 타고 섬과 섬 사이의 다리를 건너며 만끽하는 장엄한 풍경은 잊지 못할 감동을 선사한다.

오노미치시~이마바리시, 시마나미카이도 しまなみ海道

혼슈(오노미치)와 시코쿠(이마바리) 사이 세토 내해에 징검다리처럼 놓인 섬들을 하나로 잇는 해상도로, 시마나미카이도. 크고 작은 9개의 섬을 잇는 약 70km 길에는 자전거 및 보행자 전용도로가 잘 정비되어 있다. 달리는 내내 쪽빛 바다가 펼쳐져 '세계에서 가장 아름다운 사이클링로드'로 손꼽히는 곳이다. 전 코스를 하루에 다 돌아볼 수도 있지만 그보다는 체력을 안배해서 이틀간 나누어 가는 것을 추천한다. 중간 기착지는 오미시마가 적당하다. 꼭 시마나미카이도를 완주하겠다는 목적이 아니라면, 섬 한 곳을 정해 여유롭게 돌면서 숨은 카페나 맛집을 찾아가는 자전거 여행도 좋다.

홈페이지 shimanami-cycle.or.jp

시마나미카이도 자전거 여행 팁

① 자전거 전용도로는 바닥에 '블루라인'으로 구분하고 있으니 이것만 잘 따라가면 된다.

② 시마나미카이도에는 10곳의 렌탈 사이클 터미널(shimanami-cycle.or.jp/rental)이 있으며 일반 자전거, 전동 자전거, 2인용 자전거 등이 구비되어 있다.

③ 렌탈 사이클 터미널에서는 자전거 대여뿐 아니라 관광 문의, 특산품 구입, 식사, 화장실 이용 등이 가능하다. 물이나 간단한 간식을 이곳에서 구비해 가는 것도 좋다.

④ 자전거 대여 시 보증금이 있으며 반납 시 반환된다. 일반 자전거를 대여했을 시 다른 터미널에서 반납도 가능한데, 단 이 경우에는 보증금을 돌려받지 못한다.

⑤ 출발지 숙소에서 도착지 숙소까지 짐을 운반해주는 서비스(www.sagawa-exp.co.jp/stc)를 이용하면 짐 걱정 없이 가볍게 사이클링을 즐길 수 있다.

⑥ 주행 중 자전거 타이어의 공기가 빠졌거나 화장실이 급하다면 '사이클 오아시스(www.cycle-oasis.com)'를 찾아보자. 섬 곳곳의 농가민박, 주유소, 상점, 카페가 자전거 여행자를 위한 쉼터 역할을 하고 있다.

⑦ 펑크 등으로 자전거 상태에 문제가 생겼다면 시마나미 토소 레스큐(www.tousou-rescue.com)에 도움을 요청할 수 있다. 자전거 점포, 자동차 정비소, 택시 회사 등이 상황에

맞게 대응해준다. 서비스에 따라 무료와 유료가 있다.
⑧ 일부 코스만 즐기고 싶다면 자전거를 버스에 실을 수 있는 시마나미 사이클 익스프레스 버스(onomichibus.jp)를 이용하자. 주말과 공휴일에 하루 세 번 오노미치와 이마바리를 오가며 자전거의 앞 바퀴만 분리해서 적재하는 방식이다. 지정 좌석제로 하루 전까지 사전예약 필수.
⑨ 페리를 연계하는 방법도 있다. 오미시마~이마바리(www.omishima-bl.net), 하카타지마~오시마~이마바리(geiyokisen.com), 이쿠치시마~오노미치(www.s-cruise.jp/cruise/setoda)를 오가는 페리에 자전거를 싣고 가면 된다. (일부 운항편에서는 자전거 적재가 불가한 경우가 있으니 확인 필요)
⑩ 무카이시마에서 오노미치로 갈 때는 통상적으로 배편을 이용한다. 무카이시마항에서 오노미치항까지 페리(www.onoport.jp/sightseeing/map.html)가 수시로 운항하며 4분 정도 소요된다.

> **Tip** **일본 최대 자전거 대회, 사이클링 시마나미** Cycling Shimanami
>
> 시마나미카이도를 완주하는 여러 사이클링 대회 중 가장 규모가 크며 2년마다 개최된다. 전 세계 자전거 동호인을 위한 비경쟁 대회로 고속도로 일부 구간을 통제하여 세토 내해의 멋진 경치를 제대로 즐기는 것이 주 목적이다. 그래서 완주 증서에 완주 시간도 표시되지 않는다. 대회 코스는 시마나미카이도를 편도로 완주하는 70km, 왕복 코스인 140km, 일부 구간인 40km 중 선택할 수 있다. 중간중간 마련된 보급소에서 물과 간단한 간식 등을 제공하고 통역 서비스와 화장실 등의 편의 시설도 잘 갖추고 있다. 대회는 10월에 개최되며 4~5월에 신청을 받는다.
>
> **홈페이지** cycling-shimanami.jp

구레시~이마바리시, 도비시마카이도 とびしま海道

시마나미카이도 서쪽에 조성된 도비시마카이도는 7개의 크고 작은 섬을 연결하는 약 30km의 자전거 코스이다. 탁 트인 바닷가 풍경과 빈티지한 옛 항구도시를 만날 수 있다. 가장 끝 섬인 오카무라지마에서 이마바리시 사이에는 다리가 연결되어 있지 않아 배를 타고 이동해야 한다. 편의점이나 자전거 대여소가 거의 없고 다리를 오르는 급경사 구간이 있어 초급자보다는 사이클링에 익숙한 중급자 이상에게 추천하는 코스이다. **홈페이지** www.tobishima-kaido.net

도비시마카이도 자전거 여행 팁

① 이마바리 쪽에서 출발하는 경우 자전거는 JR 이마바리역 또는 이마바리항의 렌탈 사이클 터미널(www.sunrise-itoyama.jp)에서 대여할 수 있다. 중간에 반납할 수 없기 때문에 다시 이마바리 쪽으로 돌아와야 한다.

② 가장 끝 섬인 오카무라지마와 이마바리항 사이에는 다리가 연결되어 있지 않아 배를 타고 이동해야 한다. 고속선으로 약 1시간 소요되며 자전거가 최대 10대까지만 적재 가능하니 사전에 확인하자.

③ 구레쪽에서 출발하는 경우에는 도비시마카이도 자전거 렌탈서비스(kajigahama.jp/rentcycle/)를 통해 JR 니가타仁方역을 비롯해 시모카마가리지마, 가미카마가리지마, 오사키시모지마, 오카무라지마의 주요 항구에서 대여할 수 있다. 사전 예약제이며 열차 및 선박 시간에 맞춰 가져다 준다.

④ 도비시마카이도 렌탈 서비스는 자전거를 특정 지점에 가져다 주고 다시 가져가는 방식이므로 대여 요금 외에 배차 요금과 반납 요금이 추가로 부과된다.

⑤ 시모카마가리지마의 코티지 가지가하마 항구에서 자전거를 반납하는 경우에는 짐을 무료로 보관해준다.

⑥ 각 섬을 잇는 다리를 오르는 구간이 꽤 급경사로 상당한 체력을 요한다. 그 외에는 대체로 평탄한 편이다. 이 길에도 블루 라인이 표시되어 있다.

⑦ 각 섬은 남쪽 루트와 북쪽 루트 중 선택해야 하며 어느 쪽이든 시원한 바다 풍광을 끼고 달릴 수 있다.

⑧ 봄부터 가을까지는 농산물 무인 가판대가 중간중간 있다. 원하는 과일이나 채소를 가져가고 통에 돈을 직접 넣는 셀프 계산 방식이다.

> **Tip 자전거 여행자의 베이스캠프, 시쿠로노이에(289p)**
>
> 시마나미카이도와 도비시마카이도의 기착지가 되는 이마바리시에 자리한 게스트하우스 시쿠로노이에는 자전거 여행자의 베이스캠프 같은 곳이다. 자전거 고수들이 모여 만든 곳인 만큼 살아 있는 정보를 얻을 수 있다. 홈페이지에 자전거 여행 정보가 잘 정리되어 있으며 자체 제작한 자전거 가이드북도 있다.
> **홈페이지** www.cyclonoie.com

ENJOYING 04
예술을 통한 **섬과 바다의 복원**

고도 경제성장 대가로 잃어버린 섬의 미래를 되찾아준 것은 예술이었다. 바다가 황폐화되고 사람들이 떠난 섬마을이 세계적인 예술의 메카가 되기까지.

예술 섬의 후원자, 베네세

라틴어에서 '잘 산다'는 의미로 조합해서 만들어진 출판 교육 회사에서 시작되었다. 당시 이 회사 대표(현재 명예 고문) 후쿠타케 소이치로福武總一郎는 1960~70년대 산업화, 도시화로 인해 아름다운 세토 내해의 섬과 바다가 망가져 가는 모습을 목도한다. 개발주의가 불러온 폐해에 대해 뼈 아픈 반성과 다음 세대도 영위할 수 있는 섬과 바다의 복원을 위해 그가 주목한 것은 예술과 건축이었다. 베네세 하우스 뮤지엄(미술관)을 시작으로 사람이 떠난 고민가를 예술 공간으로 재생하고 섬의 아름다움과 고유의 가치를 경험할 수 있는 프로젝트를 진행했다. 나오시마를 시작으로 이누지마, 데시마로 이어진 예술 프로젝트는 큰 이슈가 되었고 일본은 물론 전 세계에서 찾아오는 예술의 메카로 거듭났다. 일회성의 이벤트가 아닌, 지역 공동체의 복원을 목표로 섬 주민들을 설득하고 함께 협력하는 상생을 이끌어낸 베네세의 예술 프로젝트는 지금도 여전히 진행 중이다.

베네세 예술의 섬 셋

나오시마

인구 3,000명의 보잘것없던 섬마을 나오시마는 1985년 당시 나오시마의 촌장과 베네세가 뜻을 함께 하면서 획기적인 변화의 길을 걷는다. 건축가 안도 다다오와 함께 나오시마 남쪽 일대를 현대 예술의 전시장으로 만든다는 계획 아래 베네세 하우스 뮤지엄과 호텔을 시작으로 혼무라항 일대의 옛 민가를 예술 공간으로 재생시키는 '이에(集家) 프로젝트', 모네의 수련 작품을 전시한 미술관 '지추 뮤지엄', 절제된 공간미가 돋보이는 '이우환 미술관' 등을 차례로 완성하며 명실상부 '예술의 섬'에 걸맞은 섬으로 거듭났다. (358p)

"Red Pumpkin" ©Yayoi Kusama, 2006 Naoshima Miyanoura Port Square Photo : Daisuke Aochi

© Naoshima Pavilion Owner : Naoshima Town Architect : Sou Fujimoto Architects Photo : Jin Fukuda

이누지마

1900년대 초 건설된 구리 제련소가 문을 닫으며 쇠퇴했던 섬마을 이누지마. 2008년 사이트 나오시마의 활동을 통해 또 하나의 예술 섬으로 화려하게 부활한다. 개발 시대의 상징이던 거대한 붉은 벽돌 굴뚝의 옛 구리 제련소는 친환경적인 건축 시스템과 유니크한 작품이 설치된 새로운 시대의 미술관으로 재탄생했다. 사람이 떠난 빈 집은 예술 작품과 접목하거나 섬의 풍경을 담은 예술 공간으로 재생되어 일상의 아름다움을 간직한 이누지마를 마주할 수 있다. (187p)

데시마

망망대해를 향해 펼쳐진 계단식 논밭을 볼 수 있는 작은 섬 데시마. 이 목가적인 풍경 속에 2010년 문을 연 데시마 미술관은 섬의 자연을 예술 작품과 건축 공간으로 구현해낸 아트 프로젝트의 백미라고 할 수 있다. 섬 안쪽과 바닷가에 조성된 마을에서는 빈집을 활용한 흥미로운 예술 작품을 만날 수 있으며, 지역 식재료를 활용한 섬 요리도 즐길 수 있다. (350p)

3년마다 열리는 국제 예술제, 세토우치 트리엔날레

가가와현과 오카야마현 사이에 자리한 12개의 섬과 이들 섬을 오가는 두 곳의 항구에서 2010년부터 3년마다 국제 예술제가 개최되고 있다. 세계적인 건축가와 예술가가 각 섬의 풍속과 자연을 테마로 선보인 작품이 섬 곳곳에 전시된다. 옹기종기 모인 집과 마을 길, 경사지의 계단식 논밭, 소나무가 빼곡한 해변을 지나며 마주하는 자연 또한 이 예술제의 일부이다. 예술제는 봄·여름·가을 시즌으로 나뉘어 총 150일 동안 펼쳐지고 전통 공연, 수공예 워크숍 등 각종 이벤트가 수시로 열린다. 예술제 기간 한정 작품이 있는가 하면 지난 예술제 이후 영구적으로 설치된 작품도 있어서 해가 갈수록 볼거리가 풍성해지는 것이 특징이다.

홈페이지 setouchi-artfest.jp

© Rikuji Makabe Project for wall paintings in lane, Ogijima, wallalley Photo/Osamu Nakamura

세토우치 트리엔날레 100% 즐기기

첫째, 세토우치 패스포트를 구입하자

예술제 기간에 작품을 감상할 수 있는 티켓으로 봄·여름·가을 3시즌 공통 패스포트와 1시즌 한정 패스포트가 있다. 투명한 비닐 케이스에 넣어서 목에 걸고 다니는 것은 예술제 참가 인증과도 같다. 각 작품의 표지판에는 스탬프가 걸려 있어서 패스포트에 찍을 수 있는데 이 스탬프를 모으는 재미가 쏠쏠하다. 사전 판매 기간에는 할인된 가격으로 구입이 가능하다. 예술제 기간 내에는 현지의 안내소나 미술관 매표소에서 당일 판매도 한다. 예술제 참가 작품 및 시설 감상은 1회로 한정되며, 지추 뮤지엄과 데시마 미술관을 포함해 일부 시설은 별도의 요금을 내야 한다.

둘째, 주말 이벤트를 주목하자

예술제 기간 중 관람객이 많은 주말에는 이벤트가 가장 활발하게 열린다. 섬 주민들의 참여도 다양하게 이루어진다. 특히 섬의 할머니들이 길가 중간중간 간단한 음식과 음료, 직접 기른 농작물을 판매해 시골 축제 같은 분위기를 한껏 즐길 수 있다.

셋째, 배 시간표를 숙지하자

섬과 섬을 넘나들며 작품을 감상하는 이 예술제에서 배 시간은 일정과 동선을 좌우하는 가장 중요한 기준이다. 홈페이지나 가이드북을 통해 운항 시간표를 제대로 숙지하자. 또 섬 내 항구가 여러 곳일 경우 배 타는 곳을 정확히 알아두자. 배를 한 번 놓치면 30분 내지 1시간을 기다려야

하고, 최악의 경우 섬을 빠져나가지 못할 수도 있다.

넷째, 섬에서 하룻밤 숙박하자

예술제 때 숙박은 보통 다카마쓰 시내에 잡는다. 다카마쓰항에서 가깝고 여러모로 편리하기 때문이다. 하지만 섬의 예술제를 제대로 즐기려면 섬에서의 하룻밤을 추천한다. 관람객이 모두 빠져나간 섬의 고요한 분위기는 또 다른 감흥을 자아내며 한층 깊이 섬의 시간을 체득할 수 있다.

다섯째, 자녀와 함께 가자

미래 세대인 어린이, 청소년과 공감하는 예술제를 만들기 위해 거의 대부분의 시설이 15세 이하에게 무료이다. 유니크하고 창조적인 예술 작품을 어린 자녀 또는 조카와 공유하는 경험은 예술적 영감을 경험할 수 있는 두고두고 좋은 추억이 될 것이다.

여섯째, 오피셜 투어를 활용하자

예술제를 빠른 시간 내에 효율적으로 돌아보고 싶다면 오피셜 투어를 신청해 보는 것도 방법이다. 가격은 다소 비싼 편이지만 전문 가이드(영어, 일어)를 동반한 짜임새 있는 일정으로 1~3곳의 섬을 하루에 섭렵할 수 있다. 가이드가 추천하는 섬의 맛집에서 식사를 하고 쇼도시마처럼 넓은 섬에는 전세 버스를 운행해 교통편도 해결된다.

ENJOYING 05
세토우치
아트 투어

세토우치 지역은 아름다운 풍광만큼이나 특색 있고 수준 높은 미술관으로 잘 알려져 있다. 특히, 섬과 바다를 배경으로 자리한 미술관 관람은 한층 더 큰 감동과 울림을 선사한다.

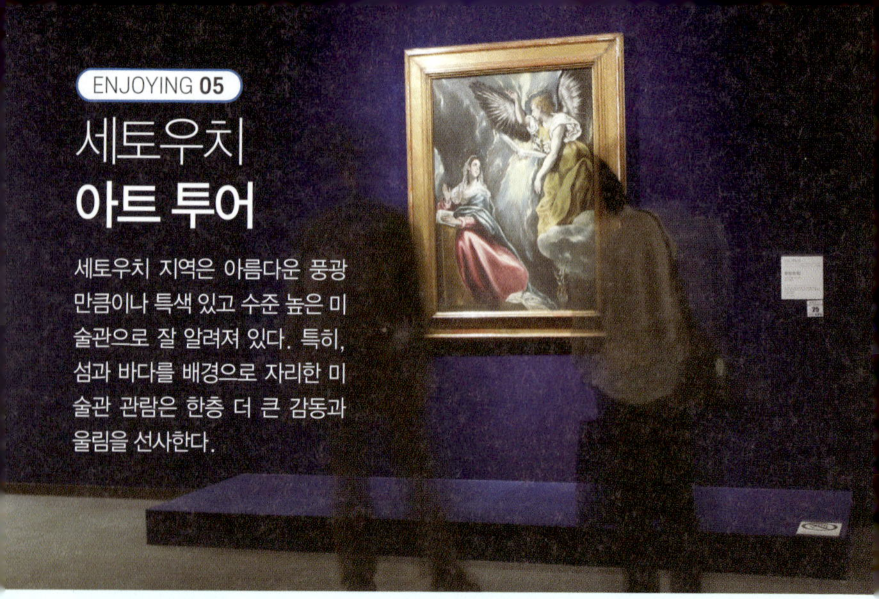

오하라 미술관

오카야마현 구라시키시에 1930년 설립한 일본 최초의 사립 서양미술관. 그리스 신전을 꼭 닮은 미술관에는 모네의 〈수련〉, 엘 그레코의 〈수태고지〉, 로댕의 조각상 〈칼레의 시민〉 등 유럽의 미술관에서나 볼법한 명작 3,000여 점을 소장하고 있다. **(206p)**

신쇼지 젠토니와노 뮤지엄

참선과 수행을 통한 깨달음을 추구하는 불교 선종(임제종)의 교리를 약 23ha의 광대한 부지에 건축 공간으로 구현했다. 예술을 통해 명상에 이르게 되는 아트 파빌리온 '고테이洸庭'는 이러한 선 체험의 절정이다. 돌 정원 위에 떠 있는 길이 46m의 배 같은 거대한 목 구조 건축물 안에서 이루어지는 미디어 아트 명상 체험은 시공간의 감각을 뒤흔들어 의식 너머의 세계와 만나게 된다. **(152p)**

히로시마 미술관

히로시마현의 히로시마 미술관은 고흐, 피카소, 르누아르, 세잔, 마네 등 미술 전문서나 유럽의 미술관에서나 볼법한 화가의 작품을 대거 소장하고 있다. 중앙 아트리움에 마욜Aristide Maillol의 비너스 조각품이 놓여 있고 갤러리가 방사형으로 자리한다. **(099p)**

마루가메시 이노쿠마 겐이치로 현대미술관

뉴욕에서 활동한 화가 이노쿠마 겐이치로는 지역 주민, 특히 아이들이 언제든 편하게 찾아와서 창조적인 현대 예술을 만날 수 있는 곳을 꿈꿨다. 이러한 생각을 건축가 다니구치 요시오와 공유하였고, 가가와현 JR 마루가메역 앞에 마치 하나의 예술 작품 같은 미술관이 탄생하였다. **(378p)**

가가와 현립 히가시야마 가이이 세토우치 미술관

세토 내해와 세토대교가 한눈에 보이는 가가와현 사카이데시에 건축가 다니구치 요시오의 설계로 완성된 미술관은 히가시야마 가이이의 판화 작품 270여 점을 기증받아 2005년 개관했다. 소도시의 작은 미술관이지만 아름다운 그림과 건축을 보기 위해 사람들의 발길이 끊이지 않는다. **(376p)**

이토 도요 건축 박물관

건축가의 사회적 역할에 대해 오랫동안 고민해온 이토 도요의 건축 철학을 엿볼 수 있는 박물관. 에히메현의 섬 오미시마를 중심으로 그가 꿈꾸는 공유의 삶에 관해 전시하고 있다. 그 옆에는 그의 대표작 중 하나인 '실버 헛Silver Hut'이 나가노에서 이축, 복원되어 워크숍 공간으로 활용되고 있다. **(282p)**

도코로 뮤지엄 오미시마

세토 내해의 풍경과 어우러진 에히메현 오미시마의 작은 미술관. 멕시코, 미국, 일본 등 전 세계의 현대 조각작품 30여 점이 전시되어 있다. 작품을 감상하며 내려가다 보면 그 끝에 세토 내해가 한눈에 펼쳐지는 테라스가 나타난다. **(282p)**

ENJOYING 06
세토우치
건축 순례

건축의 노벨상이라 불리는 프리츠커상 수상자를 8명 배출한 일본. 실험적인 건축 프로젝트가 여럿 실현된 세토우치에서 일본 현대 건축의 다층적이고 폭넓은 스펙트럼을 확인할 수 있다.

마루가메시 이노쿠마 겐이치로 현대미술관

건축으로 지은 시, 다니구치 요시오 谷口吉生

일본 모더니즘 건축의 거장인 다니구치 요시오는 절제된 공간 미학을 추구한다. 군더더기 없는 재료와 형태, 명징한 공간 구성은 한 편의 시처럼 깊은 여운을 남긴다. 다작을 하지 않는 것으로 유명한 그는 60세가 훌쩍 넘은 2004년 뉴욕 현대미술관MoMA 신관 국제설계공모에 당선되면서 국제적인 명성을 얻는다.

책에 소개된 건축물
- 마루가메시 이노쿠마 겐이치로 현대미술관(378p)
- 가가와 현립 히가시야마 가이이 세토우치 미술관(376p)

가가와 현립 히가시야마 가이이 세토우치 미술관

사회적 책임을 실천하는 건축가, 이토 도요 伊東豊雄

공공 건축의 걸작이라 평가받는 센다이 미디어테크(2001년)로 널리 알려진 이토 도요는 도호쿠 대지진 이후 건축가의 사회적 책임에 대해 고민하기 시작한다. 재난이나 사회 문제로 인해 붕괴된 지역 공동체를 복원하는 '민나노이에(모두의 집)' 프로젝트를 일본 각지에서 전개했다. 이러한 점을 높이 평가받아 2013년 프리츠커상을 수상하기도 했다.

책에 소개된 건축물

- 이토 도요 건축 박물관 (283p)
- 겐 이와타 마더앤차일드 뮤지엄 (283p)
- 오미시마 민나노 와이너리 (285p)

사카노우에노쿠모 뮤지엄

이토 토요 건축 박물관

겐 이와타 마더앤차일드 뮤지엄

오미시마 민나노 와이너리

유메부타이

빛의 마술사, 안도 다다오 安藤忠雄

우리나라에도 잘 알려진 안도 다다오는 한 마디로 스타 건축가다. 건축 교육을 정식으로 받지 않은 복서 출신의 독특한 이력은 잘 알려져 있다. 건축을 통해 빛과 물의 공간을 구현하는 그는 이를 가장 잘 표현하는 건축 재료로서 노출 콘크리트의 물성에 몰두한다. 매끈하게 정제된 노출 콘크리트의 건축 공간은 그의 인장과도 같다.

책에 소개된 건축물

- 사카노우에노쿠모 뮤지엄 (252p)
- 시코쿠무라 갤러리 (317p)
- 지추 뮤지엄 (364p)
- 베네세 하우스 뮤지엄 (362p)
- 이우환 미술관 (363p)
- 안도 뮤지엄 (367p)
- 나오시마 이에 프로젝트 미나미테라 (367p)
- 유메부타이 (393p)

나오시마항 터미널

나오시마 홀

우미노에키 나오시마

오리즈루 타워

유니크한 건축 실험, 세지마 가즈요 妹島和世

세지마 가즈요는 정형화된 기존 건축의 틀을 깨부수는 개방적이면서 가벼운 건축을 선보인다. 내부와 외부의 공간적 경계가 모호한 그의 건축은 니시자와 류에와 공동 설립한 사나SANNA의 대표작 가자나와 21세기 미술관(2004년)에서 엿볼 수 있다. 파빌리온과 같은 가벼운 건축에서 그의 유니크한 실험정신이 가장 잘 드러난다.

책에 소개된 건축물
- 우미노에키 나오시마 (370p)
- 나오시마항 터미널 (368p)
- 이누지마 이에 프로젝트 (189p)
- 이누지마 라이프 가든 (189p)

자연과 공생하는 건축, 산부이치 히로시 三分一博志

2008년 이누지마 제련소 미술관을 통해 일본의 차세대 건축가로 자리매김한 산부이치 히로시. '있는 것을 살려 없는 것을 만든다'는 그의 건축철학은 미래의 가치이기도 하다. 건축이 들어설 장소에서 사계절을 온전히 보내고 나서야 설계를 했다는 일화가 있을 정도로 자연의 시간을 중시하는 친환경 건축의 선두주자이다.

책에 소개된 건축물
- 오리즈루 타워 (098p)
- 미센 전망대 (112p)
- 이누지마 제련소 미술관 (188p)
- 나오시마 홀 (368p)

건축으로 그린 랜드스케이프, 니시자와 류에 西沢立衛

29살의 나이에 SANNA의 공동 설립자로 이름 올린 니시자와 류에. 소위 천재 건축가라 불리던 그는 데시마 미술관(2010년)을 통해 다시 한 번 이를 입증했다. 땅에서 솟아난 것 같은 거대한 돔 구조물의 이 미술관은 40x60m, 최고 높이 4.5m의 기둥 하나 없는 단일 콘크리트로 이루어져 있으며, 섬의 풍경 속에 녹아든 건축적 랜드스케이프를 구현한다.

책에 소개된 건축물
- 데시마 미술관 (351p) • 혼무라 라운지 & 아카이브 (370p) • 우미노에키 나오시마 (370p)
- 나오시마항 터미널 (368p)

ENJOYING 07

세토우치의 선물, **기념품 숍**

흔해 빠진 기념품 말고 제대로 된 물건을 찾는 여행자를 위한 숍 리스트. 그 지역의 장인과 작가가 애정과 정성을 담아 만든 물건은 세토우치의 매력에 깊이 빠져들게 한다.

히로시마현

오리즈루 타워

히로시마의 새로운 관광 명소로 떠오른 오리즈루 타워 1층에 넓은 기념품 매장이 자리한다. 특히 화장이 잘 먹는 브러쉬로 유명한 히로시마 구마노 붓을 메이크업부터 클렌징용까지 다양하게 갖추고 있다. 그밖에 과자, 만주, 차, 천연 조미료, 사케 등 히로시마의 특산물이 총 집합해 있어서 기념품이나 선물을 구입하기 좋다. **(098p)**

시마쇼텐

JR 히로시마역 안에 세토우치 지역 의식주와 관련된 잡화와 공예품을 모아둔 셀렉트 숍이 문을 열었다. 세토 내해의 섬들을 모티브로 한 디자인 제품이나 지역의 전통 공예품 등을 엄선해 두었다. 그 지역에 가야만 살 수 있던 물건이나 특산품도 있어서 쇼핑 시간을 단축시켜 준다. **(106p)**

덴진안

130년 된 포목점을 개조한 멋스러운 공간에 도자기, 목 공예품, 디자인 문구, 유리 공예품 등 히로시마를 비롯해 일본 각지에서 셀렉한 수공예품을 전시 및 판매하고 있다. 유기농 가공품이나 친환경 화장품과 같이 사람과 자연에 이로운 물건도 다양하다. (143p)

숍 에필로

미야지마로 가는 선착장 앞의 유명한 붕장어 덮밥 전문점 '우에노うえの' 안쪽에 자리한 잡화점. 고민가의 예스러움이 묻어나는 공간에는 히로시마 출신의 작가이거나 지역의 특색이 드러나는 상품, 이곳에서밖에 살 수 없는 오리지널 제품으로 꽉 채워져 있다. 나무주걱 같은 공예품, 패브릭 소품과 액세서리, 디자인 문구, 도자기, 쿠키, 녹차 등 종류도 다양하다. (121p)

오카야마현

하레마치톳쿠 365

오카야마현의 지역 장인과 작가가 만든 물건이 보기 좋게 진열되어 있는 셀렉트 숍. 구라시키 지역의 데님 제품과 마스킹 테이프, 우시마도의 올리브, 비젠야키 그릇, 오카야마의 숲을 모티브로 한 액세서리 등 오카야마의 좋은 물건이 모두 모여 있다. (198p)

오카야마현

하야시 겐주로 상점

옛 약재상 건물을 복원해 구라시키의 감성을 제안하는 갤러리 및 잡화점으로 다시 문을 열었다. 자연 소재를 기반으로 한 수공예 작가의 생활 잡화점을 비롯해 오리지널 데님 공방, 디자인 가구와 그릇으로 채워진 카페 등이 자리하고 있다. (214p)

에히메현

이오리

에히메현의 유명한 이마바리 타월을 쇼핑할 수 있는 전문 매장. 흡착력이 탁월한 실용적인 수건부터 감각적인 디자인의 손수건, 스카프 등 패브릭 제품까지 선택의 폭이 넓다. 로프웨이 상점가와 도고온천 상점가 안에 매장이 있어서 관광을 하다가 들르기도 좋다. 마쓰야마공항 내에도 작은 매장이 있다. (268p)

아루네

도고온천에 자리한 잡화점 아루네는 에히메의 좋은 제품을 중심으로 소개, 판매한다. 귀여운 도베야키 찻잔, 앙증맞은 잡화소품, 오리지널 간장, 조미료, 귤로 만든 핸드크림 등 센스 넘치는 기념품을 만날 수 있다. (269p)

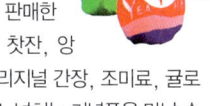

가가와현

마치노슈레963

좋은 물건을 통해 새로운 라이프 스타일을 제안하는 셀렉트 숍. 가가와현을 비롯해 시코쿠의 맛을 전하는 가공식품, 일상을 풍요롭게 하는 생활잡화, 손맛이 느껴지는 수제 공예품 등을 엄선해 선보이고 있다. 상품이 주기적으로 바뀌기 때문에 언제 가도 새롭고 패키지도 예뻐서 어느새 바구니를 꽉꽉 채우게 된다. (331p)

기타하마 블루 스토리즈

세토우치를 테마로 한 작가의 디자인 제품을 만날 수 있는 곳. 등대와 배를 테마로 한 철제 장식품, 요트의 돛을 재사용한 에코백 등이 눈길을 사로잡는다. 가가와현의 전통 공예를 재해석한 액세서리와 소품, 패브릭 등도 특색 있어 선물로 좋다. (332p)

ENJOYING 08

섬과 바다에서 즐기는 **액티비티**

온화한 날씨 덕분에 봄부터 가을까지 즐길 수 있는 세토우치의 해양 스포츠. 세토우치의 아름다운 바다를 더욱 가까이서 체험할 수 있는 특별한 액티비티를 소개한다.

바다 위를 산책하다, 스탠드업 패들보드 & 씨카약

하와이에서 시작된 스탠드업 패들보드Stand Up Paddle-board, SUP는 인기 있는 해양 스포츠 중 하나다. 호수 같이 잔잔한 세토우치의 바다는 패들보드를 즐기기에 안성맞춤이다. 길고 좁은 보드를 바다에 띄우고 그 위에 서서 노를 저어가며 바다 위를 산책하는 기분을 만끽할 수 있다. 근력과 기술을 요하는 서핑과 달리 금세 배울 수 있다는 것도 장점이다. 물에 빠지는 것이 싫다면 씨카약을 타자. 개인차는 있겠지만 씨카약도 그리 어렵지 않게 탈 수 있다. 다만, 균형을 잡으며 노를 좌우로 계속 저어야 하기 때문에 체력소모는 좀 있는 편이다.

미야지마

세토우치에서 가장 인기 있는 스폿. 바다에 떠 있는 듯한 장관을 연출하는 이쓰쿠시마 신사를 패들보드와 씨카약을 타고 오가는 특별한 경험을 할 수 있다. 거대한 도리이(신사의 문) 앞에서 찍는 기념 촬영도 인기다. (114p)

우시마도

우시마도 앞바다에는 크고 작은 섬들이 떠 있어 이 섬 사이를 오가는 해양 스포츠를 즐길 수 있다. 마에지마에서 구로시마까지 씨카약을 타고 갈 수 있다. 구로시마까지 전세 보트로 이동한 후 패들보드를 즐기는 투어도 가능하다. (231p)

아찔한 자연의 신비, 소용돌이 관광선

폭이 좁고 복잡한 수역에 다량의 해수가 들어왔다 나가는 과정에서 만들어지는 거대한 소용돌이는 세토 내해의 해협에서 관찰되는 독특한 자연 현상이다. 세계적으로도 보기 드문 이 소용돌이를 바로 코앞에서 관측하는 것은 물론, 거세게 휘몰아치는 소용돌이 속을 떠다니는 바다 체험도 가능하다. 노약자를 동반한 가족 여행일 경우에는 안전한 관광선이 좋고, 모험심이 강한 사람이라면 급류선에 도전해 보자.

나루토 해협

최대 직경 20m의 소용돌이가 생성되는 나루토 해협을 항해하는 관광 선박이 아와지시마의 후쿠라항에서 매일 출항한다. 바람을 맞으며 항해할 수 있게 넓은 데크 갑판이 있는 관람선은 소용돌이가 집중된 오나루토교 바로 아래까지 갔다가 다시 항구로 돌아온다. 1시간 소요. (395p)

구루시마 해협

최대 시속 18km의 거센 급류가 흐르는 구루시마 해협에서 사방이 뚫린 낮은 배를 타고 거친 소용돌이와 파도 속으로 들어가는 관람선을 운행한다. 소용돌이와 가까워지면 배의 엔진을 끄고 급류에 떠다니는 특별한 경험도 할 수 있다. (280p)

ENJOYING 09
오코노미야키 로드

일본의 대표 소울푸드인 오코노미야키는 지역마다 특색 있게 진화해 왔다. 특히, 오코노미야키 발상지인 히로시마를 중심으로 짭짤한 바다 내음을 따라 오코노미야키 로드가 완성된다.

> **Tip 히로시마식 VS 간사이식**
> 오코노미야키는 조리법에 따라 히로시마식과 간사이식으로 나뉜다. 간사이식은 밀가루 반죽에 각종 재료를 한데 섞어서 철판에 부쳐내는 방식이 일반적이다. 반면 히로시마식은 밀가루 반죽을 철판에 원형으로 얇게 부친 후 그 위에 재료를 차례로 쌓아 올리는 방식이다. 재료에 큰 차이가 없고, 대부분 시판되는 오코노미야키 전용 소스를 사용하고 있어서 맛이 엄청나게 다르지는 않다. 그럼에도 분명한 맛의 차이가 있는데, 이는 가게의 연륜과 노하우에서 나온다.

히로시마시

오코노미야키의 원조인 만큼 점포 숫자가 단연 전국 최고이다. 밀가루 반죽 위에 양배추, 숙주, 파 등의 채소를 듬뿍 올린 후 그 위에 소바 또는 우동을 올린 것이 가장 기본이다. 여기에 고기, 해산물, 계란 등을 추가한다. 최근에는 치즈, 떡, 김치 등 토핑 재료가 더욱 다양해졌다.

구레시

구레 사람들이 즐겨먹는 '구레야키'는 밀가루 반죽 위에 구레의 명물 호소기리 우동(얇은 우동)으로 만든 야키 우동을 올리고 계란을 덮은 후 반으로 접는다. 그래서 흔히 아는 원형이 아니라 반달 모양이다. 기본 맛보다는 고기나 해산물을 추가하는 것을 추천한다.

히나세초

오카야마의 최대 굴 양식어장인 히나세는 굴을 넣은 '가키오코'가 명물이다. 어부의 부인들이 팔다 남은 굴을 오코노미야키에 넣어 먹던 것이 시초로, 지금은 가키오코 집만 20곳이 넘는다. 10월부터 3월까지는 생굴을 넣은 가키오코를 맛보기 위해 사람들의 발길이 줄을 잇는다.

다케하라시

염전을 통해 막대한 부를 쌓은 다케하라에는 고급스런 술 문화도 함께 발달했다. 이 양조장에서 구한 술지게미를 반죽에 넣어 만든 것이 '다케하라야키'다. 은은하게 술 향이 퍼지는 오코노미야키를 즐길 수 있다.

오카야마시

품질 좋은 고수(팍치パクチー)로 유명한 오카야마시에는 팍치를 넣은 오코노미야키를 맛볼 수 있다. 농장에서 직접 공수한 향긋한 팍치가 느끼한 뒷맛을 잡아준다. 오카야마의 유명한 호르몬(곱창) 우동과 함께 즐기자.

마쓰야마시

마쓰야마 시내 서쪽 항구마을 미쓰하마의 '미쓰하마야키'는 어부들이 포장을 많이 해갔던 까닭에 반으로 접어 나오는 것이 특징이다. 흔히 쓰는 돼지고기 대신 소고기를 넣어 풍미가 색다르다. 독특하게 어묵도 들어가는데 씹히는 맛도 괜찮고 잘 어울린다.

> **Tip 오코노미야키 메뉴판 읽는 법**
>
> '좋아하는 것을 넣고 철판에 부친 음식'이란 이름처럼 온갖 재료를 넣어 만드는 오코노미야키. 이왕이면 자신의 입맛대로 오코노미야키를 즐겨보자. 이것 저것 고르기 어려울 땐 스페셜 메뉴를 주문하면 된다.

재료명	일본어	발음	재료명	일본어	발음
오징어	烏賊, いか	이카	베이컨	ベーコン	베에콘
새우	蝦, 海老, えび	에비	콘	コーン	코온
고기	肉, にく	니쿠	치즈	チーズ	치즈
달걀	卵, 玉子, たまご	다마고	떡	餅, もち	모찌
소바	蕎麦, そば	소바	김치	キムチ	기무치
우동	饂飩, うどん	우동	파	葱, ねぎ	네기

ENJOYING 10

사누키 우동 완전 정복

가가와현에는 우동집이 정말 많다. 메뉴판의 우동 종류도 다양하다.
가가와현의 '소울푸드'이자 가장 유명한 관광 상품인 사누키 우동을
이번 여행에서 한번 마스터해 보자.

사누키 우동讚岐うどんと이란?

사누키국(현 가가와현)은 예로부터 일조량이 많고 강수량이 적은 고토히라 일대에서 양질의 밀이 났다. 여기에 사카이데 앞바다의 소금, 쇼도시마 섬의 간장, '이리코イリコ'라 불리는 마른 멸치 등 손쉽게 우동의 재료를 구할 수 있어 우동이 발달했다. 집집마다 설날이나 경축일, 손님 대접 등 경사스러운 날에는 우동이 빠지지 않았다. 그러다 1960년대 이후 셀프서비스 점포를 중심으로 우동집이 늘어나기 시작했다. 1988년 세토대교 개통에 따라 시코쿠 지역 관광객이 증가하며 전국적으로 알려졌다. 가가와현의 1인당 연간 우동 소비량은 230그릇. 일본 내 1위를 놓치지 않는 명실상부 '우동현'이다.
통통하면서 쫄깃한 사누키 우동 면발 제조 비법은 소금의 비율과 족타 방식이다. 계절마다 달라지는 습도에 따라 소금과 물의 비율을 달리한 반죽을 비닐에 싸서 발로 꾹꾹 밟아 탄성 좋은 면을 만든다. 공식적으로 사누키 우동은 첫째 가가와현 내에서 제조된 것, 둘째 물 양이 밀가루 중량 대비 40% 이상일 것, 세 번째 소금 양이 밀가루 중량의 3% 이하일 것, 네 번째 두 시간 이상 숙성하고, 다섯 째 15분 이내에 삶아진 것으로 정의하고 있다.

사누키 우동의 종류

가케 우동 かけうどん

가장 기본이 되는 우동이다. 멸치, 가다랑어 포를 우린 육수에 삶아서 씻어낸 우동 면과 파, 어묵을 올린다. 값이 가장 저렴하다.

붓카케 우동 ぶっかけうどん

삶은 우동 면에 여러 가지 토핑을 얹고 쓰유(간장과 육수를 섞은 소스)를 부어서 비벼 먹는 우동. 면은 차가운 것과 따뜻한 것 중 고를 수 있다.

가마타마 우동 釜玉うどん

갓 삶은 뜨거운 우동 면에 날 계란을 비비고 간장을 뿌려 먹는 우동. 따뜻한 면에 의해 날 계란이 반숙 상태가 되어 크리미한 식감을 즐길 수 있다.

가마아게 우동 釜あげうどん

삶은 우동 면을 면수와 함께 그릇에 담아낸 후 쓰유에 찍어 먹는 우동. 깨끗하고 심플한 맛이 특징이다.

자루 우동 ざるうどん

삶은 우동 면을 찬 물에 비벼 씻은 후 체(자루)에 담아 낸 우동을 말한다. 와사비와 쪽파 등을 넣은 쓰유에 찍어 먹는다.

카레 우동 カレーうどん

삶은 우동 면에 카레를 부어 먹는 우동. 보통의 카레보다 살짝 더 매콤하고 묽다.

> **Tip** 사누키 우동을 제대로 즐기는 방법
> **우동 택시** うどんタクシー
>
> 사누키 우동의 본산지인 고토히라 일대와 다카마쓰 인근의 우동집을 찾아가는 전세 택시. 우동 인증 시험을 통과한 택시 운전사가 대중교통으로 가기 어려운 현지인의 숨은 우동집을 안내해 준다. 우동의 역사, 종류, 먹는 법에 대한 전문 지식도 들을 수 있다. 1대에 4명까지 승차할 수 있고, 1시간 코스면 1~2곳, 1시간 30분 코스면 2곳, 2시간 코스면 2~3곳 정도 가능하다. 우동 식사 비용은 택시 이용 요금에 포함되지 않는다.
> 요금 1시간 코스 5,400엔, 1시간 30분 코스 8,100엔, 2시간 코스 10,800엔 전화 050-3537-5678(고토 버스 예약센터) 홈페이지 www.udon-taxi.com

사누키 우동 먹는 법

① 따뜻한 면과 차가운 면 중 고르기
삶은 우동 면을 그대로 먹는 따뜻한 면은 부드럽게 씹히는 반면, 찬물에 헹구어낸 차가운 면은 쫄깃한 탄성을 제대로 즐길 수 있다.

② 양 정하기
우동의 소·중·대 사이즈를 결정하는 건 면의 양이다. 우동사리를 '다마玉'라 하는데, '1다마'는 소, '2다마'는 중, '3다마'는 대 사이즈와 같은 양이다.

③ 토핑 선택하기
온센타마고温泉玉子(반숙 계란), 니쿠肉(고기), 덴푸라天ぷら(튀김) 등 토핑을 추가하면 한층 풍부한 맛을 즐길 수 있다. 유부는 흔히 여우가 좋아한다고 해서 '기쓰네きつね' 우동이라고 한다.

사누키 우동집의 종류

① 일반 음식점
흔히 볼 수 있는 식당의 방식대로 자리에 앉아 주문하면 점원이 우동을 자리로 가져다준다. 자리는 좌식, 입식, 바 카운터 등이 있다.

② 셀프점
입구의 자판기에서 우동을 주문한 후 학교 급식처럼 쟁반을 들고 우동을 받은 다음 곁들여 먹을 튀김, 주먹밥 등을 골라 담는 방식이다.

③ 제면소
우동 면 뽑는 제면소 한쪽에서 우동을 판매하는 것으로, 우동의 종류가 몇 가지뿐이다. 면을 받아서 국물을 붓고 계란을 넣고 튀김을 고르는 것까지 모두 직접 해야 한다. 가격이 가장 저렴한 편.

|Theme|

1박2일 사누키 우동 완전 정복,
우동 하우스 Udon House

사누키 우동을 배우고 만들고 먹으며 1박2일 동안 마스터할 수 있는 우동 하우스. 사누키 우동의 역사, 특징, 재료 등에 대한 이론 수업이 다양한 실습과 함께 진행된다. 우동 육수의 재료가 되는 멸치, 다시마, 가다랑어 등의 맛을 비교해 보거나 기계로 뽑은 우동과 수제 우동의 면을 다 맛보고, 인근의 계약 농가에서 우동의 토핑 재료가 될 채소를 수확해 보는 농장 투어 시간은 특별하다. 수업 사이사이 밀가루 반죽과 숙성 과정이 이루어지며 오후 즈음 완성된 우동을 맛볼 수 있다. 차가운 면인지 뜨거운 면인지, 육수인지 간장 소스인지, 부어 먹는지 찍어 먹는지에 따라 이름이 다른 우동을 종류대로 맛볼 수 있어서 그야말로 사누키 우동을 완전 정복할 수 있다. 자신이 직접 만든 우동의 맛도 각별하다.

옛 민가를 개조한 운치 넘치는 우동 하우스 2층에 마련된 숙소에서 1박을 한다. 그 다음날 아침에는 가가와현 우동의 진수를 맛볼 수 있는 우동 호핑 투어가 진행된다. 2~3곳 정도 엄선한 우동집을 방문해 면과 국물을 맛보면 우동에 관한 한층 깊어진 대화를 나눌 수 있다. 체험 종료 후에는 사누키 우동 마스터 수료증이 수여된다. 가격은 좀 비싼 편이지만 심도 있는 사누키 우동 체험을 원하는 여행자라면 후회 없는 선택이 될 것이다.

가는 법 JR 모토야마역에서 도보 2분 **주소** 香川県三豊市豊中町岡本1651-3 **가격** 1박2일 우동 마스터 코스 27,500엔부터(2인 이용 시 1인 요금) **전화번호** 0875-89-1362 **홈페이지** udonhouse.jp

ENJOYING 11
한일 교류의 꽃, 조선 통신사의 길

상고시대부터 시작된 한일 간의 교류는 조선시대 꽃을 피운다. 외교 사절단인 조선 통신사의 발자취는 양국 문화의 통로인 동시에 동아시아 평화의 길이기도 했다.

조선 통신사와 세토우치

조선시대 외교 사절단인 통신사는 한일 문화 교류의 상징과도 같다. 한양(지금의 서울)에서 에도(지금의 도쿄)까지 장장 6개월에서 1년 동안 약 2,000km의 육로와 해상을 통해 총 20회의 통신사 파견이 이루어져 양국이 서로의 문화를 나누는 자리가 되었다. 특히 1607년부터 1811년까지 12회에 걸쳐 이루어진 통신사 파견은 임진왜란 이후 단절된 국교를 정상화하고 양국의 우호를 다지는 평화의 길로 그 기록물이 유네스코 세계유산에 등재되기도 했다. 이 행차의 뱃길에 히로시마현의 가마가리와 도모노우라, 오카야마현의 우시마도 등 세토우치 지역이 포함되어 있다. 이곳에 사절단이 묵었던 숙소나 행차를 기록한 그림, 당시를 재현한 디오라마 등이 잘 보존되어 있어 통신사의 발자취와 한일 교류의 오랜 뿌리를 확인할 수 있다.

가마가리

예로부터 해상 교역이 번성했던 가마가리 지역은 조선 통신사가 총 11차례 들렀던 주요 기항지였다. 에도 시대에 사신단 대접은 각 번의 위신과도 관련된 일이라 만전을 기하는데, 가마가리는 '일본 제일'이란 찬사를 받을 정도로 극진했다고 전해진다. 호화로운 잔칫상과 사신단을 열렬히 환영하는 디오라마 등이 조선통신사 자료관 쇼토엔에 잘 전시되어 있다. (131p)

세토우치 안내도

도모노우라

에도 시대 물 때를 기다리며 배가 정박하던 주요 해상 거점 도시인 도모노우라에는 조선 통신사의 영빈관으로 쓰인 누각이 자리한다. 항구 서쪽 언덕 세토 내해가 한눈에 펼쳐지는 후쿠젠지 다이초로에서 사신단은 융숭한 대접을 받았다. 이곳의 경치에 반한 조선 통신사 이방언이 '일본 제일의 경승'이라 적은 편액이 지금까지 전해진다. (156p)

우시마도

한때 천 채의 건물이 있었다고 전해질 정도로 번영을 누린 해상 거점 도시 우시마도에도 조선 통신사가 거쳐갔다. 세토 내해가 내려다보이는 언덕 위에 자리한 혼렌지에서 머물며 양국의 문화를 교류했다. 또 다른 숙소였던 마을 내의 저택은 현재 카페 겸 갤러리 숍으로 쓰이고 있다. 옛 항구마을 안쪽에는 조선 통신사를 접대하기 위해 뚫었다는 우물도 남아 있다. (231p)

Setouchi
By Area

세토우치
지역별 가이드

01 히로시마
02 미야지마
03 구레시 & 다케하라시
04 후쿠야마시 & 오노미치시

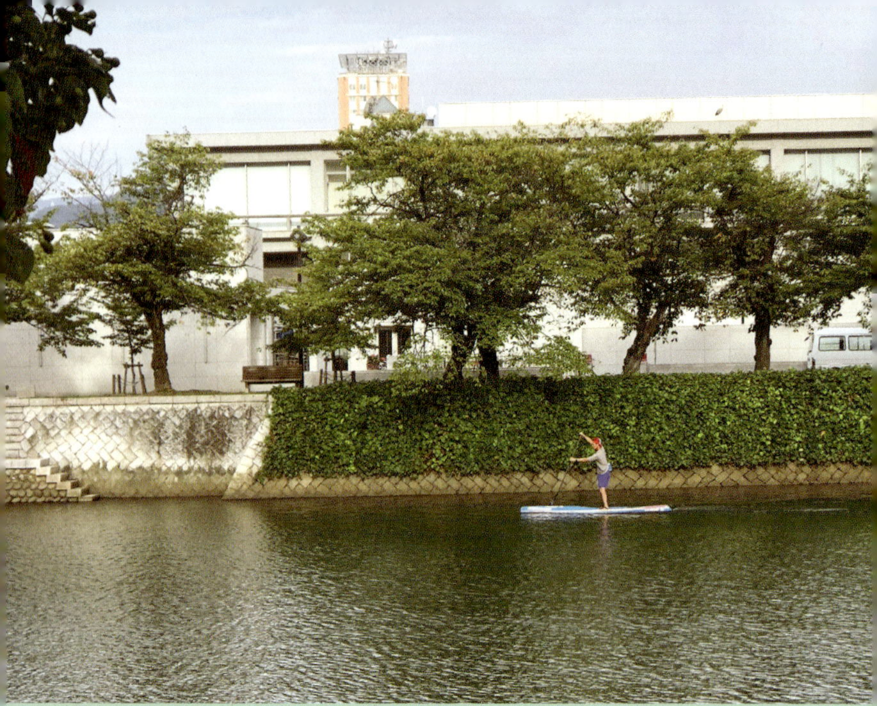
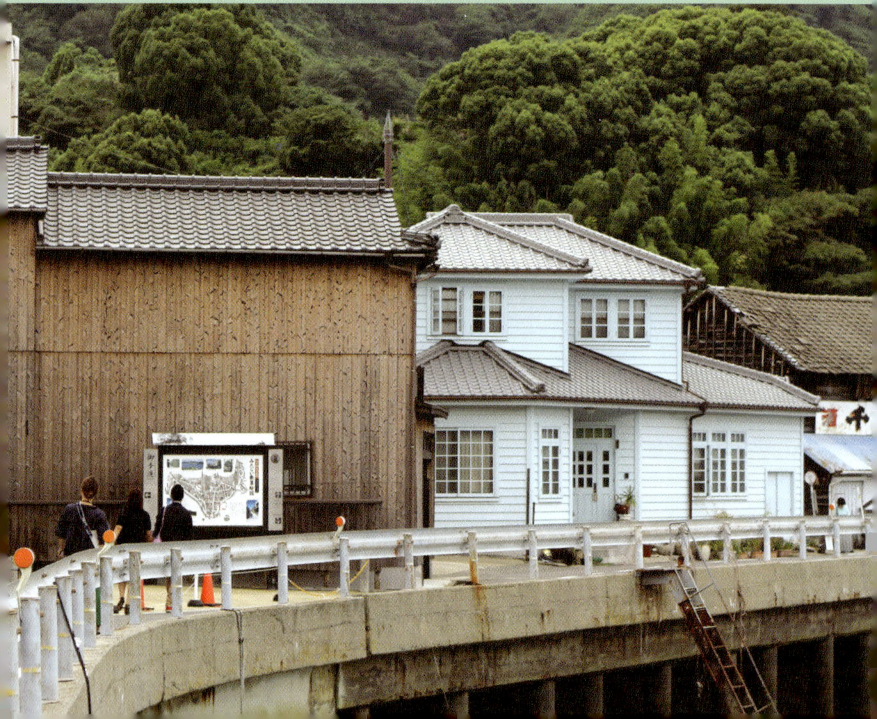

Setouchi By Area

01

히로시마현
広島県

히로시마시 & 미야지마 & 구레시 & 다케하라시 & 후쿠야마시 & 오노미치시

세토우치 지역 경제와 문화의 중심지인 히로시마현. 아름다운 미술관과 매력적인 창작자들이 있는 예술의 도시이자 세계문화유산으로 지정된 신비로운 신사가 자리한 역사의 고장이다. 또 푸르른 바다 위 섬과 섬을 잇는 자전거의 성지이기도 하다. 일본 대표 음식 오코노미야키의 발상지이자 굴, 붕장어, 레몬과 같은 다양한 먹거리가 풍족해 여행 내내 눈과 입이 즐겁다.

히로시마현 세토우치
한눈에 보기

히로시마시

히로시마현의 중심이자 세토우치에서 가장 번화하고 인구가 많은 히로시마는 쇼핑, 교통, 관광의 삼박자를 갖춘 매력 만점의 도시 여행지다. 평화기념공원을 중심으로 수준 높은 미술관과 문화 시설이 산재해 있고 사야 할 것과 먹을 것이 넘친다. 원조 오코노미야키의 맛도 만족스럽다.

미야지마

세계유산으로 등록된 이쓰쿠시마 신사가 자리한 미야지마는 '신의 섬'으로 불리는 세계적인 관광지이다. 물 위에 떠있는 신비로운 신사와 사슴이 뛰노는 원시림, 아기자기한 상점가를 구경하고 특산품인 붕장어와 굴 요리를 즐긴 후 분위기 좋은 카페에 있다 보면 한나절은 순식간에 지나간다.

구레시

일본 제1의 군항도시인 구레는 세토우치의 작은 섬으로 여행할 수 있는 주요 거점이다. 빨간색의 온도대교가 상징인 구라하시지마, 예스러운 항구의 풍경이 잘 남은 오사키시모지마의 미타라이 지구 등 레트로 감성이 뚝뚝 묻어나는 여러 섬으로 떠날 수 있다.

다케하라시

예로부터 해상 교통의 요충지였던 다케하라는 에도 시대 염전 산업을 통해 번영을 누렸다. 그 당시의 거리 모습이 잘 보존되어 있어서 기와 지붕의 대저택과 유서 깊은 사찰 등 전통적인 풍경을 마주할 수 있다. 또한 일본 최대 대나무 산지로 죽 공예와 대나무 등불 축제가 유명하다.

오노미치시

세토 내해의 여러 섬을 연결하는 해상도로이자 자전거 도로인 '시마나미카이도'의 발착지 오노미치. 세계적으로 널리 알려진 '자전거의 성지'일 뿐 아니라, SNS에서 유명세를 얻고 있는 고양이의 거리이자 복고풍의 아케이드 상가가 유명한 레트로 도시로 다양한 매력을 발견할 수 있다.

후쿠야마시

후쿠야마에는 조선통신사의 기항지이자 지브리 애니메이션의 모티브가 된 고즈넉한 항구마을 도모노우라가 자리한다. 또한 깊은 산중의 고요하고 아름다운 사찰 신쇼지에서 새로운 방식으로 사색과 명상을 하며 나를 찾아가는 시간을 보낼 수 있다.

히로시마현 키워드

1 원자폭탄

1945년 8월 6일 오전 8시 15분 일본 육군과 해군의 주요 주둔지였던 히로시마에 원자폭탄이 투하된다. 이로써 세계대전은 종식되었지만 동시에 수많은 무고한 희생자를 낳기도 했다. 그중에는 전쟁과 무관한 아이들뿐 아니라 재일동포도 포함되어 있었다. 히로시마에는 원폭의 상흔이 도시 곳곳에 남아 있으며 이를 보존해 평화의 중요성을 되새기도록 하고 있다.

2 물 위의 신사

밀물 때는 배로, 썰물 때는 땅 위를 걸어서 신사 문으로 갈 수 있는 이쓰쿠시마 신사. 섬 전체를 신의 영역으로 여겨 건축된 신사의 모습은 신비로움을 자아내며 전 세계의 수많은 여행자들을 불러모으고 있다. 특히 일어보다 불어가 더 많이 들린다는 우스갯소리가 있을 정도로 프랑스인들이 사랑하는 역사 유적지이자 유네스코 세계문화유산이다.

3 오코노미야키

전후 히로시마 사람들의 배를 값싸고 푸짐하게 채워준 소울 푸드. 추오도리中央通り의 포장마차(현 오코노미무라)에서 당시 손쉽게 구할 수 있던 밀가루를 물반죽으로 만들고 양배추를 섞은 다음 철판에 구워 팔던 것이 그 시초이다. 이후 달걀, 돼지고기, 베이컨 등 다양한 재료가 추가되면서 지금의 오코노미야키가 되었다. '좋아하는 재료를 넣어서 부쳐 먹는 것'이라는 이름처럼 어떤 재료든 오코노미야키에 넣을 수 있다.

4 히로시마 도요 카프

히로시마를 연고로 하는 프로야구단 '히로시마 도요 카프'. 2016년부터 2018년까지 3년 연속 센트럴 리그를 우승한 신흥 강팀이자 열성적인 팬으로 유명한 시민 구단이다. 야구 시즌에는 도시 전체가 팀 색인 붉은색으로 물든다. 홈 구장은 마쓰다 줌줌 스타디움. 카프carp는 영어로 잉어를 뜻하는데, 히로시마성의 별칭인 '잉어의 성'에서 따왔다.

히로시마현 찾아가기

히로시마현으로 입국하기

히로시마공항

제주에어에서 인천공항과 히로시마공항을 매일 운항한다. 소요 시간은 약 1시간 20분. 히로시마공항에서 공항 리무진 버스가 운행하며 히로시마 시내, 구레, 다케하라, 후쿠야마 방면으로 단번에 갈 수 있다. 또는, 히로시마공항에서 공항 셔틀버스로 JR 시라이치白市역까지 이동한 후(15분 소요, 편도 400엔), JR 열차를 타고 주요 역으로 가는 방법도 있다. 주말이나 연휴 등 도로 교통이 혼잡할 때 유용하다.
홈페이지 www.hij.airport.jp

후쿠오카공항

세토우치 에리어 패스(044p 참고), 또는 오카야마 히로시마 야마구치 패스(045p 참고)가 있다면, 후쿠오카공항에서 1시간 30분 내외로 JR 히로시마역까지 갈 수 있다. 후쿠오카공항에서는 공항 셔틀 버스나 지하철로 JR하카타역까지 이동한 후 신칸센을 탑승하면 된다. 후쿠오카공항으로는 거의 모든 항공사가 매일 운항해 인천공항뿐 아니라 김해공항(부산), 대구공항을 이용할 수 있어 선택의 폭이 한층 넓다.
홈페이지 www.fukuoka-airport.jp

히로시마현의 각 지역으로 가는 법

히로시마시

공항 리무진 버스

히로시마공항에서 공항 리무진 버스를 타고 JR 히로시마역 신칸센구치新幹線口(출입구)까지 45분, 히로시마 버스센터까지 55분, 시내 중심가인 헤이와오도리平和大通り까지 1시간 10분 정도 소요된다.

요금 히로시마공항~JR 히로시마역&히로시마 버스센터 1,450엔·헤이와오도리 1,670엔(어린이는 반값)
홈페이지 www.hij.airport.jp/timetable/access/timetable.pl

미야지마

JR 열차 & 페리

JR 히로시마역에서 JR 미야지마구치宮島口역으로 이동한 다음(30분 소요), 도보 5분 거리의 선착장에서 10분 정도 페리를 타고 간다. 히로시마공항에서 바로 가려면 공항 셔틀버스를 타고 JR 시라이치白市역까지 이동한 후 JR 열차로 미야지마구치역까지 가면 된다. 미야지마구치에서 페리를 타고 미야지마산바시宮島桟橋 선착장까지 10분 소요된다.

요금 JR 히로시마역~JR 미야지마구치역 420엔 · JR 시라이치역~JR 미야지마구치역 1,170엔 · 미야지마 페리 180엔(어린이는 반값)
홈페이지 www.westjr.co.jp (JR 열차)
jr-miyajimaferry.co.jp (JR 미야지마 페리)

Tip JR 패스로 미야지마 페리 이용하기
JR 패스가 있다면 JR 열차 탑승은 물론 미야지마까지 가는 페리도 이용할 수 있다. JR 미야지마구치역에서 내리면 두 곳의 선착장이 나오는데, 이 중 'JR'이 크게 써진 곳으로 가서 JR 패스를 제시하면 된다.

구레시 & 다케하라시

공항 리무진 버스

히로시마공항에서 공항 리무진 버스를 타고 JR 구레역까지 약 1시간, 다케하라항까지 점보 택시(사전 예약)로 30분 정도 소요된다.

요금 히로시마공항~JR 구레역 1,450엔 · 다케하라항 1,500엔(어린이는 반값) **홈페이지** www.hij.airport.jp/timetable/access/timetable.pl

고속버스

히로시마 버스센터에서 JR 구레역까지 고속버스로 약 45분, JR 다케하라역까지 1시간 20분 정도 소요된다.

요금 히로시마 버스센터~구레역 780엔 · 다케하라역 1,300엔(어린이는 반값)
홈페이지 www.h-buscenter.com

JR 열차

JR 히로시마역에서 JR 구레역까지 산요본선山陽本線 열차로 35~50분, JR 다케하라역까지는 1시간 40분 정도 소요된다.

요금 JR 히로시마역~구레역 510엔 · 다케하라역 1,170엔(어린이는 반값) **홈페이지** www.westjr.co.jp

> **Tip 구레에서 마쓰야마로 배 타고 가기**
> 세토 내해를 사이에 두고 마주보고 있는 히로시마현의 구레와 에히메현의 마쓰야마는 육로보다 뱃길이 더 가깝고 편리하다. 슈퍼젯으로 55분, 크루즈 페리로는 2시간이면 구레항과 마쓰야마관광항을 잇는다. 특히 이 구간은 JR에서 발행하는 세토우치 패스로 이용할 수 있어서 비용도 절감할 수 있다.
> **요금** 구레항~마쓰야마관광항 슈퍼젯 6,300엔 · 크루즈 페리 4,000엔(어린이는 반값)
> **홈페이지** setonaikaikisen.co.jp

오노미치시 & 후쿠야마시

공항 리무진 버스
히로시마공항에서 공항 리무진 버스를 타고 JR 후쿠야마역까지 1시간 5분 소요된다. 오노미치까지는 JR 후쿠야마역에서 열차를 타고 가면 된다. 약 20분 소요.
요금 히로시마공항~JR 후쿠야마역 1,400엔
홈페이지 www.hij.airport.jp/timetable/access/timetable.pl

고속버스
히로시마 버스센터에서 고속버스를 이용해 JR 후쿠야마역까지 1시간 50분, JR 오노미치역까지 1시간 35분 정도 소요된다.
요금 히로시마 버스센터~JR 후쿠야마역 2,600엔 · JR 오노미치역 2,000엔(어린이는 반값)
홈페이지 www.h-buscenter.com

JR 열차
JR 히로시마역에서 JR 후쿠야마역까지 신칸센 열차로 20여 분 소요된다. JR 후쿠야마역에서 산요본선 열차로 갈아타서 20분 정도 더 가면 JR 오노미치역이다.
요금 JR 히로시마역~JR 후쿠야마역 4,510엔 (신칸센 자유석 기준) / JR 후쿠야마역~JR 오노미치역 420엔 (어린이는 반값) **홈페이지** www.westjr.co.jp

히로시마시
広島市

세토우치 지역 중 가장 큰 도시 히로시마시. 인구 120만 명의 풍족하고 세련된 대도시의 분위기는 쭉쭉 뻗은 높은 빌딩과 도시를 가로지르는 넓은 도로 때문만은 아니다. 수준 높은 미술관과 세계적인 관광지, 다채로운 음식 등 문화적인 혜택이 곳곳에 넘쳐난다.

히로시마시 돌아보기

히로시마시 교통

대중교통이 발달한 대도시 히로시마. 목적지에 따라 노면 전차, 관광 셔틀버스 등 다양하게 이용할 수 있다.

노면 전차 히로덴 広電

히로시마 전철(히로시마덴테쓰広島電鉄), 약칭 히로덴은 히로시마 시내 구석구석을 연결하는 7개 노선의 노면 전차다. 시내권 1회 탑승 요금은 220엔(어린이 110엔)으로 동일하고, 니시히로시마広電西広島역부터는 거리당 비용이 증가한다. 4회 이상 탑승하거나 미야지마까지 갈 계획이라면 1일 승차권이 이득이다.

요금 1일 승차권 700엔, 1일 승차권&페리 승선권 900엔(어린이는 반값) 홈페이지 www.hiroden.co.jp/train/

히로시마 메이푸루프 ひろしまめいぷる〜ぷ

히로시마 시내 관광지나 미술관을 편리하게 갈 수 있는 순환 버스. 히로시마의 심볼인 단풍잎(메이플)과 순환(루프) 버스를 합친 이름이다. JR 히로시마역 신칸센 출입구를 기종점으로 오렌지 루트, 그린 루트, 레몬 루트의 세 노선이 있다. 모든 노선이 원폭돔과 평화기념공원을 경유한다.

요금 1회 승차권 성인 220엔, 어린이 110엔 / 1일 승차권 성인 400엔, 어린이 200엔
홈페이지 www.chugoku-jrbus.co.jp/teikan/

Tip 히로시마 타비 패스
Visit Hiroshima Tourist Pass

히로시마시의 노면 전철(히로덴), 선박, 버스를 정해진 기간 내에 탈 수 있는 교통 할인 패스. 히로덴의 시내선과 미야지마선, 관광버스 메이푸루프, 미야지마 페리 선박, 히로시마 시내 노선 버스를 이용할 수 있다. (고속버스, 공항 리무진 이용 불가) 외국인 관광객에 한해 관광지 입장권 등의 할인 쿠폰북을 제공한다. JR 히로시마역, 히로시마 버스센터 등에서 판매한다.

요금 1일권 1,000엔, 2일권 1,500엔, 3일권 2,000엔 홈페이지 www.hiroden.co.jp/ticket-pass/bargain-tickets/travel.html

Plus Info

히로시마역 종합 안내소 広島駅総合案内所

가는 법 JR 히로시마역 내 주소 広島県広島市南区松原町 JR広島駅構内 오픈 06:00~24:00
전화 082-263-5120
홈페이지 www.hiroshima-navi.or.jp

히로시마 버스센터 종합안내소
広島バスセンター総合案内所

가는 법 히로시마 버스센터 3층 주소 広島県広島市中区基町6-27 広島バスセンター3階
오픈 09:00~16:00 전화 082-263-5120

히로시마시
📍 당일 추천 코스 📍

히로시마 관광의 중심은 JR 히로시마역과 도보 30분 거리의 평화기념공원 사이에 몰려 있다. 걸어서 갈 수 있는 거리지만 관광 셔틀버스 메이푸루프나 노면 전차를 이용하면 좀 더 편하게 다닐 수 있다.

슛케이엔 정원
고즈넉한 분위기의
다이묘 정원 산책하기

→ 메이푸루프 버스 2분 또는 도보 8분

히로시마성
고고한 옛 성을 배경으로
기념 촬영하기

→ 메이푸루프 버스 2분 또는 도보 8분

히로시마 미술관
고흐, 르누아르 등의
서양 명작 감상하기

↓ 도보 6분

히로시마 원폭 돔
평화의 상징이자 히로시마의
표상인 기념물 만나기

← 도보 10분

혼도리 상점가
번화한 상점가에서
물건 구경, 사람 구경

← 도보 3분

구니마쓰
매콤하게 비벼 먹는
탄탄멘으로 점심 식사

↓ 도보 1분

히로시마 오리즈루 타워
루프탑 전망대에서 근사한
시가지 풍경 만끽하기

→ 도보 10분

신텐치 밋찬
줄 서서 먹는 오코노미야키
맛집에서 마무리

히로시마의 잊을 수 없는 그날
평화기념공원·원폭 돔 平和記念公園·原爆ドーム

히로시마의 잊을 수 없는 과거이자 평화의 다짐이 담겨 있는 상징적인 장소. 1945년 8월 6일 피폭된 히로시마현 산업장려관을 당시 모습 그대로 남겨두었다. 반파된 건물에 돔 지붕 구조를 가지고 있어 원폭 돔이라 불린다. 그 주변에 조성된 히로시마 평화기념공원에는 원폭 희생자를 기리는 위령비를 비롯해 당시의 상흔을 기록·전시하는 기념관, 피폭으로 사망한 아이들을 기리는 종이학 등이 자리하고 있다. 일본에서도 많은 학생들이 수학여행으로 찾는다. 한국인 원폭 희생자 위령비도 있어 한국인 관광객의 발걸음을 멈추게 한다.

1955년 준공된 평화기념공원은 일본 현대 건축의 아버지라 불리는 단게 겐조丹下健三가 설계했다. 히로시마시를 동서로 관통하는 헤이와오도리平和大通り와 직교하는 남북 축선에 위령비와 원폭 돔을 배치함으로써 폐허가 된 도시를 재건하려는 의미를 담은 그의 건축 마스터플랜은 국제적으로 널리 알려졌다. 2019년 4월, 오랜 개수 공사를 마치고 재개장했으며 히로시마 원폭 당시의 참상을 상세하게 전시하고 있다.

Data 지도 094p-I
가는 법 노면 전차 겐바쿠도무마에 原爆ドーム前역 하차 후 바로
주소 広島県広島市中区中島町 1-2(히로시마 평화기념자료관)
오픈 3~7월·9~11월 08:30~18:00, 8월 08:30~19:00, 12~2월 08:30~17:00 휴무 12/30~31
요금 기념관 입장료 성인 200엔, 고등학생 100엔, 중학생 이하 무료
전화 082-241-4004
홈페이지 hpmmuseum.jp

히로시마를 가장 근사하게 만나는 곳
오리즈루 타워 おりづるタワー

2016년 원폭 돔과 모토야스가와元安川강이 내려다보이는 위치에 세워진 오리즈루 타워는 오픈과 동시에 히로시마의 명소로 떠올랐다. 삼나무와 노송나무로 뒤덮여 있는 12층 전망대에 서면 히로시마 시내 전경이 멋지게 펼쳐진다. 계단 같은 광장으로 된 이곳에 오르면 너나 할 것 없이 가장 편안 자세로 자리를 잡고 앉아 하염없이 시가지를 바라보게 된다. 특히 해 질 녘 낮과 밤이 교차할 때는 잊지 못할 풍경을 선사한다. 전망대까지는 엘리베이터로 단숨에 올라갔다가 내려올 때는 완만한 경사로 또는 미끄럼틀을 이용해 산책하듯이 내려온다.

종이학을 뜻하는 '오리즈루'는 평화를 기원하고 원폭 희생자를 위로한다는 의미다. 이곳에서는 누구나 종이학을 접어 '종이학 벽'에 종이학을 보탤 수 있다. 수만 명이 참여해 만들어지고 있는 종이학 벽은 건물 바깥에서도 볼 수 있다. 1층 기념품 매장에는 유명한 구마노 붓을 비롯해 히로시마 특산물을 전시 판매해 기념품이나 선물을 구입하기 좋다.

Data **지도** 094p-E **가는 법** 노면 전차 겐바쿠도무마에原爆ドーム前역 하차 후 바로 **주소** 広島県広島市中区大手町1-2-1 **오픈** 전망대(12F)·기념품 매장(1F) 10:00~19:00, 7~9월 10:00~20:00 / 1층 카페 10:00~21:00, 루프탑 카페 10:00~18:00 **휴무** 12/31 **요금** 전망대 입장료 성인 1,700엔, 중·고등학생 900엔, 초등학생 700엔, 유아 500엔(외국인 관광객 여권 제시 시 입장료 할인) **전화** 082-569-6803 **홈페이지** www.orizurutower.jp

미술 교과서에 나오는 화가가 한자리에
히로시마 미술관 ひろしま美術館

히로시마시 중앙공원에 자리한 히로시마 미술관은 미술 애호가라면 놓치지 말아야 할 곳이다. 이곳에는 고흐, 피카소, 르누아르, 세잔, 마네 등 미술 교과서나 유럽의 미술관에서나 볼법한 화가의 작품이 전시되어 있다. 19세기 프랑스 낭만파와 인상주의 화가의 작품을 비롯해 일본 근대화를 대거 수집 및 전시하고 있다. 히로시마 미술관은 히로시마 은행 창립 100주년을 기념해 1978년 개관했다. 회랑과 정원이 감싸고 있는 원형의 미술관은 빛이 쏟아지는 중앙 아트리움에 마욜Aristide Maillol의 비너스 조각품이 놓여 있고, 갤러리가 방사형으로 자리한다. 정원에는 피카소의 자녀에게 기증받은 마로니에 나무가 자라고 있다.

Data 지도 094p-F 가는 법 노면 전차 가미야초히가시紙屋町東역 또는 가미야초니시역紙屋町西에서 도보 5분/순환 버스 히로시마 메이푸루푸 오렌지 루트 또는 레몬 루트 탑승 주소 広島県広島市中区基町3-2
오픈 09:00~17:00 휴무 월요일(월요일이 공휴일이면 그다음 날), 12/27~1/2
요금 입장료 성인 1,300엔, 고등·대학생 1,000엔, 초·중학생 500엔(기획전에 따라 변동)
전화 082-223-2530 홈페이지 www.hiroshima-museum.jp

히로시마 역사의 시작
히로시마성 広島城

주고쿠 일대를 다스리던 다이묘 모리 데루모토毛利輝元가 1589년 상업과 해상 교통의 거점으로 축성한 성이다. 강 하구의 삼각주에 지어졌는데, 가장 넓은 섬이라는 데서 히로시마라는 지명이 유래했다. 별칭으로 '리조鯉城'라고도 한다. 이는 히로시마의 옛 지명인 '고이コイ'와 발음이 같은 '鯉(잉어)'에서 가져왔다는 설과 해자에 잉어가 많이 살고 있어서 붙여졌다는 설이 있다.

히로시마성은 완성될 당시 성의 규모가 오사카성에 필적할 정도로 광대했다고 한다. 성에는 삼중의 해자가 조성되고 사방 1km에 이를 만큼 넓었다. 슛케이엔 정원까지 히로시마성에 속해 있던 것이니 그 규모를 짐작할 만하다. 메이지 유신과 전쟁을 겪으며 대부분 파괴되고, 현재는 내측 해자만 남았다. 천수각은 1958년 외관만 복원한 것으로 역사 박물관으로 운영된다. 천수각 5층 전망대에서 시내는 물론 미야지마까지 조망할 수 있다. 니노마루二の丸(성의 중심 건물 바깥쪽에 있는 성곽)의 일부 건물도 재건되었으며, 그중에는 성의 정문과 두 기의 망루도 있다.

Data 지도 094p-B
가는 법 노면 전차 가미야초히가시 紙屋町東역 또는 가미야초니시 紙屋町西역에서 도보 15분 / 순환 버스 히로시마 메이푸루푸 오렌지 루트 또는 레몬 루트 탑승
주소 広島県広島市中区基町21-1
오픈 천수각 09:00~18:00(12~2월 ~17:00), 니노마루 09:00~16:30 (4~9월 ~17:30)
휴무 12/29~31
요금 천수각 입장료 성인 370엔, 고등학생 180엔, 중학생 이하 무료 / 니노마루 무료 입장
전화 082-221-7512
홈페이지 www.rijo-castle.jp

유유자적 다이묘 정원
슛케이엔 정원 縮景園

1620년 히로시마 번주가 조성한 다이묘 정원이다. 가운데 큰 연못을 만들고 연못 주변을 거닐며 정원을 즐길 수 있는 회유식 정원이다. 봄에는 벚꽃과 복숭아꽃, 여름에는 신록이 돋아나는 수풀, 가을에는 단풍, 겨울에는 매화와 동백 등 계절마다 아름다운 경관을 만든다. 연못 중앙에 있는 아치 석교는 240년 전 건립된 것으로 정원의 심볼이자 기념 촬영 장소로 유명하다. 연못의 물은 교바시가와京橋川강에서 끌어왔다. 해수와 담수가 섞여 있어 연못에는 민물고기인 잉어, 붕어와 바닷고기인 송어, 감성돔이 함께 서식한다. 고즈넉한 분위기의 정원은 현대적인 경관의 히로시마에서 유유자적하며 시간을 보내기 좋은 곳이다.

Data 지도 095p-C 가는 법 JR 히로시마역 남쪽 출구에서 도보 13분 / 순환 버스 히로시마 메이푸루프 오렌지 루트 또는 레몬 루트 탑승 주소 広島県広島市中区上幟町2-11 오픈 09:00~18:00, 10~3월 09:00~17:00 휴무 12/29~31 요금 성인 260엔, 고등·대학생 150엔, 초·중학생 100엔 전화 082-221-3620 홈페이지 shukkeien.jp

아방가르드 현대 예술
히로시마시 현대미술관 広島市現代美術館

히로시마 시내가 내려다보이는 히지야마比治山 언덕에 1989년 일본 최초의 현대 예술 전문 미술관으로 문을 열었다. 주로 2차 세계대전 이후 현대 미술의 흐름을 보여주는 작품과 젊고 참신한 작가의 작품을 수집 및 전시하고 있다. 또 인류의 평화에 공헌한 작가의 작품을 3년마다 한 번씩 선정해 기념전을 개최한다. 고대 서양의 광장을 연상시키는 기하학적인 구조의 건물은 일본 현대 건축의 거장 구로가와 기쇼黒川紀章가 설계했다. 실내뿐 아니라 광장과 마당에 조각 작품이 전시되어 있다. 페르난도 보테로 Fernando Botero, 헨리 무어Henry Moore 등 해외 유명 작가의 작품도 찾아볼 수 있다. 원래 벚꽃 명소로 유명해서 봄소풍 겸 찾아오기 좋은 곳이다.

Data 지도 095p-L 가는 법 순환 버스 히로시마 메이푸루프 오렌지 루트 탑승 / 노면 전차 히지야마시타比治山下역에서 도보 8분 주소 広島県広島市南区比治山公園1-1 오픈 10:00~17:00 휴무 월요일 (월요일이 공휴일이면 그다음 날), 12/27~1/1 요금 성인 300엔, 대학생 200엔, 고등학생 150엔 (기획전은 별도) 전화 082-264-1121 홈페이지 www.hiroshima-moca.jp

EAT

오코노미야키 원조의 맛
신텐치 밋찬 新天地 みっちゃん

히로시마 오코노미야키의 원조 집중 하나. 주말이나 휴일에는 1시간 대기가 기본인 인기 점포다. 연기가 자욱한 가게 안에선 널찍한 철판에 여러 명이 동시다발적으로 오코노미야키를 구워낸다. 가장 인기 있는 메뉴는 오징어, 새우, 면, 고기, 계란 등이 토핑으로 들어간 특제 디럭스 오코노미야키. 푸짐한 양에 한 번 놀라고, 씹을 때마다 풍부하게 느껴지는 재료의 맛에 두 번 놀라게 된다. '맛있다'를 연발하게 되는, 원조의 명성에 한치의 어긋남도 없는 집이다. 입맛에 따라 소스나 마요네즈를 더해 먹는다. 야키소바나 굴 구이 등 철판 메뉴도 다양하다.

Data 지도 094p-J
가는 법 노면 전차 핫초보리 八丁堀역 도보 5분
주소 広島県広島市中区新天地 6-12 오픈 화요일 17:00~21:00, 수·금요일 11:00~14:00, 17:00~21:00, 토·일요일 11:00~15:00, 17:00~21:00
휴무 월·목요일
가격 특제 디럭스 오코노미야키 1,380엔 전화 082-243-5935
홈페이지 www.mitchan.co.jp

23곳의 오코노미야키 포장마차
오코노미무라 お好み村

오코노미야키 식당들이 한 건물에 모여 있는 곳이다. 1950~60년대 오코노미야키를 포장마차에서 팔던 시절을 그려볼 수 있는 소박한 분위기이다. 2층에서 4층까지 총 23개의 식당이 옹기종기 모여 있다. 식당마다 점심 영업부터 하는 곳, 저녁 영업만 하는 곳, 휴무일이 각각 다르다. 좌석은 20석 내외다. 철판 앞 바 카운터에 앉으면 연륜 넘치는 주인장의 솜씨를 가까이서 지켜볼 수 있다. 완성된 오코노미야키는 철판에서 먹을 만큼 잘라 앞 접시에 덜어 먹는다. 뜨거운 철판 앞에선 시원한 생맥주는 선택이 아닌 필수. 오코노미야키 외에 철판구이 메뉴도 다양하게 준비되어 있다.

Data 지도 094p-J
가는 법 노면 전차 핫초보리 八丁堀역에서 도보 3분 주소 広島県広島市中区新天地5-13 오픈 11:00~23:00(점포에 따라 영업시간과 휴무일이 다름) 홈페이지 www.okonomimura.jp

내공이 느껴지는 일식 집

갓포 다코쓰보 割烹たこつぼ

히로시마 미쉐린 그린 가이드에서 별 1개를 획득한 일본 전통 요리점이자 일본 음식 추천 사이트 다베로그 상위에 랭킹된 맛집이다. 이곳은 장어 요리가 특히 유명하다. 그중에서 '히쓰무시ひつむし'를 추천한다. 히쓰무시는 구운 붕장어를 밥과 함께 먹기 좋게 잘게 잘라서 파, 김, 와사비와 함께 올려내는 덮밥이다. 한데 버무려 먹으면 입에 착착 붙는다. 곁들여 나오는 바지락 된장국과 반찬도 내공이 느껴진다. 10좌석 정도의 L자형 바 카운터와 다다미방이 있다. 식사가 주를 이루는 점심 때와 달리 저녁에는 이자카야의 분위기가 물씬 풍긴다. 싱싱한 회와 사케, 또는 생맥주를 즐기는 손님들을 보며 덩달아 술 한잔 시키게 된다.

Data 지도 095p-K
가는 법 노면 전차 핫초보리 八丁堀역 도보 3분
주소 広島県広島市中区堀川町 4-18 **오픈** 12:00~14:00, 18:00~22:00, 일요일·공휴일 18:00~21:00 **휴무** 수요일
가격 히쓰무시 (소) 3,500엔
전화 082-247-0101
홈페이지 takotubo.com

히로시마의 명물 매운 탄탄멘

구니마쓰 핫초보리본점 くにまつ 八丁堀本店

매운 양념을 면에 비벼먹는 '시루나시 탄탄멘汁なし担々麺' 맛집으로 히로시마 시내에서 손꼽히는 구니마쓰. 매운맛은 1~4단계까지 있다. 아주 매운 'KUNIMAX'와 전혀 맵지 않은 'ZERO'도 선택 가능하다. 더 큰 사이즈(오모리大盛り)를 주문하거나 반숙 계란(온센타마고温泉玉子), 또는 밥(라이스ライス)을 추가할 수 있다. 주문과 계산은 입구의 자판기를 이용한다. 매콤한 고추기름과 산초, 고소한 참깨가 어우러진 소스에 쫄깃한 면발과 볶음 소고기, 파를 잘 섞어 먹는다. 한국 사람 입맛에는 매운맛 4단계도 무난하다. 매운맛이 덜하면 살짝 느끼할 수 있다. 테이블마다 있는 다섯 종류의 소스는 취향에 따라 추가하면 된다.

Data 지도 094p-F
가는 법 노면 전차 다테마치 立町역에서 도보 3분
주소 広島県広島市中区八丁堀 8-10 清水ビル 1F
오픈 11:00~15:00, 17:00~21:00, 토요일 11:00~15:00
휴무 일요일·공휴일
가격 시루나시 탄탄멘 600엔
전화 082-222-5022
홈페이지 kunimatsu-hiroshima.com

현지인의 과일 디저트 천국
다마루 후르츠 카페 タマル フルーツ カフェ

제철과일을 이용한 주스와 디저트를 선보이는 카페. 과일 가게에서 직영하는 카페인 만큼 과일의 신선도와 종류에서 보통의 수준을 뛰어넘는다. 요금도 합리적인 편이다. 과일을 이용한 파르페, 크레이프, 주스, 샌드위치 등의 메뉴가 있다. 가장 인기 있는 100% 과일로 만든 믹스 주스는 과일 본연의 단맛이 잘 느껴진다. 좀 더 단맛을 선호한다면 소프트 아이스크림과 함께 과일이 듬뿍 올려 나오는 후르츠 파르페를 추천한다. 인근 학교 학생들이 즐겨 찾는 듯한 카페 분위기는 살짝 촌스럽지만 과일 맛만큼은 제대로다.

Data 지도 094p-F
가는 법 노면 전차 다테마치立町역에서 도보 1분
주소 広島県広島市中区本通1-27 오픈 10:00~19:00
가격 후르츠 파르페 950엔 전화 082-249-8246
홈페이지 fruittamaru.jp

🛒 BUY

히로시마 쇼핑 1번가
히로시마 혼도리 상점가 広島本通商店街

히로시마 시내 중심에 자리한 동서 577m의 아케이드 상점가. 넓은 보도에는 하루 평균 10만 명의 인파가 북적거린다. 상점가 서쪽 끝에 원폭돔과 평화공원이 자리하고 있다. 혼도리 상점가는 입지적으로나 규모에서 단연 히로시마 쇼핑 1번가다. 도쿄의 유명 백화점 체인 파르코広島PARCO가 세토우치 지역 내 유일하게 문을 연 곳이 이곳이다. 또 패션 잡화점, 기념품 숍, 드럭 스토어, 카페, 음식점 등 갖가지 점포가 양 옆으로 빼곡하게 자리하고 있다. 아케이드가 있어서 비 오는 날도 불편하지 않고, 지붕이 높기 때문에 답답하지 않다.

Data 지도 094p-J 가는 법 노면 전차 혼도리本通역 하차 홈페이지 www.hondori.or.jp

히로시마 혼도리 상점가 구석구석 즐기기

구마노 붓 전문점
히로시마 후데센터 広島筆センター

서예용 붓부터 미술용, 화장용까지 히로시마 구마노 지역에서 생산되는 붓은 품질이 좋기로 유명하다. 특히 다람쥐 털을 사용한 화장 붓은 자르지 않고 직접 길이를 맞춰 심어 피부에 닿으면 더욱 부드러운 촉감을 느낄 수 있다. 수작업으로 한 올 한 올 만드는 만큼 가격이 비싼 편이다. 구마노 붓 전문점 히로시마 후데센터는 옛날 문방구 같은 분위기라 편안하게 구경하기 좋다.

Data 지도 094p-E **가는 법** 노면 전차 혼도리本通역에서 도보 1분 **주소** 広島県広島市中区大手町1-5-11 **오픈** 10:00~18:30 **전화** 082-543-2844 **가격** 다람쥐 털 100% 페이스브러시 9,350엔, 양모 100% 세안브러시 3,696엔 **홈페이지** www.kumanofude-center.com

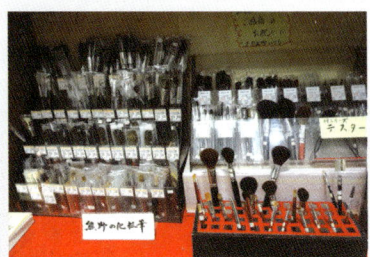

귀여운 소품과 티셔츠
컨트리 캣 Country Cat

나무간판에 나무기둥, 뭔가 재미있는 물건을 발견할 듯한 기분이 들어 빨려 들어가듯 안으로 발길을 옮기게 되는 귀여운 잡화점. 코티지 방들을 숍으로 꾸몄는지 공간이 나뉘어 있고, 가지가지 귀여운 소품들이 서로 자신을 데려가라며 아우성친다. 집에 가져다 놓고 싶은 물건은 물론 여행지에서 쓰임새 있을 법한 물건 등 다양하다.

Data 지도 094p-E **가는 법** 노면 전차 혼도리本通역에서 도보 1분 **주소** 広島県広島市中区大手町1-5-11 **오픈** 10:30~19:00 **휴무** 목요일 **전화** 082-247-7286 **홈페이지** www.country-cat.com

라이프 스타일을 파는 서점
에디온 쓰타야 가덴 エディオン蔦屋家電

'서점의 미래'라 불리는 쓰타야의 업그레이드 버전이 2017년 히로시마역 앞에 오픈했다. 책을 판매하면서 가전제품을 포함해 하드웨어에서의 라이프 스타일을 제안하는 곳이다. 1층에는 미용 관련 서적과 상품을 비롯해 애플 매장, 전동자전거 코너가 있다. 2층에는 취미와 관련된 서적과 함께 카메라, 영상, 음향 제품을 만나볼 수 있다. 쓰타야의 동반자 스타벅스도 2층에 있다. 3층은 일상생활과 연관된 리빙 서적과 제품이 망라되어 있다. 키즈 코너와 레고 상점, 전 세계 그림책도 모아 두었다. 각 매장에는 전문 컨시어지가 있어 제품 사양에 관해 문의할 수 있다.

Data **지도** 095p-H **가는 법** JR 히로시마역 남쪽 출구에서 도보 1분
주소 広島県広島市南区松原町3-1-1 EKICITY HIROSHIMA 1~3F
오픈 10:00~20:00 **전화** 082-264-6511 **홈페이지** edion-tsutaya-electrics.jp/hiroshima/

세토우치의 선물
시마쇼텐 しま商店

히로시마를 비롯해 세토우치 지역의 의식주와 관련된 잡화와 공예품을 모아둔 셀렉트 숍. 세토 내해에 점점이 떠 있는 섬들을 모티브로 한 디자인 제품이나 대대로 이어 내려오는 장인의 공예품을 엄선해 판매하고 있다. 그 지역에 가야만 살 수 있던 물건이나 특산품도 있으니 기념품이나 선물은 여기서 구입하자. 세토 내해의 바다를 연상케 하는 푸른빛의 매장도 깔끔하고 세련된 분위기다.

Data **지도** 095p-H **가는 법** JR 히로시마역 2층 신칸센 개찰구 앞 **주소** 広島県広島市南区松原町1-2 ekie North 2F **오픈** 08:00~21:00 **전화** 082-568-9195 **홈페이지** miyage-guide.jp

SLEEP

히로시마 관광의 중심
다이와 로이넷 호텔 히로시마 ダイワロイネットホテル広島

히로시마 관광의 중심 평화기념공원 가까이에 자리한 비즈니스 호텔. 싱글룸도 18㎡로 꽤 여유로운 편이고, 널찍한 책상과 작은 소파도 놓여 있다. 일본 전역에 체인이 있는 다이와 로이넷답게 시설이 전반적으로 깨끗하고 직원의 대응도 친절하다. 평화기념공원이 걸어서 5분 거리라 관광은 물론 아침 산책으로 다녀오기도 좋다. 조식은 반찬 가짓수에 따라 500엔과 800엔 중 고를 수 있다. 800엔 메뉴 중에는 붕장어 덮밥도 있다. 1층에 편의점이 있는 것도 편리하다.

Data 지도 095p-D
가는 법 노면 전차 주덴마에 中電前역에서 도보 1분
주소 広島県広島市中区国泰寺町1-3-20
요금 싱글룸 7,800엔~
전화 082-545-2955
홈페이지 www.daiwaroynet.jp/hiroshima/

가성비 좋은 호텔
치산 호텔 히로시마 チサンホテル広島

히로시마 혼마치 상점가 동쪽 끝에 자리한 비즈니스 호텔. 중심가와 가까운 것에 비해 요금이 저렴한 편이다. 대신 방 크기가 작은 편이고, 객실에 따라 냄새가 좀 나기도 한다. 방에서의 여유로운 시간보다 눈코 뜰 새 없이 쇼핑과 관광을 즐길 여행자에게 추천한다. 편의점과 오코노미야키 맛집도 가깝다. 일찍 예약하면 더 높은 할인율을 적용받을 수 있다.

Data 지도 095p-G
가는 법 노면 전차 가나야마초 銀山町역에서 도보 1분
주소 広島県広島市中区幟町 14-7 요금 싱글룸 6,000엔~
전화 082-511-1333
홈페이지 www.solarehotels.com/hotel/hiroshima/chisunhotel-hiroshima/

미야지마
宮島

일본 3대 절경으로 손꼽히는 미야지마. 둘레 30km의 작은 섬에 세계유산으로 등록된 이쓰쿠시마 신사를 비롯해 유서 깊은 사찰과 신사가 많다. 원시림과 세토 내해의 풍부한 자연에 둘러싸여 있어 한시도 눈을 뗄 수 없는 시간을 선사한다.

미야지마 돌아보기

미야지마 교통

미야지마는 넓지 않아서 도보로 충분히 다닐 수 있다. 자전거도 빌려 탈 수 있으나 오르막과 계단이 중간중간 나타나기 때문에 무용지물이 되는 경우가 종종 발생한다.

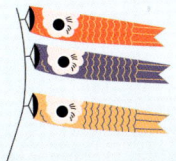

··· Plus Info ···

미야지마구치 관광안내소 宮島口観光案内所
가는 법 미야지마구치 페리 터미널 앞
주소 広島県廿日市市宮島口1-11-5
오픈 10:00~17:00 전화 0829-56-0600
홈페이지 www.miyajima.or.jp

미야지마 관광안내소 宮島観光案内所
가는 법 미야지마산바시宮島桟橋 선착장 내
주소 広島県廿日市市宮島町胡町1162-18
오픈 09:00~18:00 전화 0829-44-2011
홈페이지 www.miyajima.or.jp

미야지마구치역 상세도

미야지마
📍 당일 추천 코스 📍

일본 전통과 자연이 빚어낸 독보적인 풍경으로 사시사철 여행자들이 넘쳐나는 미야지마. 반나절 짧게 다녀가기도 하지만, 미야지마의 신비로운 분위기를 제대로 느끼려면 일몰까지 있어야 한다.

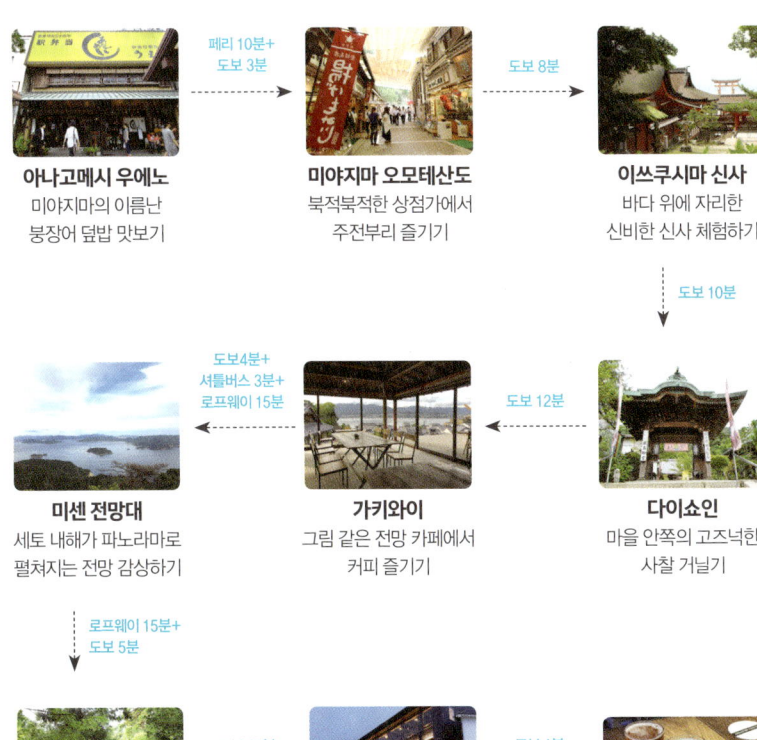

아나고메시 우에노
미야지마의 이름난 붕장어 덮밥 맛보기

→ 페리 10분 + 도보 3분

미야지마 오모테산도
북적북적한 상점가에서 주전부리 즐기기

→ 도보 8분

이쓰쿠시마 신사
바다 위에 자리한 신비한 신사 체험하기

↓ 도보 10분

다이쇼인
마을 안쪽의 고즈넉한 사찰 거닐기

← 도보 12분

가키와이
그림 같은 전망 카페에서 커피 즐기기

← 도보4분 + 셔틀버스 3분 + 로프웨이 15분

미센 전망대
세토 내해가 파노라마로 펼쳐지는 전망 감상하기

↓ 로프웨이 15분 + 도보 5분

모미지다니 공원
원시림을 간직한 공원 산책하며 내려오기

→ 도보 15분

스타벅스 이쓰쿠시마 오모테산도점
미야지마의 상징인 오토리이와 바다가 어우러진 풍경 감상

→ 도보 1분

미야지마 브루어리
미야지마 굴 요리와 수제 맥주로 마무리

SEE

미센산 정상에서 마주하는 세토 내해
미야지마 로프웨이 宮島ロープウエー

해발 535m의 미센弥山산은 천연기념물로 지정된 원시림을 간직한 미야지마의 영산이다. 등산으로도 즐겨 찾는 곳이지만 로프웨이를 이용하면 빠르고 편리하다. 또한 로프웨이 창 너머로 파란 하늘과 바다, 초록의 원시림이 한데 어우러진 풍경도 감상할 수 있다. 로프웨이는 두 단계로 이루어져 있다. 모미지다니紅葉谷역에서 가야타니榧谷역까지 소형 로프웨이로 10분 정도 오른 후 대형 로프웨이로 갈아타 시시이와獅子岩역까지 4분 정도면 닿는다.

시시이와역 주변에서도 세토 내해의 전망을 충분히 즐길 수 있지만 시간과 체력이 허락한다면 20분 정도 등산을 해서 미센 본당까지 다녀오자. 고보 대사가 100일간 수행했다는 본당 옆에는 1200년 동안 꺼지지 않는 불씨를 간직한 레이카도靈火堂가 있다. 여기서 조금만 더 올라가면 미센산 정상이다. 정상에는 전통과 현대가 오묘한 조화를 이룬 삼나무 전망대가 있다. 이 전망대는 이누지마 제련소 미술관을 설계한 건축가 산부이치 히로시三分一博志가 디자인했다. 전망대 2층 널찍한 툇마루 같은 자리에서 에타지마江田島섬을 비롯해 무수히 많은 무인도가 푸른 바다 위에 흩뿌려진 절경을 마주할 수 있다.

Data 지도 110p-F
가는 법 미야지마산바시宮島桟橋 선착장에서 도보 15분 후 모미지다니 공원 앞 정류장에서 무료 셔틀버스로 3분 소요
주소 広島県廿日市市宮島町 紅葉谷公園
오픈 09:00~17:00(계절마다 다름)
요금 왕복 성인 1,840엔, 어린이 920엔 전화 0829-44-0316
홈페이지 miyajima-ropeway.info

바다 위의 신비로운 신사
이쓰쿠시마 신사 嚴島神社

유네스코 세계문화유산으로 등록된 헤이안 시대 신사. 미야지마로 향하는 페리의 갑판에서부터 보이는 주홍색의 도리이鳥居(신사의 문)는 곧 신의 영역이 가까이 왔음을 말해준다. 1,400년 전 '신의 섬'으로 숭배되던 이쓰쿠시마(미야지마)에 창건된 이 신사는 일본 신화 속 세 여신(이치키시마 히메노미코토市杵島姫命, 다고리 히메노미코토田心姫命, 다기쓰 히메노미코토湍津姫命)를 모시고 있다. 섬 전체를 신성한 신체神體로 여겨 이를 훼손하지 않기 위해 바닷가에 놓여지듯 건립되었다. 세 여신을 모신 본전을 비롯해 17동이 275m의 긴 회랑으로 연결되어 있으며, 붉은 열주는 푸른 바다와 선명한 색채 대비를 이룬다. 본전 앞에 설치된 무대에서는 일본 전통 연극인 노가쿠能楽가 매년 9차례 올려진다. 이 무대에서 바다 쪽으로 200m 정도 떨어진 위치에 높이 16m의 오토리이大鳥居가 세워져 있다. 물에 잘 썩지 않는 녹나무 원목의 오토리이는 썰물 때 걸어서 바로 아래까지 갈 수 있다. 밀물 때는 물 위에 뜬 듯한 비현실적인 풍경을 감상할 수 있다. 석양이 질 때는 황금색 하늘 아래 고고한 자태를 뽐낸다. 밤에 조명이 밝혀지면 낮과는 또 다른 분위기를 자아낸다. 밀물과 썰물, 낮과 밤에 따라 풍경이 확연히 다른 신비로운 신사다. 낮에는 패들보드나 씨카약으로, 밤에는 나이트 크루즈를 타고 오토리이를 통과하는 색다른 체험도 할 수 있다.

Data 지도 110p-C 가는 법 미야지마산바시宮島桟橋 선착장에서 도보 10분
주소 広島県廿日市市宮島町嚴島神社 전화 0829-44-2020 요금 성인 300엔, 고등학생 200엔, 초·중학생 100엔 오픈 06:30~18:00(계절마다 다름), 보물관 08:00~17:00, 센조카쿠 08:30~16:30
홈페이지 www.itsukushimajinja.jp

PLUS TOUR

바다에서 만나는 이쓰쿠시마 신사

스탠드업 패들보딩
Stand Up Paddle-boarding(SUP)

경험과 실력, 체력에 따라서 코스를 선택할 수 있고 처음 타보는 사람도 어렵지 않게 배워서 탈 수 있다. 물에 젖어도 되는 복장을 착용하고 햇빛을 가릴 모자가 필요하다. 1명부터 신청 가능.

소요시간 3시간(초보자 레슨 포함)
요금 8,000엔 전화 070-2809-2288
홈페이지 supmiyajima.jp

오토리이 나이트 크루즈
大鳥居をナイトクルーズ

일몰 후 30분 후부터 밤 11시까지 점등이 되는 이쓰쿠시마 신사와 오토리이를 야카타부네屋形船(지붕이 있는 놀잇배)를 타고 가까이서 보고 기념 촬영할 수 있다.

소요시간 30분
요금 성인 1,600엔, 어린이 800엔
전화 0829-44-0888
홈페이지 aqua-net-h.co.jp/sanpai/

미야지마의 길잡이
오층탑 五重塔

1407년 건립된 높이 27.6m의 오층탑은 높은 건물이 없는 미야지마 어디서나 눈에 띈다. 노송나무 껍질의 지붕과 붉은 몸체로 되어 있으며, 중국 당나라와 일본풍이 혼합된 양식이다. 이쓰쿠시마 신사 옆에 위치한 센조카쿠千畳閣(도요쿠니 신사豊国神社) 경내에 자리하고 있어 이쓰쿠시마 신사로 방향을 잡을 때 길잡이를 삼아도 좋다. 오층탑과 어우러진 마을 길과 세토 내해의 풍경은 고풍스러운 멋을 자아낸다.

Data 지도 110p-C
가는 법 미야지마산바시宮島桟橋 선착장에서 도보 10분
주소 広島県廿日市市宮島町1-1 전화 0829-44-2020(센조가쿠)

미야지마에서 가장 오래된 사찰
다이쇼인 大聖院

이쓰쿠시마 신사의 뒷길로 가다 보면 번화한 중심가와 다른 고즈넉한 동네가 나오는데, 그 끝에 다이쇼인이 자리한다. 미센弥山산 등산로 입구에 위치해 있어서 경내를 둘러싼 산의 기운이 기분 좋게 느껴진다. 806년 고보弘法 대사가 진언종 사찰로 창건한 미야지마에서 가장 오래된 사찰로 이쓰쿠시마 신사의 제사를 맡아왔다. 인왕문을 지나 수십 개의 계단을 올라가면 본당이 나온다. 이곳에서는 세토 내해와 미야지마의 옛 거리를 굽어볼 수 있다. 경내 곳곳에 있는 귀여운 표정의 동자승 동상과 색색의 털모자를 쓴 오백나한상 등 다양한 불상을 구경하는 재미도 쏠쏠하다.

Data 지도 110p-E 가는 법 미야지마산바시宮島桟橋 선착장에서 도보 20분
주소 広島県廿日市市宮島町210 오픈 08:00~17:00 전화 0829-44-0111 홈페이지 daisho-in.com

천상의 단풍놀이
모미지다니 공원 紅葉谷公園

미야지마는 일본 내에서 알아주는 단풍 명소다. 미센 산기슭에 자리한 모미지다니(단풍계곡) 공원에 약 700그루의 단풍나무가 숲을 이루고 있다. 단풍잎이 붉게 타오르는 11월 중순부터 하순까지 단풍철에는 그야말로 인산인해를 이룬다. 선명한 붉은색의 단풍잎뿐 아니라 주황색과 노란색 등 다채로운 색상의 단풍잎이 색색의 화려한 자태를 드러낸다. 봄부터 여름까지는 녹색의 싱그러움을 뽐내며 고즈넉하게 산책하기 좋은 공원이다. 로프웨이 승강장까지 가는 길목에 자리해 셔틀버스를 타는 대신 이 공원을 관통해 갈 수 있다.

Data 지도 110p-F 가는 법 미야지마산바시宮島桟橋 선착장에서 도보 15분 주소 広島県廿日市市宮島町紅葉谷

백 년 전통의 붕장어 덮밥
아나고메시 우에노 あなごめし うえの

JR 미야지마역 앞에 자리한 붕장어 덮밥 '아나고메시あなごめし' 의 원조 집으로 그 역사가 100년을 훌쩍 넘는다. 아나고메시는 1901년 미야지마역 내에서 판매하던 도시락으로 시작해 미야지마의 명물로 자리잡았다. 식당을 연 후에도 인기는 이어져서 늘 손님이 북적이고, 대기는 기본이다. 미야지마의 특산물 붕장어와 어울리는 특제 소스로 달착지근하게 입맛을 돋우고, 기름진 생선 살이 입안에서 살살 녹는다. 흰 쌀밥에도 소스를 적당히 적셔서 끝까지 맛있게 먹을 수 있다. 예전과 마찬가지로 도시락으로도 판매하며, 요금이 약간 저렴하고 대기도 길지 않은 편이다.

Data **지도** 109p **가는 법** JR 미야지마구치역에서 도보 2분
주소 広島県廿日市市宮島口1-5-11 **오픈** 10:00~19:00,
수요일 10:00~18:00(도시락은 09:00부터 판매, 매진되면 영업 종료)
가격 아나고메시(보통) 2,250엔, 도시락(보통) 2,160엔 **전화** 0829-56-0006 **홈페이지** www.anagomeshi.com

알싸한 맥주와 굴 요리
미야지마 브루어리 Miyajima Brewery

미야지마의 오리지널 맥주를 생산하는 브루어리 펍. 1층 양조장에서 만든 8종류의 개성 강한 크래프트 맥주를 오션 뷰의 2층 펍에서 즐길 수 있다. 바이젠Weizen이나 페일 에일Pale Ale 같은 익히 알려진 맥주부터 오이스터 스타우트Oyster Stout, 레몬 에일Lemon Ale 등 지역의 특색을 살린 맥주도 생산한다. 맥주의 바디감, 향, 쓴맛 정도를 표기한 메뉴판이 있어 주문 시 참고해 선택하면 된다. 할인된 요금으로 세 가지의 추천 맥주로 구성된 세트도 있다. 안주 중에는 역시 미야지마 굴 요리를 빼놓을 수 없다. 겨울에는 생으로 즐긴다. 그 외 계절에는 굽거나 쪄서 나온다. 1층 양조장 옆에 테이크아웃 코너도 마련되어 있으니 해변에 앉아 가볍게 즐겨도 좋다. 캔과 병으로도 판매하니 기념품 삼아 사가기 좋다.

Data **지도** 110p-C **가는 법** 미야지마산바시宮島桟橋 선착장에서 도보 10분 **주소** 広島県廿日市市宮島町459-2
오픈 12:30~17:00, 주말 10:30~17:00 **가격** 맥주 추천 세트(185ml 3종류) 1,200엔, 맥주 한 잔 500엔(185ml)
· 800엔(400ml), 굴 구이(2개) 500엔 **전화** 0829-40-2607 **홈페이지** miyajima-brewery.com

상큼 달콤한 수제 젤라토

바카노 젤라테리아 BACCANO gelateria

미야지마 오모테산도 상점가 골목 안쪽에 자리한 수제 젤라토 전문점. 아담한 아이스크림 가게에서 대표 메뉴인 상큼한 히로시마 레몬 젤라토를 비롯해 쌉싸래한 우지 말차 젤라토, 생초콜릿을 먹는 것 같은 진한 맛의 쇼콜라토 소르베 등 18종류의 아이스크림을 골라 먹을 수 있다. 보존료나 착색료를 사용하지 않아 재료 본연의 맛을 즐길 수 있다. 벚꽃(사쿠라) 젤라토, 홍옥 사과 소르베, 복숭아 젤라토와 같은 계절 한정 메뉴도 선보인다. 새로운 종류도 계속 개발 중이다. 2층에는 아늑한 좌식 카페도 마련되어 있다.

Data 지도 110p-C
가는 법 미야지마산바시宮島桟橋 선착장에서 도보 7분
주소 広島県廿日市市宮島町幸町西浜435-3
오픈 10:00~18:00
가격 싱글 450엔, 더블 550엔
전화 0829-44-2880
홈페이지 baccano.jpn.com

소박한 맛의 원조 모미지 만주

이와무라 모미지야 岩村もみじ屋

팥앙금이 들어간 모미지 만주를 처음 선보인 노포의 화과자점. 100년 전쯤 문을 열었으며, 현재 미야지마에 자리한 20곳 정도의 모미지 만주 점포 중 가장 오래되었다. 이쓰쿠시마 신사 뒷골목에 자리한 예스러운 분위기의 매장에서 지금도 수작업으로 만주를 구워내고 있다. 부드러운 카스텔라와 많이 달지 않게 졸인 팥앙금은 친숙한 맛이다.

Data 지도 110p-E **가는 법** 미야지마산바시宮島桟橋 선착장에서 도보 12분 **주소** 広島県廿日市市宮島町中江町304-1 **오픈** 09:00~17:00 **휴무** 부정기 휴일 **가격** 모미지 만주 100엔 **전화** 0829-44-0207
홈페이지 iwamura-momijiya.com

미야지마 전망 카페

시시각각 달라지는 바다와 하늘 아래 고풍스러운 신사와 사찰이 이루는 미야지마의 아름다운 풍광을 독점할 수 있는 카페 세 곳을 소개한다.

미야지마의 절경이 한눈에
1 가키와이 牡蠣祝

미야지마의 예스러운 거리와 오층탑, 세토 내해가 한눈에 내려다보이는 언덕에 자리해 탁월한 위치 선정에 탄성을 자아내게 하는 카페다. 미야지마 언덕에 있는 오래된 가옥을 개조한 카페로 통유리창을 통해 미야지마의 절경이 펼쳐진다. 특히, 탁 트인 테라스에서 아무런 방해 없이 조망하는 전경이 일품이다. 콘크리트 바닥과 고가구가 어우러진 모던한 공간에서 세련된 플레이팅의 디저트를 즐기며 여유로운 시간을 보내기 좋다. 가키와이는 굴 절임이 유명한 레스토랑에서 운영하는 곳. 카페에서도 굴 절임을 맛볼 수 있다. 굴과 어울리는 와인과 위스키 리스트도 갖추고 있다.

Data 지도 110p-D 가는 법 미야지마산바시 宮島桟橋 선착장에서 도보 7분 주소 広島県廿日市市宮島町422 오픈 12:00~16:30
가격 케이크 세트 1,080엔 전화 0829-44-2747
홈페이지 www.kakiwai.jp

돌계단 길의 비밀스러운 카페
2 덴신카쿠 天心閣

이런 곳에 카페가 있을까 싶다. 구비구비 돌계단 길을 올라가면 가장 꼭대기에 고풍스런 집 한 채가 나타난다. 카페 정원 뒤로 그림처럼 펼쳐진 오층탑과 세토 내해의 풍경을 누릴 수 있다. 덴신카쿠는 찾아가는 즐거움이 큰 비밀스러운 카페다. 탁월한 전망과 고민가 특유의 아늑한 분위기로 오래도록 머물고 싶어진다. 미야지마의 스페셜티 커피 명가인 이쓰키 커피 伊都岐珈琲 직영점이기도 하다. 이쓰키 커피 왼쪽 골목으로 들어와 돌 계단을 따라 올라가면 나온다. 향긋한 커피와 함께 계절에 따라 달라지는 소다 음료를 즐길 수 있다.

Data 지도 110p-D
가는 법 미야지마산바시宮島桟橋 선착장에서 도보 10분(이쓰키 커피 왼쪽 골목)
주소 広島県廿日市市宮島町413 오픈 13:00~16:30
휴무 수・목요일 가격 레몬 소다 600엔,
카페 라테 600엔 전화 0829-44-0611
홈페이지 itsuki-miyajima.com/shop/tenshinkaku

오토리이가 보이는 스타벅스
③ 스타벅스 이쓰쿠시마 오모테산도점 STARBUCKS 厳島表参道店

2017년 일본 스타벅스 중 최초로 배를 타고 가는 지점으로 오픈한 곳이다. 미야지마 오모테산도 상점가 끝자락, 이쓰쿠시마 신사로 가는 길목 초입에 자리한다. 이 카페는 개장 때부터 큰 주목을 받았다. 미야지마의 상징인 오토리이와 바다가 어우러진 풍경을 2층 테라스에서 전망할 수 있기 때문이다. 특히 해 질 녘 풍경은 감히 스타벅스 최고의 전망이라고 말할 수 있다. 지역 특성을 반영해 단풍 나무주걱으로 벽면을 꾸며놓는 등 스타벅스 리저널 랜드마크 스토어 Regional Landmark Store의 특징도 엿볼 수 있다.

Data 지도 110p-C 가는 법 미야지마산바시宮島桟橋 선착장에서 도보 6분 주소 広島県廿日市市宮島町 459-2 오픈 09:00~20:00 가격 카페 라테(톨 사이즈) 380엔 전화 0829-40-2205
홈페이지 store.starbucks.co.jp/detail-1354

이쓰쿠시마 신사로 가는 길
미야지마 오모테산도 상점가 宮島表参道商店街

미야지마 선착장에서 이쓰쿠시마 신사까지 이어진 거리에 조성된 상점가. 천막이 드리워진 아늑한 골목 양옆으로 굴과 붕장어 전문 식당, 모미지 만주もみじ饅頭(단풍잎 모양의 팥앙금빵)를 판매하는 화과자점, 나무주걱 등 기념품이 진열되어 있는 상점이 즐비하다. 모미지 만주를 튀긴 '아게모미지揚げもみじ', 즉석에서 구워주는 석화구이 같은 길거리 주전부리도 풍성하게 즐길 수 있다. 중심 거리를 벗어난 안쪽 마을 길에도 상점이나 카페가 자리하고 있으니 여유를 갖고 돌아보자.

Tip 미야지마의 무법자, 야생 사슴

미야지마섬에는 수백 마리의 야생 사슴이 살고 있다. 이 사슴들은 미야지마의 원시림에 살았지만 관광객이 주는 먹이에 맛을 들여 아예 시가지에 눌러 살게 되었다. 처음에는 사람을 겁내지 않는 사슴이 귀엽고 신기하다. 그러나 여행자가 보는 지도를 낚아채 씹어 먹는 걸 보면 생각이 달라질 것이다. 사슴을 조심하라는 경고 문구가 괜히 섬 여기저기 붙어 있는 것이 아니다. 기념 사진을 찍더라도 절대 먹이를 주지 말자. 특히 종이를 조심하자.

| 미야지마구치역 주변 |

미야지마 셀렉트 숍
숍 에필로 shop epilo
미야지마구치 지역의 유명한 붕장어 덮밥 전문점 '우에노うえの' 안쪽에 자리한 잡화점. 워낙 인기 식당이다 보니 손님 대기실이 따로 있었는데, 그곳을 아예 셀렉트 숍으로 꾸몄다. 고민가의 예스러움이 묻어나는 공간이다. 히로시마 출신 작가나 지역 특색이 드러나는 상품, 이곳에서만 살 수 있는 오리지널 제품으로 꽉 채워져 있다. 나무주걱 같은 공예품, 패브릭 소품과 액세서리, 디자인 문구, 도자기, 쿠키, 녹차 등 종류도 다양하다. 2층에는 차를 마시며 쉬었다 갈 수 있는 북카페도 있다. 시간 가는 줄 모르고 구경하다 보면 식당에서 대기 손님을 찾으러 오기도 한다.

Data 지도 109p 가는 법 JR 미야지마구치역에서 도보 2분 주소 広島県廿日市市宮島口1-5-11 오픈 10:00~18:00, 주말·공휴일 10:00~19:00 휴무 부정기 휴일 전화 080-3879-0016 홈페이지 epilo.net

신이 깃든 도자기
야마네타이겐도 갤러리 요 山根対厳堂「ギャラリー耀」
에도 시대부터 생산된 '미야지마 오스나야키宮島お砂焼'는 부적의 의미로 이쓰쿠시마 신사 본전 아래의 모래를 점토 반죽에 섞어 구운 도자기를 일컫는다. 1912년 창업해 3대째 대를 이어온 야마네타이겐도에서는 스나야키를 선보이고 있으며, 공방의 대각선 맞은편에 갤러리 숍이 자리한다. 액운을 막아준다는 의미에 더해 미야지마의 단풍잎을 한 장 한 장 붙여 만든 도자기는 미야지마를 기념하는 선물로도 좋다. 참고로 미야지마 내 스타벅스의 개점 기념으로 출시된 한정 컵이 이 공방에서 생산한 것이다.

Data 지도 109p
가는 법 JR 미야지마구치역에서 도보 5분 주소 広島県廿日市市宮島口1-2-6
오픈 10:30~17:30
휴무 수요일, 그 외 임시 휴무
가격 도자기 컵 3,800엔
전화 0829-56-0027
홈페이지 miyajimayaki.jp

SLEEP

최고의 휴양을 선물하는 프라이빗 료칸

세키테이 庭園の宿 石亭

미야지마를 비롯해 세토 내해의 여러 섬이 한눈에 펼쳐지는 언덕에 자리한 세키테이는 최고의 휴양을 선사하는 프라이빗 료칸이다. 비단잉어가 노니는 연못과 잘 가꾼 노송이 어우러진 아름다운 일본식 정원은 오로지 12객실만이 누릴 수 있다. 모던한 원목 가구와 전통 일본 스타일이 조화를 이룬 객실은 하나하나 취향 저격이다. 정원과 이어진 별관에는 비밀스런 공간이 숨겨져 있다. 다다미방의 은신처 같은 라이브러리에서 책을 읽거나 동굴 같은 음악 감상실에서 나만의 시간을 가질 수 있다. 정원에 둘러싸인 암석 노천탕과 벽에서 천장까지 원목으로 뒤덮인 아늑한 히노키탕에서 보내는 시간은 휴식의 화룡점정을 찍는다. 지역 작가의 그릇에 세토 내해의 산해진미로 차려지는 식사는 코스가 이어질수록 기대감을 높인다. 그중에서도 료칸의 역사와 자부심을 담은 붕장어 가마솥 밥은 단연 백미이다.

Data 지도 109p
가는 법 JR 미야지마구치역에서 차로 15분, 또는 JR 오노우라大野浦역에서 차로 5분(숙박자 무료 송영)
주소 広島県廿日市市宮浜温泉 3-5-27 **요금** 34,250엔부터 (2인 이용 시 1인 요금, 조·석식 포함) **전화** 0829-55-0601
홈페이지 www.sekitei.to

단풍 계곡에 둘러싸인 고풍스런 료칸

이와소 岩惣

미야지마의 단풍 명소 모미지다니 계곡 입구에 자리한 이와소는 한눈에도 오랜 역사가 느껴지는 전통 료칸이다. 1854년 창업한 이래 원시림 계곡에 둘러싸인 고풍스러운 공간은 나쓰메 소세키와 같은 문인과 유명 인사를 매료시켜 왔다. 특히 다이쇼 시대에서 쇼와 시대에 걸쳐 지어진 4곳의 별채(하나레)는 장인의 뛰어난 솜씨와 당대의 건축 의장을 엿볼 수 있다. 100년 전 지어진 본관과 세토 내해도 전망할 수 있는 5층 건물의 신관 등 모든 객실의 창으로 사계절마다 옷을 갈아 입는 원시림 계곡의 풍경이 고스란히 펼쳐진다. 지하에 자리한 노천탕 또한 시원하게 흐르는 계곡과 짙은 녹음의 숲을 바라보고 있어서 야생 사슴이나 너구리를 만날지도 모른다.

Data 지도 110p-F
가는 법 미야지마산바시宮島桟橋 선착장에서 도보 15분(숙박자 무료 송영) 주소 広島県廿日市市宮島町もみじ谷
요금 23,150엔부터(2인 이용 시 1인 요금 조·석식 포함)
전화 0829-44-2233
홈페이지 www.iwaso.com

입지가 좋은 료칸

호텔 미야 리큐 ホテルみや離宮

이쓰쿠시마 신사에서 머지 않은 곳에 자리한 대규모 료칸. 다양한 요금대의 방을 고를 수 있다. 객실에 따라 이쓰쿠시마 신사와 오토리이가 창밖으로 보인다. 옥상 전망탕에서도 이쓰쿠시마 신사와 오토리이를 조망하며 온천을 즐길 수 있다. 저녁은 미야지마의 특산물과 제철 식재료를 이용한 요리를 선보인다. 아침은 뷔페식으로 나온다. 매일 저녁 8시 30분에는 로비에서 박력 넘치는 미야지마 전통 북 공연이 펼쳐진다.

Data 지도 110p-B 가는 법 미야지마산바시宮島桟橋 선착장에서 도보 4분 주소 広島県廿日市市宮島町849 요금 13,000엔~(2인 이용 시 1인 요금, 조·석식 포함) 전화 0829-44-2111
홈페이지 www.miyarikyu.com

구레시 & 다케하라시
呉市 & 竹原市

히로시마현 남쪽 세토 내해와 맞닿은 구레시와 다케하라시는 예나 지금이나 바다와 떼려야 뗄 수 없다. 마린 보이의 고장이자 해상의 요충지로 번성했던 시절은 어느덧 옛이야기가 되었지만 여전히 넓고 푸른 바다는 넉넉한 품으로 낯선 여행자를 맞아준다.

구레시&다케하라시 돌아보기

구레&다케하라 교통

고속버스나 선박 등 대중교통을 이용해서 갈 수도 있다. 하지만 시간 제약이 있어 렌터카가 편리하다.

렌터카
히로시마공항 또는 JR 히로시마역, JR 구레역에서 렌터카를 이용할 수 있다. (046~047p 렌터카 이용법)

고속버스
JR 구레역 앞에서 고속버스(산요버스さんようバス)가 시모카마가리시마下蒲刈島, 가미카마가리지마上蒲刈島, 도요시마豊島, 오사키시모지마大崎下島까지 간다. 네 개의 섬은 다리로 연결되어 있다. JR 구레역에서 오사키시모지마 미타라이 지구까지 1시간 30분 정도 소요된다.
요금 JR 구레역 앞~미타라이항 1,340엔
홈페이지 www.h-buscenter.com/timetable/schedule_kennai.php?id=1

선박
다케하라항에서 오사카카미지마(아카시항)를 경유해 오사키시모지마(오쵸항) 섬까지 운항하는 페리가 있다. 45분 소요. 또한 오사카카미지마와 오사키시모지마 섬 사이에 페리가 운항해 15분 이면 닿는다.
요금 다케하라항~오사키시모지마 오쵸大長항 (일부 미타라이御手洗항 경유) 1,510엔, 오사키시모지마 오쵸大長항~오사카카미지마 아카시明石항 310엔 (어린이는 반값)
홈페이지 habushosen.jp

••• Plus Info •••

구레 관광정보 플라자 くれ観光情報プラザ
가는 법 JR 구레역 2층 **주소** 広島県呉市宝町1 **오픈** 09:00~19:00 **휴무** 연말연시 **전화** 0823-23-7845 **홈페이지** www.kure-kankou.jp

다케하라 관광 정보 코너 たけはら観光情報コーナー
가는 법 JR 다케하라역에서 도보 8분, 미치노에키 다케하라 2층 **주소** 広島県竹原市本町1-1-1 道の駅 たけはら 2F **오픈** 09:00~18:00 **휴무** 셋째 주 수요일 **전화** 0846-23-5100 **홈페이지** www.takeharakankou.jp

구레시 & 다케하라시
📍 2일 추천 코스 📍

구레와 다케하라 앞바다의 섬으로 1박 2일 시간 여행을 떠나보자. 고속버스를 타고 배 시간을 맞추는 등 제법 난이도가 높은 대신 레트로 감성의 끝판왕을 경험할 수 있다.

 1일차

오사키시모지마 미타라이 지구
오래된 시계점, 옛 극장이 남아 있는 빈티지 항구마을 산책하기

→ 도보 1분 →

시오마치칸
미타라이의 지역성을 담은 기념품 고르기

→ 도보 1분 →

나베야키 우동 비슈야
바다의 맛이 느껴지는 냄비 우동으로 점심 식사

↓ 도보 3분

기노에 온천 호텔 세이후칸
망망대해의 노천탕에서 꿈결 같은 시간 보내기

← 배로 20분 + 송영 차량 10분 ←

오사키시모지마 오초항
영화 〈동경 가족〉의 촬영지인 오사키카미지마 섬으로 출발

← 버스 5분 ←

후나야도 카페 와카초
아늑한 고민가 카페에서 바다를 바라보며 티 타임

 2일차

기노에 온천 호텔 세이후칸

송영 차량 15분+
페리 10분+
도보 20분 →

다케하라마치나미 보존지구
소금 무역을 통해 번성한 에도 시대의 상업 거리 산책하기

도보 1분 →

구 가사이 저택
약 150년 전 지어진 염전 거상의 저택 구경하기

↓ 도보 3분

**후지이 주조·
사카구라 교류관**
다케하라의 술 문화를 엿볼 수 있는 양조장 탐방하기

← 도보 3분

호리카와
술 지게미를 넣은 오코노미야키로 점심 식사

← 도보 1분

사이호지·후메이카쿠
다케하라의 옛 거리가 한눈에 내려다 보이는 사찰

| 구레시 |

군항도시 구레의 역사 탐방
구레시 해사 역사 과학관 呉市海事歴史科学館 (야마토 뮤지엄 大和ミュージアム)

근대 이후 일본 제1의 군항도시로 발전한 구레의 선박 제조 기술을 전시하고 있는 해사 역사 과학관. 2005년 개관 이래 구레를 대표하는 문화시설이자 애칭인 야마토 뮤지엄으로 더 잘 알려져 있다. 중앙 아트리움에는 구레의 조선 기술이 집약된 초대형 전함 야마토가 1/10 크기로 전시되어 위용을 자랑한다. 함상 전투기, 어뢰 등도 실물로 전시되어 있다. 항구와 인접해 있는 야외 공원은 야마토의 갑판을 이미지화했다. 1층에는 뮤지엄 기념품을 비롯해 구레와 관련된 다양한 상품을 판매한다. 박물관 길 맞은편에는 실물 잠수함을 해상 자위대 자료관으로 꾸민 '데쓰노쿠지라관 てつのくじら館'이 있으며 무료이니 함께 관람해도 좋다.

Data **지도** 129p-D **가는 법** JR 구레역에서 도보 7분 **주소** 広島県呉市宝町5-20 **오픈** 09:00~18:00 **휴무** 화요일 **요금** 성인 500엔, 고등학생 300엔, 초·중학생 200엔 **전화** 0823-25-3017 **홈페이지** yamato-museum.com

역사 건축과 예술 산책
이리후네야마 기념관 入船山記念館

1905년 건립된 해군 고위 장교 청사로 중요문화재에 지정되었다. 정면인 동쪽에는 영국 건축 양식을 차용한 서양관이 자리하고, 뒤편인 서쪽은 다다미가 깔린 일본관이 자리하는 독특한 이중 구조로 이루어져 있다. 서양관 응접실 벽을 화려하게 꾸미고 있는 금당지(닥나무로 만든 종이)는 현대에는 매우 보기 드문 것이다. 주변은 자연림이 우거져 산책하기 좋다.

Data **지도** 129p-E **가는 법** JR구레역에서 도보 15분
주소 広島県呉市幸町4-6 **오픈** 09:00~17:00
휴무 화요일, 12/29~1/3 **요금** 성인 250엔, 고등학생 150엔,
초·중학생 100엔 **전화** 0823-21-1037 **홈페이지** irifuneyama.com

조선통신사의 발자취
쇼토엔 松濤園

아름다운 소나무 정원이 세토 내해를 배경으로 펼쳐진 쇼토엔에는 예로부터 해상 교역으로 번성했던 시모카마가리지마下蒲刈島의 역사가 전시되어 있다. 특히 17~19세기 에도(현재 도쿄)로 향하던 조선통신사가 총 11차례 들렀던 주요 기항지로서 그 기록이 잘 남아 있다. 당시 사신단 대접을 어떻게 하느냐는 각 번의 위신과도 관련된 일이라 만전을 기하는데, 그중에서도 시모카마가리지마는 '일본 제일'이라는 찬사가 있을 정도로 극진했다고 전해진다. 조선통신사 자료관에서는 당시의 기록을 바탕으로 산해진미의 호화로운 잔칫상을 재현해 전시했다. 또 끝도 없이 이어진 사신단 행렬을 디오라마로 볼 수 있다. 이와 함께 한중일의 도자기를 수집한 도자기관, 서양의 희귀 램프 컬렉션을 전시한 등불 전시관도 볼만하다.

Data 지도 128p-C
가는 법 JR 히로広역 앞에서 노선버스(세토우치 산코 버스瀬戸内産交) 타고 약 30분 후 산노세드 之瀬 하차, 도보 2분
주소 広島県呉市下蒲刈町下島 2277-3 **오픈** 09:00~17:00
휴무 화요일
요금 성인 800엔, 고등학생 480엔, 초·중학생 320엔
전화 0823-65-2900
홈페이지 www.shimokamagari.jp/facility/shoutouen.html

두 개의 빨간 아치교
온도대교 音戸大橋

구레시 남단과 구라하시지마倉橋島섬을 잇는 온도대교는 두 개의 붉은색 아치교이다. 온도대교가 놓인 온도노세토音戸の瀬戸는 폭 90m에 불과한 좁은 해역이지만 히로시마현과 에히메현 사이의 지름길로 고대부터 중요하게 여겨지던 항로이다. 이 항로를 통해 이쓰쿠시마 신사로 참배하러 갔다는 설화가 전해지며, 교량의 붉은색은 여기에서 연유했다.

제1온도대교는 아치형 나선식 고가 대교로 1961년 건설되었다. 구라하시지마 쪽의 좁은 부지에 1천 톤급 대형 선박이 지날 수 있는 높이를 확보하기 위해서 2회전의 나선형 램프 도로로 시공되었다. 당시에는 일본에서 전례가 없던 일로 큰 화제가 되었다. 이후 점차 늘어난 교통량을 감당할 수 없어 제1교와 350m 떨어진 지점에 2013년 제2교가 추가로 건설되었다. 좁은 해역 사이에 두 개의 붉은 교량이 우뚝 솟은 모습이 상당히 포토제닉하다.

온도대교를 즐기는 두 가지 방법

통통배 타고 건너기

온도 나룻배 音戸渡船

폭 90m의 온도노세토를 운항하는 일본에서 가장 짧은 정기 항로. 아침 5시 30분부터 오후 7시 30분까지 운항하며(휴식시간 제외) 한 명이라도 손님이 타면 바로 출항한다. 또 맞은편에서 손님이 보이면 즉시 맞으러 온다. 오랜 세월의 흔적이 곳곳에 남아 있는 나룻배는 아련한 향수를 자극한다. 최대 50명까지 탑승 가능하며 자전거도 실을 수 있다.

Data 지도 128p-C 가는 법 JR 구레역 앞에서 구라하시 방면 노선 버스(히로시마덴테츠広島電鉄) 타고 약 25분 후 온도토센구치音戸渡船口 하차 주소 広島県呉市警固屋8-7-13(구레 선착장) / 呉市音戸町引地1-5(구라하시 선착장) 휴식 시간 평일 10:00~13:00, 주말·공휴일 11:00~13:00 요금 성인 100엔, 어린이 50엔, 자전거(1인 승선료 포함) 150엔 홈페이지 www.city.kure.lg.jp/soshiki/28/ondo-tosen.html

온도대교 전망하기

온도관광문화회관 우즈시오 おんど観光文化会館 うずしお

온도대교를 방문한 이들이 쉬어가기 좋은 휴게소 겸 지역 문화 전시관. 온도노세토 해협과 온도대교를 한눈에 볼 수 있는 전망 테라스도 있다. 지역 축제인 기요모리마쓰리清盛祭의 축제 의상과 움직이는 행렬 인형을 전시하고 있는 2층 전시실은 잠시 들러볼 만하다. 1층에는 작은 특산품 매장도 있다.

Data 지도 128p-C 가는 법 JR 구레역 앞에서 구라하시 방면 노선 버스(히로시마덴테쓰広島電鉄) 타고 약 25분 후 온도토센구치音戸渡船口 하차 후 나룻배 타고 건너서 도보 1분 주소 広島県呉市音戸町鰯浜1-2-3 오픈 09:30~17:00 휴무 화요일 요금 무료 입장 전화 0823-50-0321 홈페이지 ondo-uzusio.jp

시간이 멈춘 빈티지 항구도시
오사키시모지마 미타라이 지구 大崎下島の御手洗地区

구레에서 동쪽으로 약 40km, 다케하라에서는 남쪽 20km 정도 떨어진 곳에 위치한 오사키시모지마. 네 개의 섬을 잇는 대교를 징검다리 삼아 가거나 배를 이용해야 하는 이곳은 한때 세토 내해 해상의 요충지였다. 17세기 에도 시대 세토 내해를 통한 항로가 본격적으로 개척되었는데, 당시의 선박은 바람과 조류의 영향을 받는 돛단배라 순풍을 기다리거나 밀물과 썰물의 때를 맞출 동안 머물 기항지가 필요했다. 이때 오사키시모지마 서쪽 끝 항구에 돈 많은 상인과 선주가 머물고 여흥을 즐길 수 있는 도시가 개발되었다. 이렇게 탄생한 항구도시 미타라이는 철도 교통의 발달로 쇠락하기 전까지 약 300년간 번영을 누렸다.

현대화의 광풍이 빗겨간 옛 항구도시 미타라이는 마치 시간이 멈춘 듯 당시의 풍경을 고스란히 간직하고 있다. 구불구불 골목을 따라 한눈에도 고급스러워 보이는 건물이 늘어서 있다. 최대 100명의 게이샤가 있었다는 요정, 일본에서 가장 오래된 시계 상점, 쇼와 시대 전용 극장 등 당시 부흥의 흔적도 찾아볼 수 있다. 빈티지한 건물과 거리는 여러 광고의 촬영지가 될 정도로 독특한 매력을 뿜어낸다. 이 매력을 쫓아 비어 있던 고민가에 카페와 음식점, 게스트하우스 등이 들어섰다. 또 섬을 잇는 자전거길이 조성되면서 자전거족의 발길도 잦아졌다. 하얀 등대가 있는 항구부터 안쪽 마을까지 30분 정도면 다 돌아볼 수 있지만, 자꾸만 느려지는 걸음 탓에 어느새 시간이 훌쩍 흐른다. 레트로한 거리를 배경으로 분위기 있는 기념 사진을 남겨보자.

Data 지도 128p-D 가는 법 JR 구레역 앞에서 고속버스 타고 1시간 30분 후 미타라이항 하차. 또는 다케하라항에서 고속선 타고 45분 후 오쵸大長항 하차(편성에 따라 미타라이항 경유), 도보 15분
홈페이지 www.yutaka-kanko.jp

미타라이 지구 구석구석 즐기기

항구 풍경과 어우러진 작은 신사
에비스 신사 恵比寿神社

바다를 향해 나 있는 도리이(신사의 입구를 나타내는 문)가 상징인 작은 신사. 이곳에 서면 그 옛날 포구를 빈번하게 오가던 선박의 풍경이 그려지는 듯하다. 석양이 질 무렵 이곳에서 좋아하는 사람의 이름을 부르면 사랑이 이루어진다는 속설이 있어서 연인의 성지로도 인기가 있다. 본전과 도리이 사이에 도로가 나면서 현재의 분리된 모습이 되었다.

Data 지도 134p-B **가는 법** 미타라이항 버스 정류장에서 도보 2분
주소 広島県呉市豊町御手洗

미타라이 번영의 산 증인
신코 시계점 新光時計店

일본에서 현존하는 가장 오래된 시계 상점. 1858년 문을 열어 주로 서양식 시계를 판매했다. 당시 일본에서 시계 제조가 본격적으로 이루어지지 않았던 시기임을 감안하면 이 작은 항구도시에 얼마나 선진적인 문물이 오갔는지 짐작할 수 있다. 현재의 점포는 1919년 지어진 것으로 지금도 시계 판매 및 수리가 이루어진다.

Data 지도 134p-B **가는 법** 미타라이항 버스 정류장에서 도보 2분
주소 広島県呉市豊町御手洗226 **오픈** 08:00~18:00
전화 0823-66-2429 **홈페이지** www.shinko-tokei.jp

하얀 등대가 보이는 고민가 카페
후나야도 카페 와카초 船宿cafe若長

에도 시대 오즈번·우와지마번(현 에히메현) 지정 선원 숙소(후나야도船宿)를 개조한 고민가 카페 겸 갤러리. 옛 목조 공간을 그대로 살린 따뜻한 공간에 다다미와 목가구가 고풍스러움을 더한다. 삐걱대는 나무 계단을 통해 2층에 오르면 미타라이 지구의 상징인 하얀 등대와 세토 내해의 바다가 한눈에 펼쳐져 아련한 향수를 자극한다. 미타라이의 풍경을 소재로 한 작품이나 지역 작가의 작품이 곳곳에 전시되어 있다. 지역 특산물인 레몬과 귤을 이용해 일본식 디저트를 선보인다. 젠자이ぜんざい(일본식 단팥죽)에 상큼한 레몬을 넣어 맛이 색다르다.

Data 지도 134p-D **가는 법** 미타라이항 버스 정류장에서 도보 5분 **주소** 広島県呉市豊町御手洗325 **오픈** 주말·공휴일 11:00~17:00 **휴무** 월~금요일(공휴일 제외) **가격** 레몬 젠자이 500엔 **전화** 050-3368-5512 **홈페이지** yosoro.com/wakacho

미타라이의 선물
시오마치칸 潮待ち館

미타라이 특산품과 기념품을 구입할 수 있는 선물 가게. 미타라이 지구에서 고민가 재생 프로젝트를 전개하고 있는 이노우에 아키라井上明 씨가 미타라이의 개성이 담긴 상품을 소개하기 위해 문을 열었다. 지역 특산물을 활용한 다양한 먹거리나 섬의 이미지가 담긴 디자인 상품을 만날 수 있다. 특히 미타라이 옛 초등학교 표지판 이미지를 활용한 티셔츠나 스티커는 이곳에서만 살 수 있는 오리지널 상품이다. 옛 초등학교에서 쓰던 나무 책상과 의자가 놓여 있는 정겨운 분위기의 안쪽 카페에서는 레몬, 귤 등 지역 특산물을 듬뿍 올린 과일 빙수도 맛볼 수 있다.

Data 지도 129p-D **가는 법** 미타라이항 버스 정류장에서 도보 2분 **주소** 広島県呉市豊町御手洗 187-1 **오픈** 토·일요일 12:00~16:00 **휴무** 월~금요일 **가격** 오리지널 캔 뱃지 540엔, 레몬 빙수 864엔 **전화** 0823-66-3533 **홈페이지** yosoro.com/shiomachi

미타라이의 젊은 변화, 이노우에 아키라 井上明

2011년 비어 있던 고민가를 개조해 카페 와카초船宿cafe若長를 연 후 지역 작가 갤러리, 선물가게, 게스트하우스, 렌탈 하우스 등을 차례로 연 이노우에 아키라 대표. 미타라이가 가진 풍경에 반해 이곳을 더 많은 사람들에게 알리는 사업을 전개하게 되었다. 고유의 지역성을 바탕으로 잊혀진 기억이나 이곳만의 특징을 되살리는 여러 프로젝트는 지역민과 관광객 모두에게 큰 호응을 얻고 있다.

| 다케하라시 |

세토우치의 작은 교토
다케하라 마치나미 보존지구 竹原町並み保存地区

소금 생산과 교역을 통해 막대한 부를 쌓았던 에도 시대 상업 도시 다케하라. '아키安芸(구레·다케하라 지역의 옛 지명)의 작은 교토'라 불리던 고풍스러운 거리에는 기와 지붕의 대저택과 유서 깊은 사찰, 대를 이어온 양조장이 그대로 보존되어 있어서 당시의 영화가 그려지는 듯하다. 풍부한 경제력을 바탕으로 명망 높은 학자나 유명인을 여럿 배출해 마을 곳곳에는 인물 동상이 세워져 있기도 하다. 그중에는 닛카 위스키의 창업자이자 일본 위스키의 아버지라 불리는 다케쓰루 마사타카竹鶴政孝도 있다. 염전과 양조업을 하던 다케쓰루 주조는 지금도 영업 중이다. 일본에서 대나무가 가장 많이 나는 다케하라는 죽세공예와 대나무 산업이 발달했다. 가을에는 대나무등이 운치 있게 거리를 비추는 '대나무 등불 축제'가 펼쳐지기도 한다.

이곳을 산책하는 방법은 사이호지를 중심으로 한 남북의 혼마치도리本町通를 따라가는 것이다. 약 400m의 중심 거리 뒷골목으로는 주민들이 실제 거주하고 있어서 좀 더 일상적인 풍경을 마주할 수 있다. 단, 사진 촬영이나 소음 등에 주의하도록 하자.

Data 지도 137p 가는 법 JR 다케하라역에서 도보 10분 홈페이지 www.takeharakankou.jp

다케하라 마치나미 보존 지구 구석구석 즐기기

다케하라 염전의 역사
구 가사이 저택 旧笠井邸

다케하라 마치나미 중심 거리의 남단에 위치한 염전 상인의 저택. 거상의 저택 몇몇을 복원해 일반에 공개하고 있는데 그중 하나다. 다케하라의 염전 상업에 대한 설명도 들을 수 있다. 이곳은 1872년 건축되었으며 2층의 육중한 대들보가 중후한 멋을 낸다. 난간이 있는 2층 창에서 다케하라마치의 주 거리가 뻗어나간 모습을 볼 수 있다. 여기서부터 길을 잡아가면 좋다.

Data 지도 129p-D 가는 법 JR 다케하라역에서 도보 15분
주소 広島県竹原市本町1-9-11 오픈 10:00~16:00
휴무 부정기 휴무, 12/26~1/4 요금 무료 입장 전화 0846-22-0214

다케하라의 기요미즈데라
사이호지·후메이카쿠 西方寺·普明閣

다케하라 마치나미 가장 높은 곳에 있는 정토종 사찰. 높은 계단을 따라 오르면 본당, 종루 등이 자리한 사이호지가 나온다. 여기서 더 올라가면 교토의 기요미즈데라를 본떠 세워진 후메이카쿠가 자리한다. 탁 트인 전망과 함께 기와 지붕이 넘실거리는 다케하라마치의 거리가 한눈에 들어온다. 복구공사로 출입이 통제되었던 후메이카쿠는 2019년 12월에 복구 공사를 완료, 리뉴얼 오픈했다. 중심이 되는 역사 건축이기도 하고 전망도 좋아서 방문객들은 반드시 들르는 명소다.

Data 지도 137p-B 가는 법 JR 다케하라역에서 도보 15분
주소 広島県竹原市本町3-10-44 요금 무료 입장

내 손으로 만드는 대나무 바구니
마치나미 대나무 공방 まちなみ竹工房

다케하라 특산품 대나무를 활용해 바구니를 비롯한 다양한 공예품을 만들고 판매하는 공방. 이곳의 다른 건물들처럼 하얀색 흙벽을 가진 전통 건물로 지어져 있다. 운이 좋으면 대나무 공예품 제작에 여념이 없는 장인들의 모습을 구경할 수도 있다. 5명 이하라면 예약 없이 공예 체험도 가능하다. 체험은 프로그램에 따라 40분~1시간 정도 소요된다.

Data 지도 137p-B 가는 법 JR 다케하라역에서 도보 15분 주소 広島県竹原市本町3-12-14
오픈 09:30~16:00 휴무 연말연시 요금 입장 무료, 체험 유료(바구니 1,500~2,000엔, 풍차 1,000~1,400엔, 대나무 헬리콥터 500엔) 전화 0846-22-0973

다케하라의 대표 양조장
후지이 주조·사카구라 교류관 藤井酒造・酒蔵交流館

음식이 풍족했던 다케하라는 그에 어울리는 술 문화도 발달했다. 에도 시대 말인 1863년 창업한 후지이 주조가 창업 때부터 생산한 대표 브랜드 '류세이龍勢'는 음식의 맛을 방해하지 않는 깔끔한 사케 브랜드다. 250년 된 술 창고를 개조해 사카구라 교류관에서 류세이를 시음하고 구입할 수 있다. 이곳에서는 다양한 도자기와 잡화도 판매하는데, 값이 저렴하면서도 질 좋은 품목이 많다.

Data 지도 137p-A 가는 법 JR 다케하라역에서 도보 15분 주소 広島県竹原市本町3-4-14
오픈 11:00~16:00 휴무 월요일 요금 무료 입장 전화 0846-24-2029 홈페이지 www.fujiishuzou.com

 EAT

| 구레시 |

추억의 튀김 만주
후쿠즈미 플라이케이크 福住 フライケーキ

구레 주민들이 간식으로 즐겨 먹는 플라이케이크는 팥소가 든 만주를 기름에 튀긴 것이다. 이 플라이케이크로 유명한 곳이 1947년 구레 상점가에 문을 연 후쿠즈미이다. 오랜 역사를 고스란히 간직한 작은 점포에는 고소한 기름 냄새를 풍기며 플라이케이크가 노릇노릇 튀겨진다. 플라이케이크는 따듯할 때 먹는 게 가장 맛있다. 딱 제과점의 생도넛 같이 생겼는데, 훨씬 바삭거리고 고소하다.

Data 지도 129p-C
가는 법 JR 구레역에서 도보 15분
주소 広島県呉市中通4-12-20
오픈 10:00~18:00(매진 시 마감)
휴무 화요일 가격 1개 80엔
전화 0823-25-4060

구레풍 오코노미야키
다코젠 多幸膳

히로시마현은 도시마다 특색 있는 오코노미야키를 선보인다. 구레에서는 '구레야키呉焼き'를 맛볼 수 있다. 구레야키는 야키소바나 야키 우동을 반죽 위에 올리고 계란을 덮은 후 반을 접은 것이다. 한 마디로 맛있는 두 가지 음식을 합친 것이라 할 수 있다. 발상은 재미 있지만 엄청나게 특별한 맛은 아니다. 구레야키를 비롯해 보통의 오코노미야키, 철판구이 등을 즐길 수 있는 다코젠은 소박하면서도 정겨운 분위기의 식당이다. 늦은 저녁 야식이나 술 한잔 생각날 때 들르기 좋은 곳이다.

Data 지도 129p-C 가는 법 JR 구레역에서 도보 13분
주소 広島県呉市中通3-8-3 오픈 11:00~14:30, 17:30~22:00, 주말 11:00~22:00 휴무 화요일 가격 구레야키 800엔, 오코노미야키 스페셜 860엔 전화 0823-25-8168

원조 구레 냉면
친라이켄 珍来軒

구레에서 꼭 맛봐야 할 음식 중 하나가 냉면이다. 일본의 냉면 가운데는 모리오카 냉면이 유명한데, 구레 냉면은 그와 전혀 다르다. 자작한 소스에 면과 토핑으로 얹은 오이, 새우, 챠슈(구운 돼지고기) 등을 잘 비벼 먹는 식이다. 톡 쏘는 겨자와 고소한 참기름 소스가 익숙하면서도 입에 착착 붙는다. 1955년 창업한 라멘 집 친라이켄은 구레 냉면의 원조로 알려져 있어서 늘 문전성시를 이룬다.

Data 지도 129p-C 가는 법 JR 구레역에서 도보 15분
주소 広島県呉市本通4-10-1 오픈 11:30~15:00(매진 시 마감)
휴무 화요일, 12/31~1/3 가격 구레 냉면(소) 750엔
전화 0823-22-3947 홈페이지 www.kure-reimen.com

| 다케하라시 |

다케하라 현지인 추천 맛집
다이카엔 太華園

다케하라 주민들이 자주 찾는 라멘 집으로 기본적으로 오노미치 라멘 스타일이다. 쇼유(간장) 베이스 국물에 챠슈(돼지고기)를 토핑으로 추가해 주문하면 큼지막한 챠슈 위에 채 썬 파를 듬뿍 올려준다. 볼륨 있는 식사를 하고 싶다면 라멘과 함께 하프 사이즈 볶음밥이 세트로 나오는 한찬소바半チャンそば를 추천한다. 직접 담그는 김치도 판매하고 있으니 일본 김치의 맛이 궁금하다면 주문해 보자. 주문은 자판기로 식권을 구매하는 방식이다.

Data 지도 137p-E
가는 법 JR다케하라역에서 도보 8분 주소 広島県竹原市中央5-9-39
오픈 11:00~20:00(매진 시 영업 종료) 휴무 목요일
가격 라멘 630엔, 라멘 & 볶음밥 세트 970엔 전화 0846-22-8577

간장 양조장의 오코노미야키

호리카와 ほり川

다케하라의 100년 전통 간장 양조장인 호리카와가 운영하는 오코노미야키 식당. 200년 넘은 간장 창고를 개조한 예스러운 공간에 철판 테이블 좌석이 자리한다. 오코노미야키는 좋아하는 토핑을 고르면 된다. 돼지고기, 오징어, 새우, 달걀 등이 올려 나오는 스페셜 메뉴가 가장 무난하다. 자극적이지 않은 소스가 갖가지 재료의 맛을 살려준다. 양도 꽤 푸짐한 편. 이곳에서만 맛볼 수 있는 '준마이긴죠 다케하라야키純米吟醸たけはら焼'는 다케하라 사케 양조장의 술지게미를 반죽에 넣은 것으로 은은하게 술 향이 퍼진다.

Data **지도** 137p-B **가는 법** JR 다케하라역에서 도보 12분 **주소** 広島県竹原市本町3-8-21
오픈 11:00~14:00, 17:00~19:00 **휴무** 수요일 **가격** 스페셜 오코노미야키(싱글) 1,100엔, 준마이긴죠 다케하라야키 1,000엔 **전화** 0846-22-2475 **홈페이지** www.horikawa-1919.co.jp

| 구레시 |

지역의 멋과 맛을 전하는 공간
덴진안 天仁庵

130년 된 포목점이 히로시마 먹거리와 지역 작가의 작품을 소개하는 공간으로 재탄생 했다. 목조로 지은 멋스러운 공간에는 도자기, 목 공예품, 디자인 문구, 유리 공예품 등 히로시마뿐 아니라 일본 각지에서 셀렉한 수공예품을 전시 판매하고 있다. 유기농 가공품이나 친환경 화장품 같이 사람과 자연에 이로운 것들로 채워졌다. 한쪽에 자리한 카페 순푸Café Shunpu에서는 이곳의 오리지널 원두커피와 디저트를 즐길 수 있다. 천일염으로 맛을 내고 근해에서 잡히는 신선한 생선과 무농약의 현지 채소로 차린 런치 플레이트(예약제)는 한 상에 세토 내해가 담긴 듯하다.

Data 지도 128p-C
가는 법 JR 구레역 앞 3번 정류장에서 구라하시 방면 노선버스(히로시마덴테쓰広島電鉄) 타고 기요모리즈카清盛塚 또는 온도音戸 하차, 도보 1분
주소 広島県呉市音戸町引地 1-2-2 **오픈** 10:30~18:00
휴무 목요일 **가격** 런치 플레이트 1,590엔 **전화** 0823-52-2228
홈페이지 tenjinan.jp

| 다케하라시 |

다케하라 특산품이 한자리에
미치노에키 다케하라 道の駅 たけはら

다케하라 마치나미의 길목에 자리한 국도 휴게소(미치노에키). 지역 특산품, 사케, 오미야게 등을 판다. 지명에서 알 수 있듯이 다케하라는 대나무가 많아서 예로부터 죽 공예가 발달했다. 이곳에서 다양한 죽 공예품도 판매한다. 2층의 관광 코너에는 상주하는 직원이 있어서 다케하라 여행에 도움도 받을 수 있다.

Data 지도 137p-D
가는 법 JR 다케하라역에서 도보 8분 **주소** 広島県竹原市本町1-1-1 **오픈** 09:00~17:00
휴무 셋째 주 수요일, 12/31~1/3
전화 0846-23-5100 **홈페이지** www.takeharakankou.jp

| 구레시 |

관광과 교통에서 만점
구레 한큐 호텔 呉阪急ホテル

JR 구레역 바로 앞에 위치한 호텔. 시내 관광을 하기에도, 주변 도시나 섬을 여행하기에도 최적의 입지를 자랑한다. 남유럽풍을 표방한 호텔은 인테리어나 가구도 신경을 많이 썼다. 로비부터 객실까지 우아한 분위기로 꾸며졌다. 싱글룸도 꽤 여유로운 편이고, 전반적으로 잘 관리되어 있다는 인상을 준다.

Data 지도 129p-B
가는 법 JR 구레역에서 도보 1분
주소 広島県呉市中央1-1-1
요금 싱글룸 6,800엔 부터 전화 0823-20-1111
홈페이지 www.hankyu-hotel.com/hotel/hh/kurehh/

미타라이에서의 하룻밤
게스트하우스 구스시 ゲストハウス醫

'뢴트겐과 오치 의원レントゲン科越智醫院'이라는 오래된 간판과 하늘색 이층 구조가 눈길을 끄는 게스트하우스. 이름에서 알 수 있듯이 다이쇼 시대에 진료소로 사용됐던 서양식 건물을 개조해 복고풍 분위기가 물씬 느껴진다. 책을 읽거나 차를 마실 수 있는 널찍한 공용 거실과 투숙객에 한해 예약제로 이용할 수 있는 바bar가 1층에 있고, 객실은 2층에 있다. 최대 2명이 이용할 수 있는 개인실과 2층 침대가 놓인 10인실 혼성 도미토리를 선택할 수 있다.

Data 지도 134p-B 가는 법 미타라이항 버스 정류장에서 도보 1분
주소 広島県呉市豊町御手洗 255-2 요금 도미토리 3,630~3,850엔, 개인실 9,460엔 전화 070-2365-0924
홈페이지 hatagoya-kusushi.com

| 다케하라시 |

세토 내해에 안겨 즐기는 온천
기노에 온천 호텔 세이후칸
きのえ温泉 ホテル清風館

세토 내해에 둘러싸인 섬 오사키카미지마大崎上島는 우리나라에서도 개봉한 일본 영화 〈동경 가족〉의 촬영지로 유명한 곳이다. 한적한 어촌의 풍경을 만날 수 있는 이 섬 남쪽에 세이후칸이 자리한다. 료칸의 노천탕과 객실에서는 에히메현의 오미시마섬이 아주 가깝게 보인다. 또 크고 작은 섬들이 망망대해에 떠 있는 풍경을 마주할 수 있다. 오롯이 바다와 섬, 하늘만 있는 풍경은 그림처럼 아름답다. 시설은 전반적으로 오래되어 다다미 객실에서는 세월의 흔적이 그대로 느껴진다. 최근 모던하게 리뉴얼한 객실도 있다. 세토 내해 제철 생선으로 차려진 식탁은 화려하진 않지만 신선함이 가득하다.

Data 지도 128p-D
가는 법 다케하라항에서 페리(산요쇼센山陽商船)으로 20~30분 후 오사키카미지마 도착, 무료 송영 차량으로 약 15분 소요
주소 広島県豊田郡大崎上島町沖浦1900
요금 13,200엔부터(2인 이용 시 1인 요금, 조·석식 포함)
전화 0846-62-0555
홈페이지 www.hotel-seifukan.co.jp

후쿠야마시 & 오노미치시
福山市 & 尾道市

수백 년 전 경관이 고스란히 남아 있는 후쿠야마시의 항구마을 도모노우라와 오래된 상점가를 따라 레트로풍의 카페, 잡화점이 들어선 오노미치시. 과거의 시간 위로 현재의 일상이 조화를 이룬 거리는 여행자에게 풍성한 이야기를 들려주며 쉬이 발길을 놓아주지 않는다.

후쿠야마시 & 오노미치시
돌아보기

후쿠야마 & 오노미치 교통

후쿠야마의 대표 관광지인 도모노우라는 노선버스를 이용한다. 오노미치에서는 도보 또는 자전거로 다닐 수 있다.

도모테쓰 버스 鞆鉄バス
JR 후쿠야마역 앞 5번 버스 정류장에서 도모노우라鞆の浦까지 30분, 도모항(도모코鞆港)까지 32분 소요된다. 유명 관광지인 만큼 버스가 자주 있다.
요금 JR 후쿠야마역~도모노우라 530엔·도모코 560엔 홈페이지 www.tomotetsu.co.jp/tomotetsu/jikoku/tomosen01.html

자전거
오노미치에서 가장 많이 볼 수 있는 이동 수단이 바로 자전거다. 주민들은 일상적으로 자전거를 타고 다닌다. 또 곳곳에 자전거 대여소는 물론 자전거 호텔까지 있다. 오노미치를 거점으로 한 세토 내해 섬 여행에서도 자전거는 좋은 교통 수단이다. 자세한 내용은 '세토우치 자전거 여행법(054p)'을 참고하자.

Plus Info

후쿠야마 관광안내소 福山観光案内所
가는 법 JR 후쿠야마역 내 주소 広島県福山市三之丸町30-1 오픈 09:00~18:30
전화 084-922-2869
홈페이지 www.fukuyama-kanko.com

도모노우라 관광정보센터
鞆の浦観光情報センター
가는 법 도모노우라 버스 정류장에서 바로
주소 広島県福山市鞆町鞆416-1
오픈 09:00~18:00 전화 084-982-3200
홈페이지 tomonoura.npnp.jp

오노미치역 관광안내소 尾道駅観光案内所
가는 법 JR 오노미치역 내 주소 広島県尾道市東御所町1-1 오픈 09:00~18:00
휴무 12/29~31 전화 0848-20-0005
홈페이지 www.ononavi.jp

후쿠야마시 & 오노미치시

- 후쿠야마성 福山城
- 후쿠야마시 福山市
- 후쿠야마역 福山駅
- 빈고아카사카역 備後赤坂駅
- 마쓰나가역 松永駅
- 고칸도 五観堂 (신쇼지 우동 神勝寺うどん)
- 히로시마현
- 요쿠시츠 浴室
- 신오노미치역 新尾道駅
- 히가시오노미치역 東尾道駅
- 고테이 洗庭
- 오노미치시 尾道市
- 신쇼지 젠토니와노 뮤지엄 神勝寺 禅と庭のミュージアム
- 신칸센 Sanyo Shinkansen
- JR산요선 JR Sanyo Line
- 오노미치역 尾道駅
- 센스이지마 仙酔島
- 이와시지마 岩子島
- 무카이시마 向島
- 도모노우라 鞆の浦
- 모모시마 百島
- 다시마 田島
- 시마나미카이도
- 인노시마대교 因島大橋

후쿠야마시 & 오노미치시
📍 2일 추천 코스 📍

후쿠야마와 오노미치는 JR 열차로 20분이면 닿는 가까운 거리라 함께 코스를 짜기 좋다. 레트로 항구마을로 유명한 도모노우라, 오노미치와 더불어 불교와 현대 예술이 어우러진 신쇼지를 기억해두자.

 1일차

센코지 공원
천년 고찰과 고양이 골목이 있는 오노미치의 명소 산책하기

→ 로프웨이 승강장에서 도보 3분

오노미치 시립미술관
SNS 스타 고양이가 탄생한 지역 미술관 탐방하기

→ 도보 10분

오노미치 상점가
명물 푸딩 먹으며 레트로 상점가 구경하기

↓ 도보 10분

오노미치 U2
세련된 창고 공간에서 점심도 먹고 세토우치 기념품도 사고

← 도보 10분 + JR열차 20분 + 버스 30분

도모노우라
에도 시대 항구마을의 풍경을 간직한 옛 거리 거닐기

← 도보 2분

미기와테 오치코치
풍경, 음식, 서비스가 모두 만족스런 료칸에서 하룻밤

 2일차

미기와테 오치코치

도보 1분+선박 5분 →

센스이지마
아침 산책으로 떠나는
무인도 여행

선박 5분+도보 5분 →

후쿠젠지 다이초로
조선통신사가 다녀간 역사
건축물 탐방하기

버스 30분+
셔틀버스 40분
↓

고테이
미디어 아트와
건축이 만든 특별한
명상 체험

← 도보 5분

고칸도 우동
승려가 먹는 방식으로
수타 우동 맛보기

← 도보 5분

신쇼지
7만 평의 광대한 부지에
조성된 임제종의
사찰이자 정원

| 후쿠야마시 |

기찻길 옆에 있는 성
후쿠야마성 福山城

JR 후쿠야마역 플랫폼에서 보일 정도로 철길에 딱 붙어 있는 후쿠야마성은 열차 시간이 남을 때 들르기 좋다. 이 성은 1622년 5층 천수각, 3층 망루 7기를 비롯해 20기 이상의 망루로 완성되었으나 대부분 소실되었다. 그 후 성터에 주택과 철길이 먼저 들어선 다음 성을 재건해 지금과 같은 모습이 되었다. 너른 성터에는 재건된 천수각을 비롯해 망루와 문 등이 여유롭게 자리한다. 천수각 전망대에서 시가지를 내려볼 수 있다. 맑은 날에는 세토 내해도 보인다.

Data 지도 149p-B 가는 법 JR 후쿠야마역 북쪽 출구에서 도보 5분
주소 広島県福山市丸之内1-8 오픈 09:00~17:00(4~8월 18:30까지)
휴무 월요일, 12/28~31 요금 성인 200엔, 고등학생 이하 무료
전화 084-922-2117 홈페이지 www.city.fukuyama.hiroshima.jp/site/fukuyamajo/

건축과 예술로 구현된 선의 세계
신쇼지 젠토니와노 뮤지엄
神勝寺 禅と庭のミュージアム

일본 선종 불교의 한 종파인 임제종臨済宗의 사찰이자 명상 체험 시설. 참선과 수행을 통한 깨달음을 추구하는 선종의 교리를 7만 평의 광대한 부지에 건축 공간으로 구현했다. 일본 각지에서 옮겨온 오래된 전통 건축과 새로 지은 건물이 고요하고 아름다운 일본식 정원에 조화롭게 들어서 있다. 정문으로 들어가면 티켓 창구 겸 기념품을 판매하는 '쇼도松堂'를 시작으로 커다란 연못과 숲 산책로를 따라 다실, 우동집, 본당 및 박물관, 온천, 명상 체험실 등의 여러 시설이 자리한다. 산책을 하며 사색하고 차를 마시고 우동을 먹고 목욕을 하는 과정 하나하나가 내 안의 '선'을 깨달아 가는 과정이다.

Data 지도 149p-B 가는 법 JR 후쿠야마역 북쪽 출구에서 무료 셔틀버스 운행(평일 1일 4회 운행), 약 40분 소요. 또는 JR 후쿠야마역 6번 정류장에서 노선 버스 타고 30분 후 신쇼지(주말 한정 직통 운행) 하차.
주소 広島県福山市沼隈町大字上山南91 오픈 09:00~17:00 요금 성인 1,200엔, 고등·대학생 900엔, 중학생 500엔 전화 084-988-1111
홈페이지 szmg.jp

신쇼지 구석구석 즐기기

명상의 신세계
고테이 洸庭

길이 46m의 배 같은 거대한 목조 건축물이 돌 정원 위에 떠 있다. 안내원에게 건네받은 작은 손전등으로 발을 비추며 깜깜한 공간 안으로 들어가 앉으면 정면에서 흐릿한 형상과 불규칙적인 소리가 흘러나온다. 주위는 적막으로 가득하다. 비일상의 체험은 시공간의 감각을 뒤흔들어 의식 너머의 세계와 부지불식간에 만나게 된다. 이 시간이 꽤 짧게도, 또 아주 길게도 느껴진다. 입장은 30분마다 이루어진다. 출입구에 테이크아웃 카페가 자리하는데, 커피컵 홀더에 손 글씨로 불경을 적어놓았다.

오픈 명상 체험 09:00~17:00(30분마다), 카페 10:00~17:00 **요금** 카페 라테 600엔

몸과 마음을 닦는 목욕실
요쿠시츠 浴室

일상의 공간이 모두 수행의 장소라 여기는 임제종에서는 몸과 마음의 묵은 때를 벗긴다는 의미로 가람 배치에 목욕실이 반드시 포함되어 있다. 초록빛 숲의 풍경이 그대로 온천 물에 반영되는 히노키탕과 대나무 숲에 둘러싸인 바위 노천탕은 고급 료칸의 시설이라 해도 좋을 정도로 훌륭하다. 남탕과 여탕이 하루씩 번갈아 바뀐다.

오픈 10:00~16:00 **요금** 성인 800엔, 고등·대학생 600엔, 초·중학생 400엔 **홈페이지** shinshoji.com/trial/yokushitsu.html

승려처럼 우동 즐기기
고칸도 五観堂 (신쇼지 우동 神勝寺うどん)

임제종 승려에게 우동은 각별한 음식이다. 특별한 날에만 먹을 수 있는 별식이자, 일체의 소음이 금지된 식사 시간에 후루룩 호쾌한 소리를 내며 먹을 수 있는 유일한 음식인 까닭이다. 승려들이 만든 수타 우동은 면발이 굵고 쫄깃하다. 세 가지 크기의 사발에 각각 우동 쓰유, 반찬, 단무지를 덜어 먹는다. 젓가락도 실제 승려가 쓰는 것으로 끝 부분이 아주 굵다. 수행의 의미로 음식을 남기지 않으며 쓰유 국물까지 다 마시는 것이 원칙이다.

오픈 11:00~14:30 **요금** 우동 1,200엔 **홈페이지** shinshoji.com/trial/udon.html

상야등이 켜진 항구도시
도모노우라 鞆の浦

히로시마현과 오카야마현의 경계에 위치한 세토 내해 누마쿠마沼隈 반도의 항구도시 도모노우라. 예로부터 시오마치潮待ち(배를 내기 위해 밀물 때를 기다림) 항구로 번성한 해상 거점 도시이자 수백 년 전 풍경이 그대로 남아 있는 시간 여행지이다. 밤바다를 은은하게 밝히는 상야등(조야토常夜燈)을 비롯해 에도 시대 항만 시설이 그대로 남아 있다. 옛 마을 지도가 현대에도 통용될 정도로 변치 않은 모습을 간직하고 있다. 18세기 에도(현재의 도쿄)로 향하던 조선통신사가 머물기도 했던 도모노우라에는 옛 통신사의 흔적이 남아 있어 우리 역사와도 인연 깊은 곳이다. 앞바다에 센스이지마仙酔島, 벤텐지마弁天島 등 크고 작은 섬이 점점이 자리하고 있어서 바다와 어우러진 풍광도 아름답다. 이곳에서 짧은 섬 여행도 가능하다. 지브리 애니메이션 <벼랑 위의 포뇨>의 배경 모티브가 되는 등 영화, 광고, 드라마의 촬영지로도 유명하다.

Data **지도** 149p-B **가는 법** JR 후쿠야마역에서 노선 버스로 약 30분 후 도모노우라 또는 도모코鞆港 하차
홈페이지 tomonoura.npnp.jp

도모노우라 구석구석 즐기기

조선통신사가 극찬한 풍경
후쿠젠지 다이초로
福禅寺 対潮楼

도모노우라항 서쪽 언덕 아름다운 돌담 위에 자리한 후쿠젠지 다이초로는 18세기 조선통신사의 영빈관으로 사용된 누각이다. 이곳에서 사신단은 수려한 풍경을 감상하며 융숭한 대접을 받았다. 여기서 본 세토 내해의 풍경에 감탄한 조선통신사 이방언이 '일본 제일의 경승日東第一形勝'이란 현판을 남겨 지금까지 전해지고 있다.

Data 지도 155p-C 가는 법 도모코 버스 정류장에서 도보 5분 주소 広島県福山市鞆町鞆2 오픈 09:00~17:00, 주말 08:00~17:00 요금 성인 200엔, 중·고생 150엔, 초등학생 100엔 전화 084-982-2705 홈페이지 tomotaichorou.jimdofree.com

약이 되는 술
오타케 주택 太田家住宅

도모노우라의 명물인 약주 '호메슈保命酒'가 탄생한 양조장으로 국가 중요문화재다. 에도시대 호메슈 양조 판매권을 독점하며 지역 경제의 중심이 되었던 저택과 양조 창고, 정원 등을 볼 수 있다. 13가지 약초를 첨가해 빚는 호메슈는 현재 도모노우라의 양조장 4곳에서 만들어 판매하고 있다. 겨울에는 몸이 따듯해지고, 여름에는 더위를 예방하는 효능이 있다고 전해진다. 술보다는 한약에 가까운 맛이다.

Data 지도 155p-C 가는 법 도모코 버스 정류장에서 도보 6분 주소 広島県福山市鞆町鞆842 오픈 10:00~17:00 휴무 화요일, 12/29~1/3 요금 중학생 이상 400엔, 초등학생 200엔 전화 084-982-3553

아웃사이더의 예술
도모노쓰 뮤지엄 鞆の津ミュージアム

150년 된 간장 양조 창고를 개조해 차세대 예술을 발산하는 미술관으로 2012년 문을 열었다. 아웃사이더의 예술, 일명 '아르 브뤼트art brut(다듬어지지 않은 예술)'를 표방하며, 참신하고 실험적인 기획 전시를 선보인다. 신발을 벗고 들어가는 옛 공간에서 색다른 현대 예술을 만날 수 있다. 전시 일정은 홈페이지를 확인하자.

Data 지도 155p-A 가는 법 도모노우라 버스 정류장에서 도보 6분
주소 広島県福山市鞆町鞆271-1 오픈 10:00~17:00 휴무 월·화요일
요금 무료 입장 전화 084-970-5380 홈페이지 abtm.jp

5분 만에 떠나는 무인도 여행
센스이지마 仙醉島

'신선도 취해버릴 만큼 아름다운 섬'이라는 뜻의 센스이지마. 일왕과 왕후도 여러 차례 방문한 굴지의 여행지다. 센스이지마는 도모노우라에서 바라보는 풍경도 아름답거니와 원시림과 1km 이어진 오색 바위가 신비롭다. 섬까지는 에도 시대부터 나룻배가 도모노우라에서 운항했다. 지금도 연락선 '헤이세이 이로하마루平成いろは丸'를 타고 5분이면 갈 수 있다.

센스이지마는 무인도이면서 온천과 숙박 시설을 비롯해 캠핑, 해수욕, 낚시 등의 레포츠를 즐길 수 있다. 휴가 시즌에는 관광객으로 붐빈다. 소요 시간에 따라 선택할 수 있는 해안 산책로와 등산로도 잘 조성되어 있다. 섬 내의 온천 숙소 '고코카라ここから'에서는 소나무 장작을 이용한 동굴 찜질방 '에도부로江戸風呂'와 고농도 해수 온천의 노천탕, 바다를 향해 탁 트인 노천탕 등을 당일치기(10:00~18:00, 입장 마감 16:30)로 이용 가능하다.

Data 지도 155p-B 가는 법 도모항에서 배 타고 5분 소요 요금 승선료 왕복 성인 240엔, 어린이 120엔
홈페이지 www.sensuijima.jp

| 오노미치시 |

세토 내해를 조망하는 고양이 공원
센코지 공원 千光寺公園

오노미치 시가지를 병풍처럼 두르고 있는 센코지산은 오노미치 여행에서 빼놓을 수 없는 곳이다. 해발 144.2m의 야트막한 산이지만 정상 전망대에서 세토 내해와 오노미치 시내를 한눈에 조망할 수 있다. 이곳에는 지명의 유래가 된 천년 고찰 센코지를 비롯해 오래된 사찰과 신사가 있다. 또한, 센코지산 일대에 수많은 고양이가 살고 있어서 '고양이 공원'으로 불린다. 이곳에서는 처음 본 이에게도 스스럼없이 애교를 피우는 고양이를 만날 수 있다. 또 고양이 카페, 갤러리 등이 골목을 따라 아기자기하게 자리잡고 있다. 산 정상까지는 로프웨이로 3분 만에 갈 수 있다. 하산할 때는 오노미치 시립미술관, 센코지를 돌아보고 고양이 골목을 따라 걸어서 내려오는 코스를 추천한다.

센코지산 로프웨이
Data 지도 159p-B 가는 법 JR 오노미치역에서 도보 15분
주소 広島県尾道市東土堂町20-1 오픈 09:00~17:15
요금 편도 500엔, 왕복 700엔(어린이는 반값) 전화 0848-22-4900
홈페이지 mt-senkoji-rw.jp

센코지 공원 구석구석 즐기기

오노미치의 상징

센코지 千光寺

806년 고보弘法 대사가 창건한 진언종 사찰이다. 깎아지른 절벽에 자리한 주황색 본당과 제야의 종소리로 유명한 종각은 센코지의 얼굴이자 상징이다. 경 내에서 세토 내해와 오노미치 시내가 한눈에 보이는 전망 명소이기도 하다. 본당 옆에 있는 거대한 바위는 일명 '구슬 바위(다마노이와玉の岩)'라 불린다. 옛날 이 바위에 보석이 박혀 있어 밤바다를 훤히 비쳤다는 이야기가 전해진다. 현재는 야간에 삼색 조명이 화려하게 켜진다.

Data 지도 159p-C
가는 법 로프웨이 산정상 승강장에서 도보 5분
주소 広島県尾道市東土堂町 15-1 전화 0848-23-2310
홈페이지 www.senkouji.jp

SNS 스타 고양이 미술관

오노미치 시립미술관 尾道市立美術館

1980년 개관한 이래 오노미치 지역 문화예술의 중심이 된 미술관. 개관 20주년을 맞아 진행한 리뉴얼 공사에 건축가 안도 다다오가 설계를 맡았다. 시대와 지역을 뛰어 넘은 폭넓은 전시를 선보인다. 관 내에서 바라본 세토 내해의 풍광이 예술작품 못지 않게 환상적이다. 이 미술관은 SNS에서 더욱 유명하다. 센코지 공원에 사는 검은 고양이가 미술관 안으로 들어가려다가 경비원에게 내쫓기는 모습을 귀여운 코멘트와 함께 올린 것이 엄청난 히트를 친 것이다. 인기에 힘입어 고양이와 경비원 아저씨를 담은 미술관 기념품도 출시되었다.

Data 지도 159p-B
가는 법 로프웨이 산정상 승강장에서 도보 3분 주소 広島県尾道市西土堂町17-19
오픈 09:00~17:00 휴무 월요일, 12/29~1/3 요금 성인 800엔, 고등·대학생 550엔, 중학생 이하 무료(전시회에 따라 다름)
전화 0848-23-2281 홈페이지 www.onomichi-museum.jp

오노미치를 여행하는 새로운 감각

오노미치 U2 ONOMICHI U2

오노미치항 인근의 해운 창고를 개조해 2014년 문을 연 오노미치 U2는 한마디로 '오샤레お洒落'하다. 멋쟁이, 센스 있다는 뜻을 지닌 이 찬사는 이곳과 꼭 맞아떨어진다. 투박한 외관을 그대로 살린 2천㎡의 넓고 개방적인 창고 안에는 호텔부터 레스토랑, 바, 카페, 베이커리, 셀렉트 숍 등 세련되고 감각적인 공간으로 꽉 채워져 있다. 이곳의 절반은 자전거 여행자를 위한 호텔이 차지한다. 오노미치를 찾는 자전거 여행자는 갈수록 늘고 있는데, 그에 부응하는 숙박시설이 거의 없다는 점이 이곳을 만든 이유이다. 호텔 내에는 자전거를 적재할 수 있는 공간을 갖추었고, 자전거 전문 숍 자이언트 스토어도 있다. 여기에 더해 세토우치의 신선한 식재료를 이용한 이탈리안 레스토랑, 바다 바람이 솔솔 불어오는 넓은 테라스 카페, 분위기 있게 술 한잔 나눌 수 있는 바가 있어서 여행자뿐 아니라 현지인도 즐겨 찾는다. 오노미치를 비롯해 세토우치 지역의 특산품이나 잡화, 패션소품 등을 모아둔 셀렉트 숍에는 특색 있는 상품이 가득하다.

Data 지도 159p-D 가는 법 JR 오노미치역에서 도보 8분
주소 広島県尾道市西御所町 5-11 오픈 시마 숍 10:00~18:00,
부치 베이커리 09:00~18:00, 야트 카페 09:30~18:30,
더 레스토랑 조식(숙박객만) 07:30~10:00 / 점심 11:30~15:00 / 저녁 17:30~21:30, 코그 바 17:30~21:30, 자이언트 스토어 09:00~18:00
전화 0848-21-0550 홈페이지 www.onomichi-u2.com

레몬과 자전거의 섬
이쿠치시마 生口島

일본 최대 레몬 산지로 유명한 섬 이쿠치시마. 섬의 절반이 급경사지로 일조량이 풍부해 레몬, 귤 생산에 탁월한 환경을 갖추고 있다. 이곳은 값싼 수입산 레몬에 대항해 저농약으로 재배하고 방부제나 왁스를 사용하지 않는다. 일명 '세토다 레몬'이라는 브랜드 레몬은 껍질째 먹을 수 있고 케이크, 잼 등의 상품으로 개발해 선보이고 있다. 지역 경제를 지탱하는 것이 레몬이라면, 여행자들을 불러모으는 것은 자전거다. 이쿠치시마는 세토 내해 굴지의 자전거 코스 '시마나미카이도しまなみ海道'를 잇는 여섯 개 섬 중 하나다. 세토다항 주변은 과거 번성했던 시절의 건물과 상점가가 남아 있고, 해안을 따라 자전거 도로가 잘 조성되어 있다. 서남쪽으로는 다타라 대교多々羅大橋를 통해 에히메현의 오미시마大三島 섬으로 이어진다. 동북 방향으로는 이쿠치교生口橋를 건너 인노시마因島 섬까지 닿는다. 자전거와 선박을 조합한 여행 일정도 가능하다. 자세한 내용은 '세토우치 자전거 여행법(054p)'을 참고하자.

Data 지도 128p-B, D
가는 법 오노미치항에서 쾌속선 타고 세토다瀬戸田항까지 약 40분 소요
요금 오노미치항~세토다항 성인 1,300엔, 어린이 650엔, 자전거 500엔 추가
홈페이지 www.s-cruise.jp

이쿠치시마 구석구석 즐기기

일본의 유명 고건축이 한 곳에

고산지 耕三寺

오사카 사업가로 막대한 부를 쌓은 고산지 고조耕三寺耕三가 돌아가신 어머니를 기리기 위해서 그의 고향에 지은 사찰이다. 고산지는 전체 규모에 놀라고, 건축물의 면면에 또 한 번 놀란다. 그 이유는 이곳의 건물 모두 일본 각지의 고건축을 본떠 지었기 때문이다. 본당 앞에 있는 고요몬孝養門은 닛코 도쇼구의 요메이몬陽明門과 판박이다. 그 외에도 교토 뵤도인의 봉황당, 시가 오즈의 이시야마데라 다보탑 등 실제와 똑닮은 건축물이 있어 걷다 보면 이곳이 어디인지 알 수가 없을 정도다. 박물관 소장품도 국가 지정 중요문화재가 수두룩하다. 절 뒤편에는 '미라이고코로 노오카未来心の丘'라는 대리석 정원이 펼쳐져 있다. 5,000㎡에 달하는 이 정원은 파란 하늘과 어우러져 감탄을 자아낸다.

Data **지도** 128p-B **가는 법** 세토다항에서 도보 10분 **주소** 広島県尾道市瀬戸田町瀬戸田553-2
오픈 09:00~17:00 **요금** 성인 1400엔, 고등·대학생 1,000엔, 중학생 이하 무료 / 초세이카쿠 입장 별도 200엔 **전화** 0845-27-0800 **홈페이지** www.kousanji.or.jp

실크로드를 그린 화가
히라야마 이쿠오 미술관 平山郁夫美術館

일본을 대표하는 화가 히라야마 이쿠오(1930~2009년)의 작품을 전시하는 미술관이다. 이쿠치시마섬은 히라야마 이쿠오의 고향. 그는 '나의 원점은 세토우치의 풍토다'라고 말하기도 했다. 동서양 문화의 가교가 된 실크로드에 대한 동경을 그린 작품이 그의 대표작이다. 실크로드의 동반자 낙타는 그의 상징과도 같다. 미술관 숍에서는 이를 모티브로 한 오리지널 상품도 판매한다. 일본 기와 박공지붕의 단정한 미술관이 아름답게 가꾸어진 정원 내에 자리한다.

Data 지도 128p-B 가는 법 세토다항에서 도보 10분
주소 広島県尾道市瀬戸田町沢200-2 오픈 09:00~17:00
요금 성인 1,000엔, 고등 · 대학생 500엔, 초 · 중학생 300엔
전화 0845-27-3800 홈페이지 hirayama-museum.or.jp

자전거 여행자의 오아시스
자전거 카페 & 바 시오마치테 自転車カフェ&バー・汐待亭

에도 시대 말 우체국 등으로 사용된 옛 건물이 자전거 여행자를 위한 카페 겸 바로 재탄생했다. 건물 앞에는 자전거 거치대가 마련되어 있고 필요한 수리를 받거나 자전거 부품도 구할 수 있다. 자전거 대여도 가능하고, 오리지널 티셔츠, 디자인 잡화 등도 판매한다. 아늑한 정원이 보이는 다다미방에서 잠시 쉬면서 현지 재료나 특산물을 이용한 식사와 음료를 즐길 수도 있다. 저녁에는 생맥주와 각종 칵테일을 판매하는 바(예약제)로 변신한다.

Data 지도 128p-B 가는 법 세토다항에서 도보 3분 주소 広島県尾道市瀬戸田町瀬戸田425
오픈 카페 11:00~16:00, 바(예약제) 19:00~ 휴무 월요일, 바는 일요일도 휴무
가격 닭 레몬 버터 치킨카레 1,000엔, 자전거 대여(2시간) 500엔 전화 0845-25-6572
홈페이지 shiomachitei.jimdo.com

명물 레몬 계곡의 레모네이드
카페 바이아 시마나미 Café Via shimanami

사이타마 1호점에 이어 이쿠치시마에 2호점을 낸 사이클링 카페. '바이아Via'는 '경유하다'라는 의미이다. 이곳의 명물은 이쿠치시마 남쪽 '레몬 계곡レモン谷'에서 수확한 레몬을 짜서 만든 신선한 레모네이드. 시마나미카이도의 이미지를 떠오르게 하는 한정 디자인의 사이클링 캡모자, 셔츠를 비롯한 다양한 상품도 판매해 자전거 여행자의 구매 욕구를 자극한다.

Data 지도 128p-B 가는 법 세토다항에서 도보 4분 주소 広島県尾道市瀬戸田町瀬戸田426-1 오픈 09:00~17:00 휴무 월·화·수·목요일 가격 레모네이드 550엔, 커피 500엔 전화 080-4373-4355 홈페이지 sites.google.com/view/cafevia/shimanami

귀여운 할머니가 파는 고로케
오카테쓰 상점 岡哲商店

시오마치 상점가 정육점 한쪽에서 팔고 있는 고로케는 일본 매스컴에도 여러 번 소개된 적이 있다. 가게 벽면을 가득 메운 연예인 사인과 방송 사진이 이를 입증한다. 이곳의 명물은 사실 고로케가 아니라 고로케를 팔고 있는 할머니다. 낯선 이들에게도 정겹게 말을 건네고 미소 짓는 모습을 보면 자연스레 '고로케 구다사이(고로케 주세요)' 라고 하게 된다. 갓 튀긴 감자 고로케는 자전거 여행자에겐 체력 보충용 간식으로 그만이다.

Data 지도 128p-B 가는 법 세토다항에서 도보 5분 주소 広島県尾道市瀬戸田町瀬戸田517-4 오픈 08:30~18:30 휴무 부정기 휴일 가격 고로케 90엔 전화 0845-27-0568

50년 내공의 문어 계란 덮밥
지도리 식당 お食事処 ちどり

이쿠치시마의 두 가지 명물 레몬과 문어를 사용한 요리를 맛볼 수 있는 식당으로 대를 이어 50년 넘게 영업하고 있다. 부드러운 문어 살에 육수를 붓고 밥을 지은 '다코메시蛸飯', 밥 위에 문어 튀김과 날계란을 풀어서 얹어낸 '다코텐타마고토지蛸天卵とじ'가 대표 메뉴. 하루에 3팀만 예약 주문을 받는 '레몬 나베レモン鍋'는 달콤한 레몬 국물에 문어, 도미, 굴, 가리비, 돼지고기, 야채를 듬뿍 넣어서 끓이는 전골 요리다.

Data 지도 128p-B 가는 법 세토다항에서 도보 8분 주소 広島県尾道市瀬戸田町瀬戸田530-2
가격 다코메시 1,210엔, 다코텐타마고토지 1,430엔, 레몬 나베(2인분) 5,060엔
오픈 11:00~16:00, 18:00~22:00 휴무 화요일 전화 0845-27-0231 홈페이지 chidori-onomichi.com

상큼 달콤 레몬 디저트
시마고코로 세토다 본점 島ごころ 瀬戸田本店

레몬이 조연이 아닌 주인공인 케이크를 만들고 싶다는 생각에서 탄생한 시마고코로의 레몬 케이크. 레몬 맛보다 향기를 담아내기 위해서는 껍질 사용이 무엇보다 중요했는데, 저농약에 방부제나 왁스를 사용하지 않는 이쿠치시마 세토다 레몬이 제격이었다. 이곳의 레몬 케이크는 향을 살리기 위해 레몬 껍질을 써는 과정을 모두 수작업으로 하고 있다. 이 밖에 도넛, 에클레어, 롤 케이크 등 다양한 스위츠를 판매한다. 또한 핸드 크림, 에센셜 오일 같은 제품으로 무한 확장 중이다.

Data 지도 128p-B 가는 법 세토다항에서 도보 12분 주소 広島県尾道市瀬戸田町沢209-32
오픈 10:00~17:00 가격 레몬 케이크 250엔 전화 0845-27-0353
홈페이지 www.patisserie-okumoto.com

| 후쿠야마시 |

상야등 옆 고민가 카페
도모노우라 @카페 鞆の浦 @café

도모노우라의 상징인 상야등 바로 옆에 자리한 카페. 150년 된 고민가의 공간을 살려 세련되면서도 아늑한 분위기로 꾸며져 있다. 현지의 식재료를 통해 세토우치의 맛을 전하는 메뉴를 선보인다. 가마아게 멸치와 세토우치 레몬을 이용한 냉파스타(여름 한정)가 대표적. 세토우치 레몬과 귤 등을 이용한 음료는 테이크아웃을 한 후 상야등 아래 간기雁木(썰물 때 배를 대기 위해 계단식으로 만든 항만시설)에 앉아 바다를 바라보며 즐겨도 좋다.

Data 지도 155p-C 가는 법 JR후쿠야마역에서 노선 버스로 약 30분 후 도모코 하차, 도보 2분 주소 広島県福山市鞆町鞆 844-3 오픈 10:00~17:00 (런치는 14:00까지) 휴무 수요일 가격 오늘의 파스타 1,200엔부터 전화 084-982-0131 홈페이지 www.tomonoura-a-cafe.jp

| 오노미치시 |

부드럽고 새콤한 푸딩
오야쓰토 야마네코 おやつとやまねこ

JR 오노미치역에서 상점가로 가는 초입에 자리한 레트로풍의 디저트 가게. 노란색과 빨간색 스트라이프 차양 아래 쿠키, 비스켓, 스콘 등을 판매한다. 그중에서도 오리지널 야마네코(살쾡이) 그림이 그려진 병 푸딩은 오노미치 여행자들의 필수 간식으로 자리매김해 금세 매진되곤 한다. 커스터드 크림 같은 부드러운 푸딩은 그대로도 맛있지만 생선 모양 소스통에 든 레몬 소스를 뿌리면 새콤달콤하게 즐길 수 있다. 오노미치 푸딩은 자매점인 야마네코 카페에서도 판매한다.

Data 지도 159p-E 가는 법 JR 오노미치역에서 도보 3분
주소 広島県尾道市東御所町3-1 오픈 11:00~17:00
휴무 월요일 가격 오노미치 푸딩 378엔 전화 0848-23-5082
홈페이지 www.ittoku-go.com/oyatsu/

오노미치 빵집 순례 성지
판야코로 パン屋航路

이른 아침부터 손님 행렬이 이어지는 판야코로는 오노미치 상점가의 인기 빵집이다. 두세 명만 들어가도 꽉 차는 작은 점포에는 갓 구운 빵이 열을 맞춰 진열되어 있다. 특히 여러 종류의 베이글이 유명하다. 신선한 채소와 베이컨 등을 넣은 베이글 샌드위치는 별거 든 게 없는데도 깜짝 놀랄 정도로 맛있다. 한 번에 최대 3개밖에 구입할 수 없는 카레빵도 인기. 이외에도 그때그때 맛깔스러운 빵들이 나온다. 빵이 금세 떨어지기 때문에 늦지 않도록 주의하자.

Data **지도** 159p-E **가는 법** JR 오노미치역에서 도보 5분 **주소** 広島県尾道市土堂1-3-31 **오픈** 07:00~18:00 **휴무** 월·화요일, 그 외 임시 휴무 **가격** 베이글 180엔부터, 카레빵 200엔 **전화** 0848-22-8856

길에서 즐기는 스페셜티 커피
클라시코 Classico

오노미치 혼도리 상점가를 지나다 고소하고 향긋한 커피 냄새가 발길을 멈추게 하는 로스터리 카페 클라시코. 세계 각지 원두 농장에서 엄선한 최고의 스페셜티 커피 원두를 수입해 이를 다시 손으로 일일이 골라내는 핸드 픽hand pick 작업을 거친 후 로스팅한 10여 가지 원두를 선보인다. 원두는 그램 단위로 판매한다. 테이크아웃 커피로도 즐길 수 있다. 친절한 주인장이 정성을 쏟은 스페셜티 커피는 기대를 저버리지 않는다.

Data **지도** 159p-C **가는 법** JR 오노미치역에서 도보 5분 **주소** 広島県尾道市土堂1-3-28 **오픈** 10:00~18:00 **가격** 커피 450엔 **전화** 0848-24-5158 **홈페이지** www.classico-coffee.jp

현지인의 오노미치 라멘
멘도코로 미야치 めん処 みやち

오노미치 혼도리 상점가 안쪽 후미진 골목에 자리한 라멘집. 눈여겨 보지 않으면 지나치기 십상인 위치와 세월이 느껴지는 소박한 실내는 여러모로 동네 단골을 위한 곳임을 알 수 있다. 중국에서 유래했다 해서 중화소바(주카소바中華そば)라고도 불리는 라멘은 지역마다 맛이 다르다. 오노미치 라멘은 닭과 돼지뼈, 해산물로 우려낸 맑은 육수에 간장으로 맛을 낸 것이 특징이다. 담백하고 부드러운 국물은 면, 멘마(죽순 절임), 차슈, 파 정도만 올린 심플한 구성과 잘 어우러진다. 좀 더 풍부한 맛을 원한다면 튀김이 추가된 덴푸라주카 소바天ぷら中華そば를 고르자.

Data **지도** 159p-C **가는 법** JR 오노미치역에서 도보 10분 **주소** 広島県尾道市土堂1-6-22 **오픈** 11:00~18:00 **휴무** 목요일 **가격** 주카소바 550엔 **전화** 0848-25-3550

오노미치 레트로 카페의 선구자
야마네코 카페 やまねこカフェ

2001년 오노미치 바닷가 인근의 빈 점포를 개조해 오픈한 야마네코 카페는 오노미치 카페 붐의 선구자다. 지역 상권이 쇠락해가던 즈음, 오노미치 명물인 고양이와 옛 상가의 레트로한 분위기를 접목한 카페는 다시금 사람들의 발길을 이끌었다. 복고풍 장난감이나 소품으로 꾸며놓은 공간과 아기자기한 메뉴는 요즘의 감성과도 잘 맞아떨어진다. 마스코트 고양이를 그려 넣은 카페 라테가 인기 메뉴. 점심 때는 밥과 된장국, 닭튀김, 제철 채소 반찬 등으로 구성된 일본 집밥 같은 세트 메뉴도 맛볼 수 있다.

Data 지도 159p-C 가는 법 JR 오노미치역에서 도보 15분 주소 広島県尾道市土堂2-9-33 오픈 10:30~17:30 휴무 월·화요일 가격 야마네코 라테 495엔, 야마네코 런치 1,100엔 전화 0848-21-5355 홈페이지 www.ittoku-go.com

| 오노미치시 |

레트로 상점가의 묘미
오노미치 혼도리 상점가 尾道本通り商店街

오노미치 센코지 공원과 바닷가 사이에 평행으로 이어진 1.2km의 아케이드 상점가. 오노미치의 복고풍 분위기를 가장 잘 느낄 수 있는 곳이다. 이곳은 상권이 쇠락하며 점점 빈 점포가 늘어났는데, 2000년대 초반부터 젊은 감각의 가게가 하나 둘 입점하면서 새로운 변화가 일어났다. 특히 새로 입점한 가게들은 예전의 간판을 그대로 단 채 운영하거나 옛 공간을 살려서 문을 연 것이 특징이다. 최근 우리나라에서 유행하는 '뉴트로(새로운 복고풍)' 스타일의 상점가라고 할 수 있다. 또한, 이 가게들은 오노미치의 명물이나 특산품을 적극 활용해 지역을 알리는 역할을 톡톡히 하고 있다.

Data 지도 159p-C 가는 법 JR 오노미치역에서 도보 5분 홈페이지 okaimonomichi.com

오노미치 혼도리 상점가 구석구석 즐기기

귀여운 스타일의 자전거
베터 바이시클스 Better Bicycles

시마나미카이도의 관문 오노미치에 문을 연 자전거 전문 숍. 세토 내해의 풍경과 어우러지는 귀여운 스타일의 자전거를 대여할 수 있다. 체형과 선호도에 맞는 자전거를 고를 수 있고, 헬멧과 자물쇠를 함께 대여해 준다. 1일 대여 시 점포 마감 시간 전까지 반납하면 된다. 대여 시 여권 등 신분증을 복사한다. 전망 좋은 2층 카페는 주말(10:00~17:00)에만 영업한다.

Data **지도** 159p-C **가는 법** JR 오노미치역에서 도보 10분 **주소** 広島県尾道市土堂2-10-24
오픈 10:00~18:00 **휴무** 수요일 **가격** 1일 2,200엔 **전화** 0848-38-2912 **홈페이지** better-bicycles.com

오노미치 데님 프로젝트
오노미치 데님 숍 ONOMICHI DENIM SHOP

'오노미치 데님 프로젝트'를 통해 가공된 오리지널 빈티지 데님 청바지를 판매하는 플래그십 스토어. '오노미치 데님 프로젝트'는 일본 유수의 데님 원단 생산지 오노미치를 알리기 위해 2013년부터 진행되었다. 어부, 목수, 바리스타 등 다양한 직종의 오노미치 주민들이 실제 착용한 청바지를 회수하고 세탁하는 1년 동안의 공정을 통해 개개의 라이프 스타일이 고스란히 고유한 패턴과 마모로 드러난다. 즉, 하나의 청바지에 오롯이 한 사람의 이야기가 담겨 있는 셈이다.

Data **지도** 159p-C **가는 법** JR 오노미치역에서 도보 15분 **주소** 広島県尾道市久保1-2-23
오픈 11:00~18:00 **휴무** 화·수요일 **전화** 0848-37-0398 **홈페이지** www.onomichidenim.com

| 후쿠야마시 |

도모노우라 오감 만족

미기와테 오치코치 汀邸 遠音近音

도모노우라 바닷가에 자리한 료칸. 전 객실에 노천탕이 딸려 있어 고급스러운 하룻밤을 선사한다. 고풍스러운 옛 건물과 현대적인 시설의 조화는 친절하면서도 절도 있는 직원들의 서비스와 궤를 같이 한다. 로비와 레스토랑 테라스에선 도모노우라의 섬과 바다 풍경이 근사하게 펼쳐진다. 객실은 전체가 침대다. 스탠다드룸 면적은 료칸 치고는 좀 작은 편이다. 하지만 부대 시설이 잘 되어 있고, 전망이나 노천탕에서 큰 차이가 없어 오히려 합리적이란 생각이 든다. 객실 노천탕 외에 좀 더 널찍한 별도의 전세 노천탕 2곳도 이용 가능하다. 이 료칸의 하이라이트는 음식이다. 나오는 요리마다 플레이팅과 맛의 궁합이 감탄을 자아낸다. 세토우치 특산인 도미로 만든 솥밥, 쑤기미 샤브샤브, 검은 전복 버터구이 등 세토우치의 재료를 최상으로 즐길 수 있는 조리법을 택했다. 마지막에 나오는 도미 솥밥이 특히 최고이고 남은 것은 야식으로 먹을 수 있게 주먹밥으로 싸 주기도 한다. 양식과 일식 중 고를 수 있는 아침 식사 또한 구성과 맛, 양 모두 제대로 대접받는다는 생각이 든다.

Data **지도** 155p-C **가는 법** 도모노우라 버스 정류장에서 도보 5분, 또는 JR후쿠야마역에서 셔틀버스 이용 (예약제) **주소** 広島県福山市鞆町鞆629 **요금** 25,920엔부터(2인 이용 시 1인 요금 조·석식 포함) **전화** 084-982-1575 **홈페이지** www.ochikochi.co.jp

| 오노미치시 |

자전거 여행자를 위한 호텔
호텔 사이클 HOTEL CYCLE

자전거 여행자를 위해 특화된 호텔. 오노미치항 인근 창고를 개조한 오노미치 U2 내에 자리한다. 로비에 자전거를 둘 수 있을 뿐 아니라 객실 내로 자전거 반입이 가능하다. 자전거 행거가 설치된 방도 있다. 높은 층고의 창고에 철골로 2층 구조를 만들었으며, 객실 내부는 자연 소재를 이용해 아늑한 공간으로 재탄생시켰다. 전 객실이 트윈룸으로 스탠다드와 디럭스가 있다. 객실에는 널찍하고 세련된 욕실이 있다. 조식을 추가 선택하면 오노미치 U2 레스토랑에서 갓 구운 수제 빵과 과일 잼, 요구르트, 오믈렛, 샐러드 등을 뷔페 스타일로 즐길 수 있다.

Data 지도 159p-D 가는 법 JR 오노미치역에서 도보 8분
주소 広島県尾道市西御所町5-11 요금 20,500엔~(2인 1실)
전화 0848-21-0550 홈페이지 onomichi-u2.com/hotel-cycle

비밀스런 복도의 게스트하우스
아나고노 네도코 あなごのねどこ

오노미치 상점가의 상가주택 '마치야町家'를 개조한 게스트하우스. '장어의 보금자리'라는 독특한 이름은 가로가 좁고 안쪽으로 깊은 복도식 구조에서 연유한다. 복도 깊숙이 자리한 다다미방 거실과 삐걱대는 마룻바닥의 부엌을 지나 한 사람이 겨우 오르내릴 수 있는 좁은 계단을 오르면 비밀의 방처럼 그 안쪽에 2층 침대가 있는 다다미방이 나온다. 폭신한 다다미, 반질반질한 나무 창틀, 이끼가 내려앉은 작은 정원 등 시간의 흔적을 더듬는 하룻밤을 선사한다. 1층에는 예스러운 분위기의 카페가 운영된다. 이곳에서 아침 식사도 먹을 수 있다.

Data 지도 159p-C
가는 법 JR 오노미치역에서 도보 20분
주소 広島県尾道市土堂2-4-9
요금 도미토리 3,000엔~
전화 0848-38-1005
홈페이지 anago.onomichisaisei.com

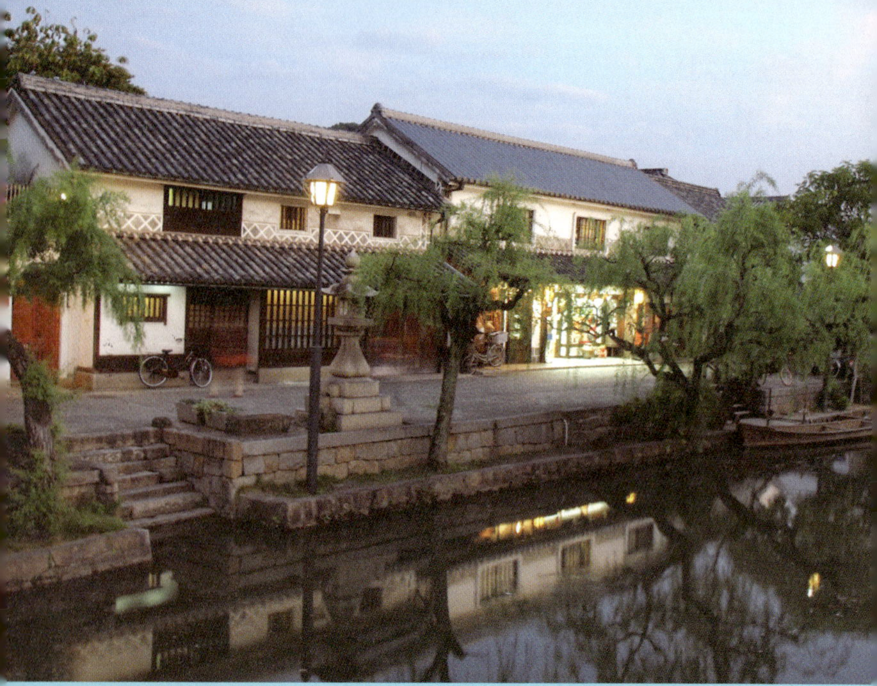
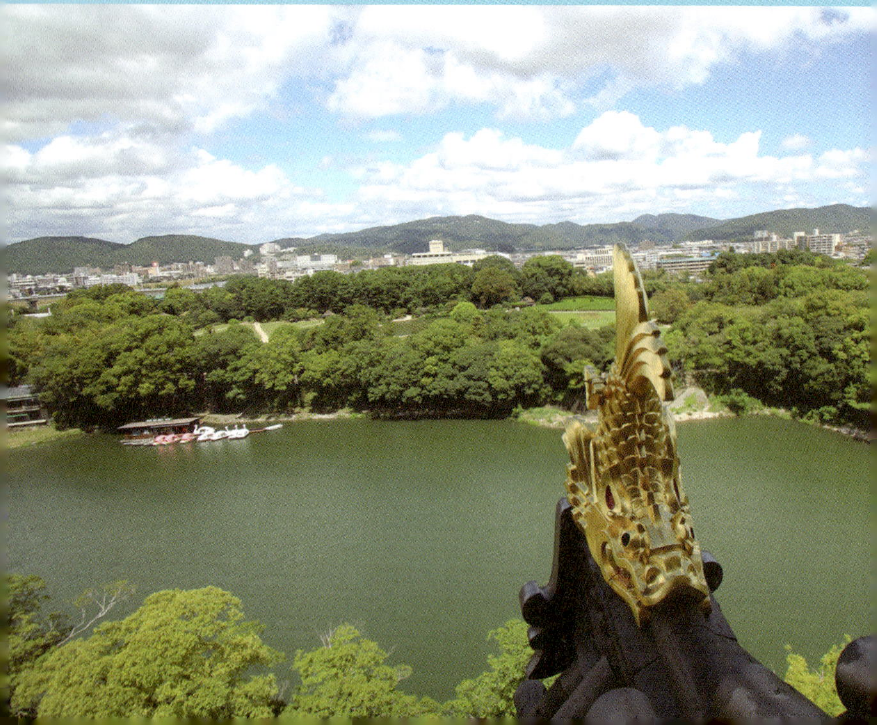

Setouchi By Area

02

오카야마현
岡山県

**오카야마시 & 구라시키시 &
다마노시 & 세토우치시 & 비젠시**

오카야마현은 세토우치 지역의 척추와도 같다. 혼슈와 시코쿠를 연결하는 웅대한 세토대교가 자리하고 있으며, 세토 내해의 여러 섬이 오카야마 남단의 우노항으로 통하기 때문이다. 이는 에도 시대 운하를 통한 상업과 물류의 중심지였던 구라시키, 조선 통신사의 기항지였던 우시마도의 역사로부터 이어져 왔다. 좋은 입지 조건을 바탕으로 성장한 도시에는 전통과 현대를 잇는 물건 만들기와 여유로운 카페 문화가 뿌리 깊이 내려 자꾸만 여행자의 발길을 멈춰 세운다.

오카야마현 세토우치
한눈에 보기

오카야마시

히로시마시 다음으로 큰 도시인 오카야마는 교통이 편리하고 쾌적한 숙박과 쇼핑 시설을 갖추고 있어서 세토우치 여행의 거점으로 삼기 좋다. 시내 관광은 오카야마성과 고라쿠엔 정원으로 대표되고, 작지만 특색 있는 미술관과 개성만점의 카페 투어를 적절히 선택하면 된다.

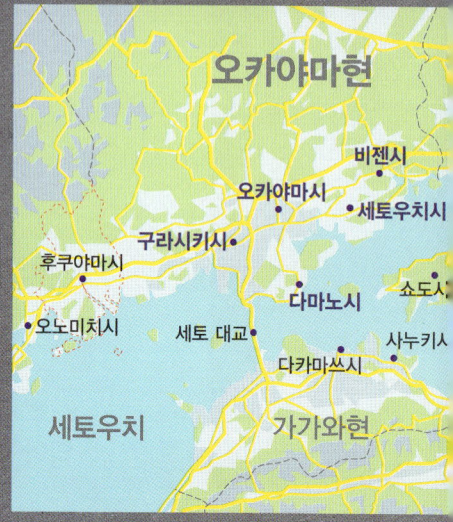

구라시키시

수양버들 드리운 운하와 에도 시대 창고가 어우러진 구라시키 미관지구는 오카야마현 최고의 인기 관광지이다. 오래된 창고는 카페, 숍, 음식점으로 변신해 다양한 즐거움을 선사한다. 또한 일본 청바지의 발상지 고지마에서는 주문 제작 청바지의 고유한 멋을 확인할 수 있다.

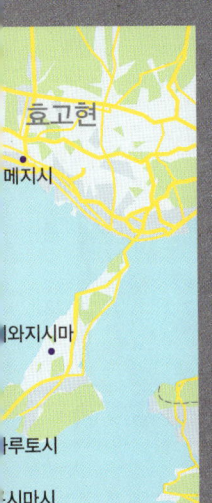

다마노시

혼슈와 시코쿠를 연결하며 번창했던 항구도시 다마노는 우노항을 통해 '예술의 섬' 나오시마를 비롯해 데시마, 쇼도시마 등을 연결하고 있다. 세토우치 트리엔날레의 주요 행사장이기도 해서 창작자들이 유입되고 새로운 가게도 속속 생겨나는 등 변화 중이다.

세토우치시

'일본의 에게해'라 불리며 로맨틱한 전망과 올리브 공원으로 유명한 세토우치시의 우시마도는 조선통신사의 주요 기항지이기도 하다. 조선통신사가 머물던 숙소를 비롯해 곳곳에 그 흔적이 남아 있는 옛 거리는 유유자적 산책하기 좋다.

비젠시

일본 고유의 도자기 '비젠야키'의 발상지로 일본 고대 6대 가마 중 하나인 도자기 마을을 만날 수 있다. 현존하는 가장 오래된 공립학교인 시즈타니 학교가 자리하는데, 비젠야키의 기와 지붕이 웅장한 멋을 더한다. 굴 양식으로 전국에서 알아주는 히나세 지역은 겨울이 되면 한층 활기가 넘친다.

오카야마현 키워드

1 복숭아 동자 '모모타로'
아이 없는 노부부에게 어느 날 시냇물을 따라 커다란 복숭아가 떠내려 오고, 그 속에서 아이가 태어난다. 복숭아 동자라는 뜻의 모모타로라 이름 지은 아이는 늠름한 장사로 성장해 사람들을 괴롭히는 도깨비를 무찌른다. 일본에서 가장 유명한 이 모모타로 설화의 배경이 바로 오카야마이다.

2 기비당고 きびだんご
모모타로가 여행 길에서 만난 원숭이, 개, 꿩을 기비당고로 꼬셔서 함께 도깨비를 무찔렀다는 이야기 속 내용처럼, 기비당고는 보들보들하고 달콤한 맛의 떡이다. 수수가루와 찹쌀가루, 설탕으로 만들며 팥이나 복숭아 시럽 같은 속 재료를 넣기도 한다.

3 과일 파르페
따사로운 햇살, 풍부한 수량으로 당도 높은 과일을 생산하는 오카야마. 일본 제일이라는 백도, 껍질째 먹을 수 있는 머스캣 포도와 피오네 포도, 디저트의 꽃인 새빨간 딸기가 유명하다. 제철 과일을 듬뿍 올린 푸짐한 과일 파르페는 오카야마 과일을 즐기는 가장 좋은 방법.

4 구라시키 미관지구
300년 전 에도 시대의 거리 풍경이 생생하게 살아 있는 구라시키 미관지구는 오카야마에서 가장 인기 있는 명소다. 수양버들 드리워진 물길 양 옆으로 옛 저택과 목조 창고가 즐비한 거리는 마치 한 폭의 일본화에 들어 온 듯한 기분마저 자아낸다. 고택 안으로 들어가면 멋스러운 수공예품이나 디자인 상품이 눈길을 사로잡아 기어이 지갑을 열게 만든다.

5 일본 최초의 청바지
예로부터 섬유 산업이 발달했던 구라시키, 그중에서도 남쪽의 고지마 지역은 일본 청바지의 발상지로 유명하다. 청바지 매장이 늘어선 거리가 조성되어 있으며 질 좋은 데님 원단부터 버튼, 가죽 패치, 스티치 등을 선택해 세상에서 단 한 벌뿐인 청바지 제작도 가능하다.

오카야마현 찾아가기

오카야마현으로 입국하기

오카야마 모모타로공항
인천공항에서 오카야마 모모타로공항까지 대한항공이 2023년 10월 29일부터 주 3회(수, 금, 일) 운항한다. 오카야마현과 세토대교를 사이에 둔 가가와현 다카마쓰공항을 통해 입국하는 방법도 있다. 인천공항에서 다카마쓰공항까지 에어서울이 매일 운항한다. 다카마쓰공항에서 JR 다카마쓰역 방면 공항 리무진 버스(약 45분 소요)로 이동한 후, JR 열차로 갈아타 JR 오카야마역까지 50분 정도 소요된다.
홈페이지 www.okayama-airport.org
홈페이지 www.takamatsu-airport.com

오카야마현의 각 지역으로 가는 법

오카야마시

공항 리무진 버스
오카야마공항 2번 버스 승강장에서 공항 리무진 버스를 타고 JR 오카야마역까지 30분.
요금 오카야마공항~JR 오카야마역 서쪽 출구 780엔
홈페이지 www.okayama-airport.org/access/bus

구라시키시

공항 리무진 버스
오카야마공항 3번 버스 승강장에서 공항 리무진 버스를 타고 JR 구라시키역까지 35분.
요금 오카야마공항~JR 구라시키역 북쪽 출구 1,150엔 **홈페이지** www.okayama-airport.org/access/bus

JR 열차
JR 오카야마역과 JR 구라시키역은 산요본선 山陽本線 열차로 채 20분이 걸리지 않고 JR 고지마역까지는 세토오하시瀬戸大橋선 열차로 20~35분(보통·쾌속·특급에 따라) 소요된다.
요금 JR 오카야마역~JR 구라시키역 330엔·JR 고지마역 510엔(보통열차 기준, 어린이는 반값)
홈페이지 www.westjr.co.jp

다마노시

JR 열차
JR 오카야마역에서 다마노시의 중심 역인 JR 우노宇野역까지 세토오하시선(자야마치茶屋町역 환승)·우노선 열차로 50분~1시간 소요된다.
요금 JR 오카야마역~JR 우노역 590엔(어린이는 반값) **홈페이지** www.westjr.co.jp

버스
JR 오카야마역 앞 2번 정류장에서 JR 우노역을 경유해 우노항까지 운행한다. 약 1시간 소요.
요금 오카야마역~우노항 660엔(어린이는 반값)
홈페이지 www.ryobi-holdings.jp/bus/

세토우치시 & 비젠시

JR 열차
JR 오카야마역에서 우시마도의 관문 역 중 하나인 JR 오쿠邑久역까지 아코赤穂선 열차로 약 25분, 비젠 전통 도자기 마을로 가는 JR 인베伊部역까지 약 40분, 비젠시의 최대 어항이 자리한 JR 히나세日生역까지 55분 정도 소요된다.
요금 JR 오카야마역~JR 오쿠역 330엔·JR 인베역 590엔·JR 히나세역 860엔 (어린이는 반값)
홈페이지 www.westjr.co.jp

오카야마시
岡山市

오카야마현의 중심 도시이자 세토우치 교통의 요충지인 오카야마시. 신칸센 주요 정차 역으로 철도 교통이 주변 도시를 연결한다. 바다 건너 시코쿠와 세토대교로 이어져 있으며 선박을 통해 세토 내해의 섬으로 갈 수 있는 거점 도시이다. 편리한 교통만큼 쇼핑, 숙박 시설도 잘 갖추고 있어 풍요로운 시티라이프를 누릴 수 있다.

오카야마시 돌아보기

오카야마시 교통

JR 오카야마역에서 오카야마성까지 도보로 20분 거리에 대부분의 관광지가 몰려 있다. 도보로 다녀도 되지만 무리하지 않으려면 노면 전차를 적절히 활용하자. 쇼핑 거리로 유명한 도이야초로 가려면 JR 열차와 시내 버스 중 상황에 맞게 선택하면 된다.

노면 전차 오카덴 岡電

오카야마 시내에는 '오카덴'이란 애칭의 오래된 노면 전차가 운행한다. 레트로 무드의 노면 전차를 타고 JR 오카야마역 앞에서 오카야마성 인근으로 갈 수 있다. 그 외에 노면 전차를 이용하는 경우는 거의 없기 때문에 굳이 1일 패스를 사지 않아도 된다.

가격 오카야마에키마에岡山駅前역~시로시타城下역 성인 100엔, 어린이 50엔
홈페이지 www.okayama-kido.co.jp/tramway/

> **Tip** 역에서 호텔로 짐 보내고 빈손으로 여행하기, 네코노테 스테이션 ねこのてステーション
> '바쁠 때는 고양이 손(네코노테)이라도 빌린다'는 일본 속담에서 따온 짐 배달 서비스. 특히 바쁜 일정을 소화해야 하는 여행자라면 아주 요긴하다. 오카야마역 내 센터에 오후 1시 30분까지 짐을 맡기면 당일 오후 5시경 각 지정 호텔로 수하물을 배달해 준다. 오카야마시와 구라시키시 호텔 29곳에서 이 서비스를 이용할 수 있다.
> **가는 법** JR 오카야마역 2층 신칸센 개찰구 옆 **가격** 소형 캐리어(3변의 합계가 120cm미만, 15kg 이내) 500엔, 그 이상 700엔 **전화** 080-6609-1694 **홈페이지** www.okayama-kanko.jp/spot/10022

••• Plus Info •••

모모타로 관광센터 ももたろう観光センター

가는 법 JR 오카야마역 지하 상점가 이치반가이一番街 바로 옆
주소 岡山市北区駅元町一番街 地下6号 **오픈** 09:00~20:00
전화 086-222-2912 **홈페이지** www.okayama-japan.jp/ko/

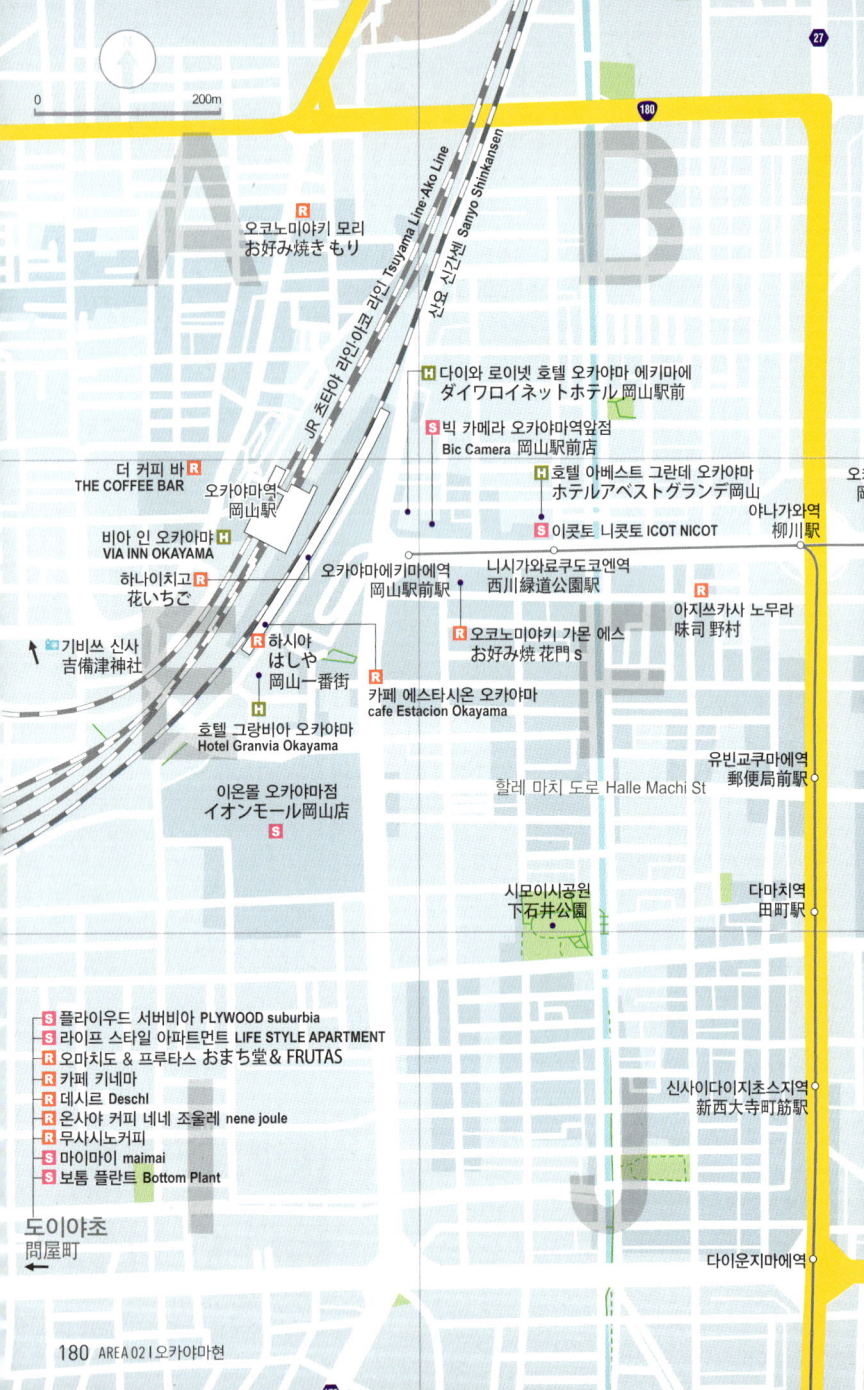

오카야마시
📍 당일 추천 코스 📍

오전에는 고라쿠엔을 중심으로 시내 관광을 즐긴다. 오후에는 전통 건축과 역사에 관심 있다면 모모타로 전설의 진원지인 기비쓰 신사로 가자. 쇼핑 마니아라면 도이야초 거리를 다녀오자. 알찬 하루 코스가 완성된다.

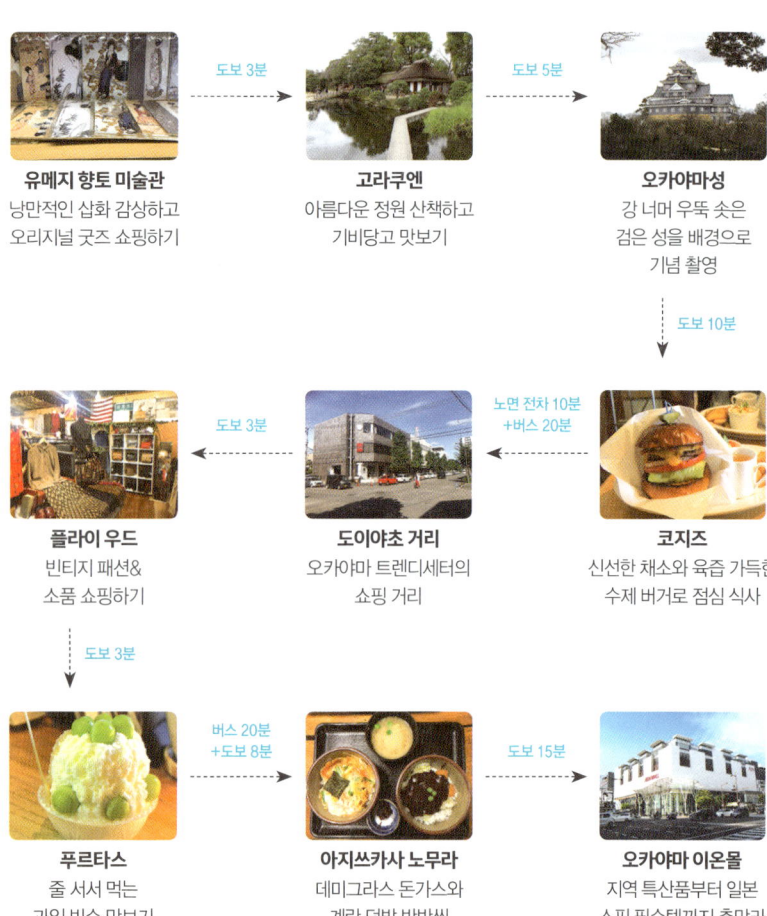

유메지 향토 미술관
낭만적인 삽화 감상하고
오리지널 굿즈 쇼핑하기

→ 도보 3분

고라쿠엔
아름다운 정원 산책하고
기비당고 맛보기

→ 도보 5분

오카야마성
강 너머 우뚝 솟은
검은 성을 배경으로
기념 촬영

↓ 도보 10분

코지즈
신선한 채소와 육즙 가득한
수제 버거로 점심 식사

← 노면 전차 10분 +버스 20분

도이야초 거리
오카야마 트렌디세터의
쇼핑 거리

← 도보 3분

플라이 우드
빈티지 패션&
소품 쇼핑하기

↓ 도보 3분

푸르타스
줄 서서 먹는
과일 빙수 맛보기

→ 버스 20분 +도보 8분

아지쓰카사 노무라
데미그라스 돈가스와
계란 덮밥 반반씩

→ 도보 15분

오카야마 이온몰
지역 특산품부터 일본
쇼핑 필수템까지 총망라

일본 3대 정원

고라쿠엔 後楽園

오카야마의 대표 관광지이자 일본 3대 정원으로 꼽히는 고라쿠엔. 오카야마성의 정원으로 착공되어 14년 만인 1700년에 완성되었다. 전체 약 14ha의 부지로 연못을 돌며 풍경을 감상하는 회유식(가이유시키廻遊式) 정원이다. 연못 중앙에 솟아 있는 유이신잔唯心山 산은 탁 트인 잔디 부지에 입체성을 부여하는 동시에 전체를 조망할 수 있는 전망대이기도 하다. 오카야마성의 검은색 천수각(덴슈카쿠天守閣)이 정원에서 보여 또 하나의 그림 같은 배경이 된다. 번주가 머물던 엔요테이延養亭를 비롯해 전통극 무대(노能), 매화나무 숲, 차나무 밭 등이 자리하며 건물을 관통해 수로가 난 특이한 구조의 류텐流店 정자도 볼 수 있다. 산책하는 중간중간 찻집에서 말차와 함께 오카야마 명물인 기비당고도 즐겨보자. 특별한 날엔 야간 조명이 켜져 더욱 포토제닉한 장소로 변신한다. 남문을 통해 다리를 건너면 오카야마성으로 갈 수 있다.

Data 지도 181p-D
가는 법 노면 전차 시로시타역에서 도보 10분
주소 岡山県岡山市北区後楽園 1-5
오픈 3/20~9/30 07:30~18:00, 10/1~3/19 08:00~17:00
요금 성인 410엔, 고등학생 이하 무료, 고라쿠엔&오카야마성 세트 입장권 640엔
전화 086-272-1148
홈페이지 www.okayama-korakuen.jp

검게 빛나는 까마귀성
오카야마성 岡山城

오카야마성은 '까마귀성'이란 뜻의 우조烏城라고도 불린다. 검은 옻으로 칠한 천수각의 독특한 외관은 '백로성'이란 애칭의 효고현 히메지성姬路城과 대비된다. 유유히 흐르는 아사히카와강을 천연 해자 삼아 1597년 축성되었으며 성문만 32동에 달하는 거성이었다. 현재는 1966년 재건된 천수각을 비롯해 망루, 문 등 5동 만이 남아 있고 빈터는 공원으로 조성되었다. 천수각 전망대에 오르면 지붕 끝의 황금색 샤치호코(머리는 호랑이 몸은 물고기인 상상의 동물)와 함께 오카야마 시내 전경이 펼쳐진다. 천수각 2층에 오카야마 전통 도자기인 비젠야키를 만들어보는 체험 시설(유료)과 오카야마 과일 파르페를 즐길 수 있는 찻집도 자리한다.

Data 지도 181p-H **가는 법** 노면 전차 시로시타역에서 도보 13분 **주소** 岡山県岡山市北区丸の内3-3-1 **오픈** 09:00~17:30 **휴관** 12/29~31 **요금** 성인 400엔, 초·중학생 100엔, 고라쿠엔&오카야마 세트 입장권 640엔 **전화** 086-225-2096 **홈페이지** www.okayama-kanko.net/ujo/

다이쇼 로망을 그린 화가
유메지 향토 미술관 본관 夢二郷土美術館 本館

다이쇼 시대 낭만주의를 대변하는 화가이자 시인인 다케히사 유메지竹久夢二. 오카야마에서 태어난 그는 '유메지식 미인'이라는 독자적인 화풍으로 잘 알려져 있다. 창백한 피부, 가느다란 목덜미의 기모노 여인을 그린 그림은 책 표지, 광고 이미지 등 각종 인쇄물로 남겨져 일본 현대 그래픽의 선구자로 불린다. 고라쿠엔 북쪽 출구와 인접한 이 작은 미술관에는 유화, 판화, 스케치, 저서 등 유메지의 작품 약 3,000점을 소장하고 있다. 100점 정도를 상시 전시하고 기획전도 1년에 4회에 진행된다. 전시 관람 후에는 아트 카페&뮤지엄 숍을 꼭 들르자. 로맨틱한 분위기는 그림의 여운을 더하고, 유메지의 그림이 그려진 오리지널 굿즈를 손에 넣을 수 있다.

Data 지도 181p-D **가는 법** JR 오카야마역 앞 1번 정류장에서 직통 버스로 10분 소요 **주소** 岡山県岡山市中区浜2-1-32 **오픈** 09:00~17:00 **휴관** 월요일, 12/28~1/1 **요금** 성인 800엔, 중·고·대학생 400엔, 초등학생 300엔 **전화** 086-271-1000 **홈페이지** yumeji-art-museum.com

고대 동양 미술품의 숨은 보고
오카야마 시립 오리엔트 미술관 岡山市立オリエント美術館

인류 문명의 기원이라 불리는 중동 지역의 고대 미술품을 수집 및 전시하는 미술관. 고대 이라크 신전을 연상케 하는 박물관에 이집트, 이라크, 시리아 등에서 수집한 약 5,000점의 방대한 미술품을 소장하고 있다. 아시리아 부조를 비롯한 고대 유물을 상설 전시하고 있으며, 년 2~3회의 특별전 및 기획전도 열린다. 평소 공개하지 않는 희귀한 소장품을 비롯해서 관 외 전시품목을 대여 전시하니 풍성한 관람을 원한다면 이 기간을 노려보자. 건축가 오카다 신이치岡田新一가 서아시아 각지의 건축에서 모티프를 얻은 요소를 도입한 미술관은 다양한 방식으로 자연광이 내부로 떨어져 신비한 분위기를 자아낸다.

Data 지도 181p-G 가는 법 노면 전차 시로시타역에서 도보 2분. 또는 JR오카야마역 앞에서 시내 버스 타고 비주쓰칸마에美術館前(미술관 앞) 또는 오모테초이리구치表町入口에서 하차해 도보 1분
주소 岡山県岡山市北区天神町9-31 오픈 09:00~17:00 휴무 월요일 요금 성인 310엔, 고등·대학생 210엔, 초·중학생 100엔(특별 기획전 별도) 전화 086-232-3636 홈페이지 www.city.okayama.jp/orientmuseum

감성이 돋아나는 고민가 갤러리
아트스페이스 아부라카메 アートスペース油亀

140년 전 지어진 할아버지의 기름집을 물려받아 손녀 부부가 그릇전, 그림전을 여는 갤러리 숍으로 재탄생시켰다. 동네 사람들이 부르던 그대로 이름 지은 공간에는 특별한 이야기를 담은 전시가 열린다. 예를 들면 단순한 그릇이 아니라 카레 그릇과 같이 취향을 드러내 함께 공감할 수 있으며, 전시 기간 중에는 실제 카레를 그 그릇에 먹어볼 수 있도록 하는 식이다. 커피잔 전시에는 동네의 100살 된 커피 마니아 할아버지를 메인 모델로 한 포스터를 선보이기도 한다. 또한 지역 농가의 협조를 얻어 가지치기 후 태워지는 과일나무의 재를 도예 공방에 보내는 새로운 방식의 리사이클 활동도 하고 있다. 복숭아나무, 포도나무의 재를 유약으로 사용해 구운 도자기를 모아 활동 4년 만에 이곳에서 전시하기도 했다. 홋카이도에서 규슈까지 일본 전역의 도예 작가 작품은 갤러리와 온라인을 통해서 판매된다.

Data 지도 181p-C 가는 법 노면 전차 시로시타역에서 도보 10분 주소 岡山県岡山市北区出石町2-3-1 오픈 11:00~19:00 휴관 전시 일정에 따라 다름 요금 입장 무료 전화 086-201-8884
홈페이지 www.aburakame.com

세토우치 로맨틱 기차 여행
라 말 드 보아 La Malle de Bois (ラ マル ド ボァ)

프랑스어로 '나무 여행 가방'이란 뜻의 로맨틱한 이름을 가진 테마열차 '라 말 드 보아'. 새하얀 객차의 차창을 검정 선으로 여행 가방으로 표현한 열차다. 오카야마역에서 주말과 공휴일에 출발한다. 나오시마섬으로 갈 수 있는 레트로 항구도시 다마노(우노역), 시마나미카이도 사이클 로드의 기착지인 오노미치, 참배객의 발길이 끊이지 않는 고토히라 등 매력 만점의 여행지로 떠나는 기차 여행을 즐길 수 있다. 일반 좌석 외에 차창을 바라볼 수 있는 바 좌석이 있다. 특히 자전거를 함께 실을 수 있는 공간이 따로 마련되어 있어 자전거 여행에 안성맞춤이다(예약 필수). 차내 매점에서는 오카야마 향토요리인 바라즈시ばら寿司 도시락을 판매한다. 구라시키 캔버스 가방, 비젠야키 도자기 컵, 마스킹테이프 등 한정 기념품도 구입 가능하다.

Data 지도 180p-E 가는 법 JR 오카야마역~JR 우노역·JR 오노미치역·JR 고토히라역
요금 JR 오카야마역~ JR 우노역 성인 1,370엔, 어린이 1,070엔 홈페이지 www.jr-odekake.net/railroad/kankoutrain/area_okayama/lamalledebois

모모타로 전설의 원형
기비쓰 신사 吉備津神社

기비노나카산吉備中山 중턱에 자리한 기비쓰 신사는 오카야마의 가장 유명한 설화 '모모타로 이야기'와 관련 깊은 곳이다. 이 신사에서 모시고 있는 신 기비쓰히코吉備津彦가 세상을 어지럽히던 '우라'라는 도깨비를 퇴치했다는 전설이 모모타로 이야기의 원형으로 알려져 있다. 신사에선 복숭아 모양 부적이나 모모타로가 그려진 에마(소원을 적는 나무팻말)도 볼 수 있다. 국보로 지정된 웅장하면서도 우아한 건축 양식의 본전과 배전을 비롯해 중요 문화재 건축이 여럿 있다. 이 가운데 가장 유명한 것은 400m에 달하는 장대한 회랑이다. 한눈에 다 보이지 않을 정도로 긴 경사면의 회랑은 멋진 분위기를 연출한다.

Data 지도 180p-E
가는 법 JR 기비쓰吉備津역에서 도보 8분
주소 岡山県岡山市北区吉備津931
오픈 05:00~18:00 요금 입장 무료
전화 086-287-4111 홈페이지 kibitujinja.com

| 이누지마 |

산업에서 예술의 시대로
이누지마 犬島

오카야마시 동남단 앞바다에서 약 2.2km 떨어진 이누지마는 개 모양을 한 큰 바위가 있다고 해서 이름 붙여진 인구 50명 안팎의 작은 섬이다. 과거에는 화강암 산지이자 구리 제련소가 있어 한때 인구가 6,000명에 육박하기도 했으나 경제 상황이 급변하며 쇠락했다. 그렇게 버려지고 잊혀지던 이 섬은 2008년 베네세 아트사이트 나오시마의 활동과 운명적으로 만나 예술의 섬으로 화려하게 부활한다.
이누지마항에서 내리면 티켓 센터에서 표를 끊은 후 이누지마 제련소 미술관부터 관람을 시작한다. 그다음 안내 표지판을 따라서 마을 안쪽의 예술 프로젝트를 차례로 만날 수 있다. 여유 있게 돌아보더라도 3시간 정도면 충분하고 배 시간도 여기에 맞춰져 있다. 섬 내에 서너 곳의 카페 및 식당이 있으며 티켓 센터 내에도 카페를 운영한다. 미술관 휴관일에는 가게들도 거의 다 영업을 쉰다. 티켓 센터에서는 이누지마 오리지널 기념품, 섬의 특산품, 건축가와 예술가의 작품집 등을 판매한다.

Data 지도 338p-A
가는 법 JR 오카야마역에서 직통 버스(4~11월 주말 운행, 약 50분 소요)를 이용해 니시호덴 정류장 하차. 또는 JR 오카야마역에서 열차를 이용해 JR 사이다이지西大寺역으로 간 후 노선 버스로 25분 정도 타고 니시호덴西宝伝 정류장 하차. 도보 2분 거리의 호덴宝伝항에서 고속선 아케보노마루あけぼの丸 10분 소요 요금 JR 오카야마역~호덴(니시호덴) 직통버스 760엔, JR 오카야마역~JR 사이다이지역 240엔, JR 사이다이지역~호덴(니시호덴) 노선버스 510엔, 호덴항~이누지마항 400엔(어린이는 반값)
홈페이지 www.ryobi-holdings.jp(버스)

옛 구리 제련소가 남긴 유산
이누지마 제련소 미술관 犬島精錬所美術館

약 100년 전 근대 산업을 대표하던 붉은 벽돌 굴뚝이 예술과 건축의 가치를 대변하는 상징으로 다시 태어났다. 1909년 건설되어 호황을 누렸으나 구리 가격의 대폭락과 함께 10년 만에 문을 닫은 이누지마 구리 제련소. 폐허가 된 구리 제련소 터가 아티스트 야나기 유키노리柳幸典와 건축가 산부이치 히로시三分一博志의 손을 거치면서 미술관으로 탈바꿈되었다. '있는 것을 살려 없는 것을 만든다'는 모토 아래, 구리 제련 과정의 부산물로 만든 벽돌 유구와 옛 굴뚝 등 과거의 흔적을 거의 그대로 살리고, 태양열, 지열 등 자연 에너지와 수질 정화 시스템을 도입해 친환경 공간을 구축했다. 세토 내해의 바다를 배경으로 수풀에 뒤덮인 미술관에는 칠흑 같은 긴 벽돌 터널과 거울의 반사로 미로 같은 공간 체험을 할 수 있는 설치 작품을 비롯해 야나기 유키노리의 작품 6점이 채워져 있다.

Data 지도 338p-A
가는 법 이누지마항에서 도보 5분
주소 岡山県岡山市東区犬島 327-4 오픈 9:00~16:30
휴관 화·수·목요일 및 12~2월
가격 2,100엔, 15세 이하 무료 (이누지마집 프로젝트 공통 입장권)
전화 086-947-1112
홈페이지 benesse-artsite.jp/art/seirensho.html

© Inujima Seirensho Art Museum Photo:Daici Ano

예술을 품은 섬 마을
이누지마 「이에 프로젝트」 犬島「家プロジェクト」

2010년부터 이누지마의 옛 집을 개조해 예술 작품과 접목하거나 섬의 풍경을 다른 시각에서 만날 수 있는 아트 프로젝트를 전개하고 있다. '가나자와 21세기 미술관'에서 의기투합한 아트디렉터 하세가와 유코長谷川祐子, 건축가 세지마 가즈요妹島和世는 1시간 내외로 돌아볼 수 있는 섬마을의 규모가 미술관의 동선과 유사하다는 점에서 착안해 섬 전체를 야외 갤러리로 꾸몄다. 마을 길을 따라 거닐다 보면 점점이 자리한 F·S·A·I·C 하우스 등을 만나게 되고, 다양한 예술가의 작품과 함께 일상의 아름다움을 간직한 이누지마의 풍경에 빠져들게 된다.

Data 지도 338p-A
가는 법 이누지마항에서 도보 10분
주소 岡山県岡山市東区犬島 327-4 **오픈** 9:00~16:30
휴관 화·수·목요일 및 12~2월
가격 2,100엔, 15세 이하 무료 (제련소 미술관 공통 입장권)
전화 086-947-1112
홈페이지 benesse-artsite.jp/art/inujima-arthouse.html

자연과 더불어 사는 삶
이누지마 라이프 가든 犬島 くらしの植物園

바닷가 인근에 마을의 버려진 유리 온실을 중심으로 꾸며진 농원이자 자연 학습장. 섬의 풍토에 기반한 꽃과 허브, 채소, 과일나무가 자라는 농원은 건축가 세지마 가즈요妹島和世와 가든 디자이너 그룹 아카루이 헤야明るい部屋가 구축한 자연 순환 시스템을 기반으로 한다. 기존 우물을 활용한 바이오 지오 필터Bio Geo Filter(수질 자연 정화 시스템), 비오톱Biotope(다양한 생물 서식지), 퇴비 시설 등을 통해 자연에 짐을 지우지 않는 자급자족에 대한 실험을 진행 중이다. 농원 한쪽 작은 카페의 음료에는 농원의 꽃과 허브가 영롱하게 빛나고 있다.

Data 지도 338p-A **가는 법** 이누지마항에서 도보 15분
주소 岡山県岡山市東区犬島327-4 **오픈** 9:00~16:30
휴관 화·수·목요일 및 12~2월 **가격** 무료 **전화** 086-947-1112
홈페이지 benesse-artsite.jp/art/lifegarden.html

EAT

반반 돈가스 덮밥
아지쓰카사 노무라 味司 野村

1931년에 창업해 지금까지 메뉴 변경 없이 영업해 오고 있는 가쓰돈(돈가스 덮밥) 전문점. 특히 돈가스 덮밥 위에 데미그라스 소스를 얹은 오카야마 명물 '도미그라스 소스 가쓰돈ドミグラスソースカツ井'의 원조집이다. 이 도미그라스 소스 가쓰돈과 돈가스 위에 부드럽게 푼 달걀을 얹은 다마고토지 가쓰돈玉子とじカツ井이 이곳 메뉴의 전부다. 둘 중 뭘 먹을지 고민이 된다면 작은 사이즈로 모두 맛볼 수 있는 반반 메뉴를 추천. 돈가스는 등심(로스)과 안심(히레) 중 선택한다. 단품인 경우에도 보통, 2/3, 1/2, 특대 사이즈 중 고를 수 있다. 주문과 계산은 입구의 자판기로 한 후 표를 직원에게 건네면 된다.

Data **지도** 180p-F **가는 법** JR 오카야마역 동쪽 출구에서 도보 7분 **주소** 岡山県岡山市北区平和町1-10 **오픈** 평일 11:00~14:30, 17:30~20:30 **휴무** 월요일, 연말연시 **가격** 가쓰돈 로스(보통) 900엔, 반반 가쓰돈 로스 1,400엔 **전화** 086-222-2234

고수를 올린 이색 오코노미야키
오코노미야키 모리 お好み焼き もり

저녁이면 금세 만석이 되는 인기 점포. 쫄깃한 곱창(호르몬ホルモン)이 큼지막하게 들어간 호르몬 우동이 특히 유명하다. 또한 신선한 오카야마산 고수(팍치パクチー)를 듬뿍 올린 팍치오코는 이곳에서만 맛볼 수 있는 특별한 메뉴. 향긋한 팍치가 느끼한 뒷맛을 잡아준다. 팍치를 넣은 칵테일도 신기하니 함께 맛보자. 직원의 응대가 친절하고 한국어 메뉴판도 갖추고 있다. 입구의 오픈 주방에서 주인장이 철판요리를 하면서 줄곧 손님들에게 신경 쓰는 모습이 인상적이다. 맛도 맛이지만 왜 손님이 끊이지 않는지 알 것 같다.

Data **지도** 180p-A **가는 법** JR 오카야마역 서쪽 출구에서 도보 7분 **주소** 岡山県岡山市北区奉還町1-6-9 **오픈** 11:00~13:15, 17:00~21:00 **가격** 팍치오코 1,080엔, 가키오코 1,380엔, 호르몬야키 우동 1,380엔 **전화** 050-5485-7217 **홈페이지** okayamaokonomiyakimori.gorp.jp

지글지글 철판에 구워 먹는 맛
오코노미야키 가몬 에스 お好み焼 花門S

오카야마역 앞 번화가에 자리한 오코노미야키 전문점으로 시끌벅적한 분위기가 가게 안까지 이어진다. 재료를 한데 섞어서 부치는 오사카 스타일의 오코노미야키가 주 종목이고 테이블마다 철판이 놓여 있어서 직원이 직접 부쳐주는 방식이다. 속까지 다 익히려면 시간이 꽤 걸리는 편인데, 오랜 기다림이 아깝지 않은 맛을 선사한다. 야키 우동도 푸짐하고 맛있다. 단, 철판 앞에서 기름진 음식을 먹는 즐거운 시간은 추억뿐 아니라 옷에도 진한 여운을 남긴다.

Data 지도 180p-F
가는 법 JR 오카야마역 동쪽 출구에서 도보 4분
주소 岡山県岡山市北区本町2-22
오픈 12:00~22:00
휴무 월요일
가격 오코노미야키 믹스 840엔, 야키우동 믹스 840엔
전화 086-224-8885

여자친구끼리 오고 싶은 곳
파스타 식당 안토로와 パスタ食堂アントロワ

고라쿠엔 인근의 오모테마치 상점가 表町商店街 안에 자리한 레트로풍의 식당. 고민가를 개조한 아기자기한 공간에서 파스타와 와인, 디저트를 즐길 수 있다. 13가지의 파스타 소스 가운데 하나를 선택한 후 시금치, 가지, 베이컨, 새우 등 20종의 재료를 추가해 입맛과 취향에 맞는 파스타를 주문할 수 있다. 수프와 샐러드도 상당히 수준급. 빈티지한 가구와 조명이 멋스러운 공간은 여자친구끼리 수다를 떨며 식사하기 딱 좋다.

Data 지도 181p-G
가는 법 노면 전차 시로시타역에서 도보 3분
주소 岡山県岡山市北区表町 1-9-67
오픈 11:00~15:00, 17:00~22:00
가격 파스타 850엔부터, 추가 재료 50~150엔, 샐러드&음료 세트 600엔 전화 086-953-4696
홈페이지 antorowa.owst.jp

오모테초 상점가의 터줏대감
식당 야마토 食堂 やまと

외관부터 동네 맛집임을 공표하고 있는 식당. 식사 시간에는 줄이 생기는데, 회전율이 좋은 편이라 금세 자리가 난다. 1948년 창업한 이래 변치 않는 맛을 자랑하는 주카 소바가 가장 인기 있는 메뉴. 또한 오카야마의 명물 가쓰돈도 맛볼 수 있다. 돈가스는 안심과 삼겹살 부위로 만드는데 적당한 비계가 살코기와 어우러진 맛이 아주 좋다. 소스에 겨자를 넣어서인지 달착지근하면서도 깔끔하다. 가쓰돈을 볶음밥으로도 먹을 수 있는데(가쓰차한カツチャーハン), 이게 또 의외로 괜찮은 조합이다. 모든 메뉴는 양을 선택할 수 있어서 더욱 좋다.

Data 지도 181p-G 가는 법 노면 전차 시로시타역에서 도보 3분 주소 岡山県岡山市北区表町1-9-7 오픈 11:00~19:00(15:00~16:00 면 종류만 가능) 휴무 화요일 가격 가쓰돈 830엔, 주카소바 780엔, 가쓰차한 930엔(보통 기준) 전화 086-232-3944 홈페이지 www.shokudou-yamato.com

오카야마에서 즐기는 정통 수제 버거
코지즈 Cozzy's

버거 번부터 고기 패티까지 매장에서 손수 만드는 코지즈는 오카야마에서 정통 수제 버거를 맛볼 수 있는 곳이다. 두툼한 쇠고기 패티가 들어 있는 코지즈 리얼 버거는 입 안에 진한 육즙이 꽉 차는 포만감을 느낄 수 있다. 패티의 강한 맛을 즐기지 않는다면 아보카도 버거를 추천. 마치 신선한 샐러드와 함께 먹는 맛이다. 취향대로 다른 토핑을 추가해도 좋다. 점심시간(11:30~14:30)에는 프렌치 프라이, 샐러드, 수프, 소프트 드링크와 세트로 즐길 수 있다.

Data 지도 181p-G 가는 법 노면 전차 시로시타역에서 도보 2분 주소 岡山県岡山市北区表町1-1-40 오픈 11:30~19:00 휴무 화요일 가격 코지즈 리얼 버거 런치 세트 1,430엔, 아보카도 버거 런치 세트 1,180엔 전화 086-225-1803

오카야마 지역 맥주와 사케
사케코보 돗포칸 酒工房 独歩館

오카야마의 전통 양조장 미야시타 주조宮下酒造가 술과 음식을 즐길 수 있는 레스토랑과 숍을 병설한 양조장을 오카야마시 외곽에 새로 오픈했다. 지역 특성을 살려 복숭아, 머스캣 포도, 매실 등을 첨가한 가볍고 상큼한 술이 특징이다. 15종류의 수제 맥주도 인기 품목. 미야시타 주조에서 생산되는 니혼슈, 맥주, 소주, 위스키 등을 판매한다. 여러 종류 시음이 가능하니 맛을 보고 고르면 된다. 공장 견학(예약제, 30분 소요)도 진행한다. 위스키 증류기가 창밖으로 보이는 레스토랑에서는 식사 메뉴, 술과 어울리는 안주류와 함께 오카야마산 과일로 화려하게 장식한 계절 파르페도 즐길 수 있다.

Data 지도 181p-D
가는 법 JR 니시가와라西川原 역에서 도보 3분
주소 岡山県岡山市中区西川原 185-1 **오픈** 숍 10:00~19:00, 레스토랑 11:30~21:00
휴무 수요일, 첫째·셋째 주 화요일
가격 맥주 샘플러(3종) 1,320엔, 계절 파르페 1,100엔
전화 086-270-8111
홈페이지 www.doppokan.jp

|Theme|
오카야마 카페 투어

세토대교 건설 및 미즈시마 공업지대의 직원들이 쉴 장소로 카페 문화가 뿌리 깊이 발달한 오카야마. 기노시타 쇼텐 같은 본격적인 로스터리 카페가 생겨난 밑거름이 되었다. 더욱이 백도, 포도 등 과일이 풍부해 디저트도 충실하니 오카야마는 카페 여행자에겐 더할 나위 없는 도시다.

로스터리 카페

오카야마 커피 명가의 직영점
더 커피 바 리트 시티점 THE COFFEE BAR リットシティ店

세토우치시의 유명한 로스터리 카페 기노시타 쇼텐 2호점. 계절마다 달라지는 오리지널 로스팅 스페셜티 원두를 프렌치 프레스, 아메리카노, 드립 등 6가지 추출 방법 중 선택해 즐길 수 있다. 카페는 아침 일찍부터 문을 열어 모닝 커피를 즐기기에 안성맞춤이다. 두툼한 토스트나 속 재료가 튼실한 샌드위치도 맛이 좋으니 함께 주문하자. 기노시타 쇼텐의 오리지널 드립백이나 원두도 구입할 수 있다.

Data 지도 180p-E 가는 법 JR 오카야마역 서쪽 출구에서 도보 2분, 리트 시티Lit City 빌딩 2층(역과 육교로 연결)
주소 岡山県岡山市北区駅元町15-1 リットシティビル 2F
오픈 08:00~19:00 휴무 연말연시, 비정기 휴무 가격 카페 라테 605엔, 앙버터 토스트 커피 세트 990엔 전화 086-239-7550
홈페이지 shop.thecoffeebar.jp

지역민의 일상 속 카페
온사야 커피 오모테초점 ONSAYA COFFEE 表町店

2008년 오카야마 시내 호칸초奉還町 상점가 내 오래된 상가 건물에 문을 연 온사야 카페는 오카야마 사람들의 일상 속 카페를 지향하고 있다. 오모테초 상점가, 도이야초 등 지역 주민과 밀접한 5곳의 직영점에서 오리지널 로스팅 커피를 즐길 수 있다. 지점마다 브런치 메뉴가 조금씩 다른데 오모테초점은 버거와 샌드위치를 판매한다. 매장에서 구운 수제 와플은 공통 메뉴다.

Data 지도 181p-G 가는 법 노면 전차 시로시타역 도보 3분
주소 岡山県岡山市北区表町1-9-57 오픈 11:00~18:00
가격 카페 라테 490엔, BLT샌드위치 750엔, 와플 490엔~
전화 086-230-3018 홈페이지 onsaya.com/pages/omotecho

과일 디저트 카페

층층이 맛있는 백도 파르페
시로시타 카페 오모테초점 城下カフェ 表町店

오모테초 상점가 입구 쪽에 자리한 시로시타 카페에서는 오카야마의 특산 과일인 백도를 이용한 파르페를 판매한다. 백도를 생과일, 컴포트, 소스로 담아낸 파르페는 다양한 식감과 풍미를 즐길 수 있어서 층층이 끝까지 맛있다. 롤케이크나 푸딩 같은 스위츠와 오리지널 블렌딩의 스페셜티 커피도 괜찮다. 편안한 분위기에 직원도 친절해서 천천히 머무르다 가기 좋다.

Data 지도 181p-G 가는 법 노면 전차 시로시타역에서 도보 1분 주소 岡山県岡山市北区表町1-1-8ライオンズタワー岡山表町 1F 오픈 11:00~22:00 휴무 화요일 가격 파르페 1,100엔~ 전화 086-231-1800 홈페이지 www.instagram.com/shiroshita.cafe.okayama/

역에서 즐기는 생과일 주스
하나이치고 花いちご

최고 품질의 오카야마 과일을 취급하는 점포이자 생과일 주스와 아이스크림을 즐길 수 있는 테이크아웃 카페. 딸기, 귤, 포도, 백도 등의 제철 과일을 믹서기에 갈아서 판매하는데 과일 본연의 단맛이 기분 좋게 느껴진다. 계절마다 바뀌는 과일로 컵 과일이나 과일 젤리 같은 디저트도 내놓는다. 여름에는 시원한 과일 아이스크림이 인기. 역 내에 있어서 접근성이 좋은 것도 장점이다.

Data 지도 180p-E 가는 법 JR 오카야마역 내 산스테 남관 1층 주소 岡山県岡山市北区駅元町1-2 さんすて南館 1F 오픈 10:00~21:00 가격 포도 주스 400엔 전화 086-235-8715 홈페이지 www.instagram.com/sanste8715

반짝반짝 생과일 디저트
오마치도 & 프루타스 おまち堂& FRUTAS

오카야마의 과일을 듬뿍 올린 디저트를 즐길 수 있는 도이야초 거리의 인기 카페. 제철 과일로 만든 과일 파르페와 과일 빙수가 특히 유명하다. 유리 케이스 안에 반짝반짝 빛나는 과일 타르트는 보기만 해도 즐겁고, 생과일과 과일 시럽이 듬뿍 올려진 과일 빙수는 선택 장애를 일으킬 정도로 다양하다. 항상 손님이 많은 곳이기 때문에 휴일은 가능한 피하는 것이 좋다. 점포를 JR기타나가세北長瀬역으로 이전해 접근성이 더 좋아졌다.

Data 지도 180p-I 가는 법 JR 기타나가세역에서 도보 1분 주소 岡山県岡山市北区北長瀬表町2丁目 17-80 BRANCH岡山北長瀬L110 오픈 10:00~21:00 가격 빙수 1,080엔~ 전화 086-250-8667 홈페이지 omachido-frutas.com

트렌디한 쇼핑 거리
도이야초 問屋町

오카야마 서쪽에 자리한 도이야초는 섬유 도매상점들이 모여 있던 거리로 젊은 주인장의 개성 있는 옷 가게와 잡화점, 카페, 레스토랑이 하나 둘 문을 열기 시작하면서 새롭게 떠오르고 있는 쇼핑 핫플레이스다. 이곳에는 50여 곳의 도매점과 60여 곳의 소매점이 사이 좋게 공존하고 있으며 사이사이 트렌디한 분위기의 카페나 레스토랑이 발걸음을 붙잡는다. 대형 트럭도 다니던 길이라서 점포와 점포 사이가 널찍해 한적한 느낌이다. 주차도 편하다. 생각보다 많이 걷게 되므로 편한 신발은 필수. 2018년에 쇼핑몰 '도이야초 테라스問屋町テラス'가 문을 열어 세련된 가게가 입점했다. 마당에서 마르쉐가 열리는 등 볼거리가 더욱 풍성해졌다.

Data 지도 180p-I 가는 법 JR 기타나가세역北長瀬에서 도보 20분. 또는 JR 오카야마역 동쪽 출구 앞에서 13번 노선버스 타고 약 30분 후 도이야초이리구치問屋町入口 하차, 바로.
홈페이지 www.toiyacho-terrace.jp (도이야초 테라스)

빈티지 끝판왕
플라이우드 서버비아 PLYWOOD suburbia

빈티지 패션 마니아라면 플라이 우드의 문을 넘는 순간 흥분을 감추지 못할 것이다. 미국에서 직접 구입한 빈티지 옷과 각종 패션 소품이 넓은 매장 안을 가득 채우고 있기 때문이다. 남성과 여성 의류가 구분되어 있고 액세서리, 모자 같은 소품도 정리가 잘 되어 있어서 구경하기 좋다. 전반적으로 가격이 저렴한 편이라 단골 손님도 많은 느낌이다. 2층에는 빈티지 가구, 그릇, 장식품 등 잡화가 가득하다.

Data 지도 180p-l 가는 법 도이야초이리구치 버스 정류장에서 도보 4분 주소 岡山県岡山市北区問屋町25-104 오픈 13:00~19:00 전화 086-243-1110 홈페이지 plywood.base.shop

오카야마 최대 쇼핑몰
이온몰 오카야마점 イオンモール 岡山

일본의 슈퍼마켓 체인으로 잘 알려진 이온몰이 2014년 12월, 야심 차게 문을 연 플래그십 쇼핑몰. JR 오카야마역에서 지하 통로를 통해 바로 연결되는 지하 2층, 지상 7층의 이온몰은 화려한 외관과 규모를 자랑한다. 글로벌 패션 브랜드와 잡화점, 식당가, 영화관 등이 들어서 있으며 다카시마야 푸드 메종Takashimaya Food Maison, 이온 스타일 슈퍼마켓 등을 통해 다양한 먹거리 쇼핑도 가능하다. 도큐 핸즈, 무인양품 매장도 큼지막하다. 중앙 아트리움과 야외 가든에선 각종 이벤트가 열리는 등 지역 주민과 관광객의 발길이 끊이지 않는 곳이다.

Data 지도 180p-E 가는 법 JR 오카야마역에서 직결
주소 岡山県岡山市北区下石井1-2-1
홈페이지 aeonmall-okayama.com

이온몰 오카야마점 구석구석 즐기기

오카야마를 다 담다
하레마치톳쿠 365 ハレマチ特区365

오카야마현에서 나고 만들어진 물건을 판매하는 셀렉트 숍. 지역 장인과 작가의 수공예품, 오카야마의 특산품, 매장 한정품 등이 선반을 채우고 있다. 구라시키 지역의 데님 제품과 마스킹 테이프, 우시마도의 올리브, 비젠야키 그릇, 오카야마의 숲을 모티브로 한 액세서리 등 이 한 곳에 오카야마의 모든 것이 담겨 있다고 해도 과언이 아니다. 복숭아를 이용한 과자, 사케의 종류도 다양해서 가볍게 선물을 구입하기도 좋다.

Data 지도 180p-E 가는 법 이온몰 오카야마점 2층 오픈 10:00~21:00 전화 086-206-7204
홈페이지 hare365.com

면세로 알뜰하게 쇼핑하기
무인양품 이온몰 오카야마점
無印良品イオンモール岡山店

넓은 매장을 자랑하는 무인양품 지점. 한국에도 무인양품이 들어와 있지만 현지에서의 구매 목록이 더 다양하고 면세도 가능하다. 일반 물품(의류, 침구류 등) 합산 5,400엔 이상, 소모품(화장품, 식품 등) 합산 5,400엔 이상일 경우 각각 면세 받을 수 있다. 면세를 받은 경우 일본 내에서 개봉이 불가하다.

Data 지도 180p-E 가는 법 이온몰 오카야마점 5층
오픈 10:00~21:00 전화 086-234-7002
홈페이지 www.muji.com/jp/shop/045705

최고의 주류 코너
빅 카메라 오카야마역앞점 Bic Camera 岡山駅前店

오카야마역 앞 횡단보도 건너편에 있다. 빅 카메라는 잘 알다시피 일본 전역에 지점이 있는 전자제품 전문 매장이다. 카메라나 백색 가전, 애플 제품 등의 쇼핑도 좋지만, 이곳에선 1층의 주류 코너를 놓치지 말자. 수입 와인과 맥주, 위스키, 사케 등이 빼곡하게 진열되어 있는 매장은 빅 카메라 지점 중 단연 최고 수준이다.

Data 지도 180p-F 가는 법 JR 오카야마역 동쪽 출구에서 도보 1분 주소 岡山県岡山市北区駅前町1-1-1 B1F~F4 오픈 10:00~20:30 전화 086-236-1111 홈페이지 www.biccamera.com/bc/i/shop/shoplist/shop102.jsp

오카야마 시내의 새 얼굴
이콧토 니콧토 ICOT NICOT

오카야마역 인근의 오래된 상가가 '이콧토 니콧토'라는 새 이름으로 2018년 12월 리뉴얼 오픈했다. 특히 이곳 2층에는 쓰타야TSUTAYA 서점이 입점했다. '라이프 스타일을 파는 서점'이라 불리는 쓰타야 서점 특유의 서가 배치 방식을 볼 수 있으며, 고 워킹 스페이스도 이용할 수 있다. 그밖에 모모타로 청바지(1F), 샤인 머스캣 포도 디저트 숍(1F)과 같이 오카야마의 특색을 담은 매장을 비롯해, 여행자와 비즈니스맨을 위한 호텔(6~7F), 넓은 매장의 슈퍼마켓 덴마야 해피즈天満屋 HAPPY'S (B1F) 등 층마다 알차게 채워져 있다.

Data 지도 180p-F 가는 법 JR 오카야마역 동쪽 출구에서 도보 3분 주소 岡山県岡山市北区駅前町1-8-18 B1F~5F 오픈 매장마다 다름 전화 매장마다 다름 홈페이지 icotnicot.jp

SLEEP

교통과 쇼핑 두 마리 토끼를 잡다
다이와 로이넷 호텔 오카야마에키마에
ダイワロイネットホテル 岡山駅前

JR 오카야마역 동쪽 출구 광장에서 바로 보이는 호텔. 1~4층에 전자제품 전문매장 빅 카메라Bic Camera가 자리해 교통은 물론 쇼핑을 위해서도 만족스럽다. 호텔 로비는 5층에 있다. 스탠다드 룸에도 세미 퀸 사이즈 침대가 있어 혼자 여유롭게 숙박하거나 2명까지 이용 가능하다. 객실 창으로 역 광장이나 노면 전차가 내려다보이는 등 시원한 도심 전망을 즐길 수 있다.

Data 지도 180p-E 가는 법 JR 오카야마역 동쪽 출구에서 도보 1분
주소 岡山県岡山市北区駅前町1-1-1 가격 스탠다드룸 6,200엔부터
전화 086-803-0055 홈페이지 www.daiwaroynet.jp/okayamaekimae/

다양한 객실 타입의 호텔
호텔 아베스트 그란데 오카야마
ホテルアベストグランデ岡山

이쿗토 니쿗토에 들어선 새 호텔. 최신식 시설에 다양한 객실 타입을 선택할 수 있어서 비즈니스나 여행에 모두 적합하다. 특히 혼자 온 여행객은 화장실과 욕실이 없는 캐빈 타입의 객실을 저렴하게 이용할 수 있다. 뜨끈하게 피로를 풀 수 있는 대욕탕 시설과 러닝 머신이 놓인 피트니스 시설 등 부대시설도 훌륭한 편.

Data 지도 180p-E 가는 법 JR 오카야마역 동쪽 출구에서 도보 3분, 이쿗토 니쿗토 6~7F
주소 岡山県岡山市北区駅前町1-8-18
가격 싱글룸 5,000엔부터, 캡슐룸 3,500엔부터
전화 086-226-3311 홈페이지 www.hotelabest-okayama.com

오모테초 상점가의 게스트하우스
히바리 테라스 ヒバリ照ラス

예부터 오카야마 시내의 중심 번화가였던 오모테초 상점가에 자리한 게스트하우스. 오래된 상가 건물 사이에 각국 여행자를 위한 숙소로 2017년 문을 열었다. 작은 공동 거실과 간단한 음식을 해먹을 수 있는 부엌, 공용 욕실과 화장실 등 편의시설은 군더더기 없이 깔끔하다. 남녀 공용과 여성 전용으로 나뉜 도미토리 객실은 2층 침대의 벙커 스타일이다.

Data 지도 181p-K
가는 법 노면 전차 겐초도리県庁通り역에서 도보 4분
주소 岡山県岡山市北区表町2-7-15 2F
가격 도미토리 3,500엔부터
전화 086-230-2833
홈페이지 hibari-t.com

구라시키시
倉敷市

수양버들 드리워진 물길 옆으로 흰 벽의 옛 창고, 예스러운 고민가가 늘어선 구라시키 미관지구. 일본 청바지의 발상지이자 오더 메이드 패션의 고장 고지마가 자리한 곳이다. 예스러운 경관과 현대적인 감각이 조화를 이룬 소도시는 여행자를 매혹시킨다.

구라시키시 돌아보기

구라시키시 교통

JR 구라시키역에서 구라시키 미관지구까지 도보 10분 거리. 구라시키 안에서는 걸어다니는 것이 가장 편리하다. 반면, 고지마는 기차역과 거리가 좀 된다. 노선 버스로 이동하거나 자전거 대여를 추천한다.

시모쓰이 下津井 버스

구라시키에서 고지마까지는 열차보다 버스가 편리하다. 시모쓰이 버스 아마기선 天城線을 타고 구라시키 미관지구에서 고지마 진즈스트리트까지 약 50분 소요된다.

요금 700엔 홈페이지 shimoden.net/rosen/rosen/amaki.html

••• Plus Info •••

구라시키역 앞 관광안내소
倉敷駅前観光案内所

가는 법 JR구라시키역 2층 주소 岡山県倉敷市阿知1-7-2 오픈 09:00~18:00 휴관 12/29~31 전화 086-424-1220 홈페이지 www.kurashiki-tabi.jp

구라시키관 관광안내소 倉敷館観光案内所

가는 법 JR 구라시키역에서 도보 10분, 구라시키 미관지구 내
주소 岡山県倉敷市中央1-4-8
오픈 09:00~18:00 휴관 12/29~1/3
전화 086-422-0542

구라시키시
📍 당일 추천 코스 📍

이른 아침부터 구라시키 미관지구를 샅샅이 훑는다. 오후에는 고지마 진즈 스트리트를 다녀온 후 와슈잔 전망대에서 석양을 감상하는 일정으로 구라시키의 멋과 맛을 섭렵해 보자.

구라시키 미관지구
수양버들 드리운 운하를
따라 유유자적 산책하기

→ 도보 1분

오하라 미술관
모네, 엘 그레코, 로댕 등
서양 명작 감상하기

→ 도보 5분

바이스톤
구라시키 명품 캔버스로
만든 가방 쇼핑하기

↓ 도보 3분

고지마 진즈 스트리트
일본 청바지의 고향에서
질 좋은 데님 쇼핑하기

← 도보 5분 + 버스 약 50분

하야시 겐주로 상점
세련되고 감각적인
잡화 쇼핑하기

← 도보 2분

미야케 상점
맛있는 카레(평일 점심
한정)과 파르페 즐기기

↓ 도보 3분

노자키가 염업 역사관
'염전왕'의 3,000평
대저택 구경하기

→ 버스 5분 + 도보 5분

베티 스미스 청바지 박물관
고지마 청바지의
역사 탐방하기

→ 버스 20분 + 투어 버스 30분

와슈잔 전망대
세토우치 최고의
일몰 전망 감상하기

※ 금·토요일 및 공휴일
전날 투어 버스 운행

 SEE

옛 거리가 선사하는 오감만족
구라시키 미관지구 倉敷美観地区

약 300년 전 거리 풍경을 고스란히 간직하고 있는 구라시키 미관지구. 에도 시대 물자를 운반하던 구라시키가와倉敷川강 운하와 회벽의 창고, 상인 저택, 상점가 등이 잘 남아 있다. 수양버들이 아릿한 반영을 만드는 물길 위로 한가로이 나룻배가 흘러가는 모습은 한 폭의 동양화가 떠오를 정도로 근사하다. 근대 산업화 과정에서 지어진 붉은 벽돌의 섬유 방적공장, 르네상스식 건축물, 서양 명화를 전시한 오하라 미술관 등 마을 곳곳에 일본적인 모습과 서양 문물의 흔적이 조화를 이룬다.

구라시키 미관지구는 퀴퀴한 나무 향과 세월의 때를 한껏 덧입은 외관과 달리 그 안에는 현대적인 감각으로 오감을 충족시키는 요소들이 가득하다. 여행객을 사로잡는 특산품부터 미각을 자극하는 먹거리, 매력적인 디자인 제품까지 다양하다. 이런 매력에 이끌려 매년 300만 명 이상의 관광객이 찾아온다. 전통가옥이 옹기종기 모인 골목에서는 잠시 지도를 내려놓아도 좋다. 하릴없이 길을 헤매다 보면 의외의 장소를 발견하는 기쁨도 맛볼 수 있다. 저녁이 되면 운하를 따라 은은한 조명이 켜지며 낭만적인 분위기를 연출한다.

Data 지도 204p-F 가는 법 JR 구라시키역에서 도보 10분

> **Tip** 색다른 운치를 느낄 수 있는 뱃놀이, 구라시키가와 후네나가시 くらしき川舟流し
>
> 유유히 흐르는 물길 위를 노 저어 가는 나룻배를 타고 구라시키 미관지구의 또 다른 운치를 느껴볼 수 있다. 전통 복장을 입은 뱃사공과 함께 기념 촬영을 하기에도 좋다. 나룻배 정원은 6명, 티켓은 선착장에서 구입하면 된다.
> **요금** 성인 500엔, 어린이 250엔, 5세 이하 무료
> **오픈** 09:30~17:00(30분 간격 운행)
> **휴관** 3~11월 둘째 주 월요일, 12~2월 월~금요일(공휴일 제외), 연말연시
> **전화** 086-422-0542(구라시키 모노가타리관)
> **홈페이지** kankou-kurashiki.jp/special/kawafune

서양 명작의 숨은 보고
오하라 미술관 大原美術館

구라시키의 성공한 사업가 오하라 마고사부로大原孫三郎가 1930년 설립한 일본 최초의 사립 서양미술관. 그리스 신전을 꼭 닮은 미술관에는 모네의 〈수련〉, 엘 그레코의 〈수태고지〉, 모딜리아니의 〈잔느 에뷔테른의 초상〉, 로댕의 조각상 〈칼레의 시민〉 등 유럽 미술관에서나 볼법한 명작들이 다수 전시되어 있다. 이들 명화는 오하라 마고사부로의 친구이자 화가인 고지마 도라지로児島虎次郎가 서양 미술품 수집을 권유해 모으기 시작했으며, 고지마 도라지로가 직접 프랑스에서 구입해 왔다. 뛰어난 안목으로 수집한 당대의 걸작을 비롯해 3,000여 점의 작품을 소장하고 있어 미술 애호가라면 반드시 들러야 할 곳이다.

Data 지도 204p-D
가는 법 JR 구라시키역에서 도보 10분
주소 岡山県倉敷市中央1-1-15
오픈 09:00~17:00
휴관 월요일, 12/28~31
요금 성인 1,500엔, 초·중·고등학생 500엔
전화 086-422-0005
홈페이지 www.ohara.or.jp

옛 방적공장의 변신
구라시키 아이비스퀘어 倉敷アイヴィースクエアー

옛 방적공장을 개조해 만든 복합문화시설. 선명한 붉은 벽돌과 싱그러운 초록의 담쟁이덩굴이 단번에 시선을 사로잡는다. 이곳은 방적 산업이 쇠퇴하며 문 닫았던 공장과 부지를 1974년 문화체험공간, 호텔, 이벤트홀 등으로 새롭게 꾸몄다. 공장 일부의 천정을 덜어내고 조성한 붉은 벽돌 광장에 서면 마치 유럽의 어느 고성에 와 있는 듯한 기분에 휩싸인다. 잘 가꾸어진 유럽식 정원은 가볍게 산책하기에도, 분위기 있는 사진 한 컷 남기는 배경으로도 좋다. 비젠야키 도자기를 만들어볼 수 있는 도예 교실, 일본 방직 산업의 역사를 전시한 구라보 기념관倉紡記念館 등 지역 문화와 역사에 관해 배울 수 있다. 시시때때로 열리는 이벤트도 볼만하다. 구라시키 미관지구 내에 있어 호텔 숙박도 괜찮은 선택이다.

Data 지도 204p-F 가는 법 JR 구라시키역에서 도보 15분 주소 岡山県倉敷市本町7-2
요금 기념관 입장료 성인 300엔, 학생 250엔, 호텔 숙박객은 무료 전화 086-422-0011
홈페이지 www.ivysquare.co.jp

구라시키 부잣집
오하시가 주택 大橋家住宅

센고쿠 시대의 무사 가문이자 구라시키로 이주해 농경지와 염전 개간 사업을 통해 부를 축적한 오하시가의 대저택. 1796년부터 3년에 걸쳐 지어졌으며 구라시키 거상의 대표적인 주거양식을 엿볼 수 있다. 길가에 면해 지어진 나가야문長屋門(문간방)은 거부의 집임을 나타내는 건축 양식으로 주거동과 쌀 창고, 실내 창고와 함께 중요문화재로 지정되어 있다. 나가야문을 들어서면 마당을 지나 주거동으로 이어지는 구조다. 일몰부터 새벽 1시까지 미닫이문을 통해 그림자 놀이가 진행되니 밤 산책 시에도 들러보자.

Data 지도 204p-C 가는 법 JR 구라시키역에서 도보 9분
주소 岡山県倉敷市阿知3-21-31 오픈 09:00~17:00
(4~9월 토요일은 09:00~18:00) 휴관 12~2월 금요일, 12/28~1/3
요금 성인 550엔, 초·중학생 350엔 전화 086-422-0007
홈페이지 ohashi-ke.com

구라시키의 수호신
아치 신사 阿智神社

구라시키 미관지구를 감싸고 있는 쓰루가타야마鶴形山 산정상에 자리했다. 아치 신사는 그 역사가 1,700년에 이른다. 오랜 세월 묵묵히 그 자리를 지켜오며 구라시키의 수호신으로 추앙받고 있다. 하지만 오랜 역사에 비해 신사는 크거나 화려하진 않다. 대신 이곳에서 바라보는 구라시키의 전망이 좋다. 검은 기와 지붕과 흰 벽이 정갈한 패턴을 이루고 있는 미관지구의 풍경이 한눈에 펼쳐진다.

Data 지도 204p-D
가는 법 JR 구라시키역에서 도보 8분
주소 岡山県倉敷市本町12-1
전화 086-425-4898
홈페이지 achi.or.jp

정감 어린 추억의 장난감
일본향토완구관 日本郷土玩具館

일본의 완구를 모아 전시한 박물관. 50년 전 마을의 한 수집가에게 기증받은 것을 토대로 일본 전역에서 지금껏 4만여 점의 향토 완구를 수집해 전시하고 있다. 창고 벽을 빼곡히 메우고 있는 갖가지 완구들에 눈이 휘둥그래질 정도. 300년 전 종이로 만든 인형부터 운이 좋아진다는 오뚝이, 다양한 형태의 연, 오래 돌기 기네스 기록을 보유한 대형 팽이 등 값비싸거나 고급스럽지는 않지만 보고만 있어도 슬며시 미소가 지어지는 정감 어린 완구들이 가득하다.

Data 지도 204p-F
가는 법 JR 구라시키역에서 도보 13분
주소 岡山県倉敷市中央1-4-16
오픈 10:00~17:00
휴관 1/1
요금 성인 500엔, 중·고등학생 300엔, 초등학생 이하 무료
전화 086-422-8058
홈페이지 www.gangukan.jp

고지마 염전 지주의 부귀영화
노자키가 염업 역사관 野﨑家塩業歷史館

세토 내해 산업용 염전의 창시자이자 고지마의 염전 산업을 크게 키워 일명 '염전왕'이라 불리던 노자키 부자에몬野崎武左衛門의 대저택. 1833년 약 3,000평의 부지에 터를 잡은 이 저택은 지어질 당시의 모습이 거의 온전히 남아 있어 굴지의 염전 지주가 누렸던 부귀영화를 생생하게 증언한다. 대궐 같은 집의 상징인 두 곳의 대문을 지나면 일반 가정집이라곤 상상할 수 없는 회유식 정원과 다실이 고급스럽게 꾸며져 있다. 또 재물을 보관하던 흰 벽의 거대한 창고가 여러 동 늘어서 있다. 압권은 폭 42m의 다다미 거실(나카자시키中座敷)이다. 장지문을 열면 그 뒤에 문, 또 그 뒤에 문이 연달아 나타나 사무라이 영화의 한 장면을 보는 것 같다.

Data 지도 204p-F
가는 법 JR 고지마역에서 노선 버스 타고 6분 후 노자키케큐타쿠野崎家旧宅 하차(진즈 스트리트 내)
주소 岡山県倉敷市児島味野 1-11-19
오픈 09:00~17:00
휴관 월요일
요금 성인 500엔, 초·중학생 300엔
전화 086-472-2001
홈페이지 www.nozakike.or.jp

황홀한 석양 아래 세토대교

와슈잔 전망대 鷲羽山展望台

마치 독수리 날개가 세토 내해의 바다를 향해 펼쳐진 모습 같다고 해서 붙여진 와슈잔. 해발 133m에 자리한 전망대에서는 시코쿠로 이어진 여섯 개의 현수교, 즉 세토대교의 웅장한 모습과 세토 내해에 점점이 자리한 섬이 그림 같이 펼쳐진다. 주차장과 버스 정류장에서 조금만 걸으면 제2전망대가 나오고, 더 위로 올라가면 제1전망대가 있다. 휴게소와 비지터 센터 등 편의시설도 잘 되어 있다. 알아주는 석양 명소라 시간을 잘 맞춰 가면 감동이 배가된다.

Data 지도 204p-F 가는 법 JR 고지마역에서 노선 버스 타고 30분 후 와슈잔다이니텐보다이 鷲羽山第二展望台 제2전망대 하차, 도보 5분 주소 倉敷市下津井田之浦 홈페이지 washuzanresthouse.jp(휴게소), wasyuzan-vc.jp(비지터 센터)

Tip 와슈잔 석양 감상 버스 鷲羽山夕景鑑賞バス
JR 고지마역에서 출발해 두 곳의 와슈잔 전망 포인트를 들렀다가 다시 역으로 돌아오는 투어 버스. 금·토요일과 공휴일 전날 저녁에 일몰 시간에 맞춰 1회 운행한다. 투어 소요 시간은 약 2시간. 외국인 여행자의 경우 e티켓을 구입할 수 있다.
요금 520엔(버스 기사에게 지불) 전화 086-472-2811 홈페이지 www.shimoden.net/rosen/kikaku/yuukei.html

EAT

과일 파르페가 맛있는 고민가 카페
미야케 상점 三宅商店

오카야마의 제철 과일을 이용한 파르페와 예쁘게 플레이팅 된 수제 케이크를 맛볼 수 있는 미야케 상점. 철물점이었던 예전 간판을 그대로 걸고 있다. 옛 상가 건축양식인 마치야町家를 개조한 공간은 안쪽으로 정원이 숨어 있어 아늑하면서도 비밀스러운 분위기를 자아낸다. 일요일에는 아침 일찍부터 문을 연다. 평일에만 판매하는 카레 세트는 채소가 듬뿍 들어간 카레와 현미밥, 국, 미니 디저트, 커피까지 구성이 알차 찾는 이들이 많다. 가게 한쪽에는 주인장이 직접 디자인한 마스킹 테이프를 비롯해 아기자기한 디자인 상품을 판매하고 있다.

Data 지도 204p-A
가는 법 JR 구라시키역에서 도보 10분 주소 岡山県倉敷市本町 3-11 오픈 평일 11:00~17:00, 토요일 11:00~20:00, 일요일 11:00~17:00
가격 미야케 카레 세트(평일) 1,375엔, 계절 한정 파르페 1,045엔~ 전화 086-426-4600
홈페이지 www.miyakeshouten.com

미술관 옆 담쟁이덩굴 카페
카페 엘 그레코 Café El Greco

오하라 미술관 옆에 자리한 작은 카페. 이름 또한 오하라 미술관을 대표하는 화가에서 따왔다. 1959년 문을 연 당시의 모습을 그대로 간직하고 있어 키 큰 창과 그 너머의 담쟁이덩굴, 오래된 나무 테이블까지 공간 곳곳에서 깊은 향이 배어 나오는 듯하다. 핸드드립 커피와 블루베리 소스를 얹은 치즈 케이크가 대표 메뉴.

Data 지도 204p-C
가는 법 JR 구라시키역에서 도보 10분
주소 岡山県倉敷市中央1-1-11
오픈 10:00~17:00
휴관 월요일
가격 커피 600엔
전화 086-422-0297
홈페이지 www.elgreco.co.jp

편안한 분위기의 현지 맛집
오코노미야키 타쿠 お好み焼TAKU

현지인이 즐겨 찾는 히로시마풍 오코노미야키 전문점. 솜씨 좋은 주인장이 뜨거운 철판 위에서 밀가루 반죽에 양배추와 숙주, 돼지고기, 해산물 등을 올리고 여러 번 뒤집고 굽기를 반복하면 맛있는 냄새를 솔솔 풍기며 오코노미야키가 완성된다. 물방울 송송 맺힌 시원한 생맥주와 함께 먹으면 금상첨화. 다양한 철판 요리도 맛볼 수 있다. 그중에서 쫄깃한 곱창과 탱탱한 우동이 어우러진 호르몬 야키 우동을 추천한다. 한국 드라마를 좋아하는 사장님 덕에 친절한 한글 메뉴가 있어 더욱 반갑다.

Data **지도** 204p-F
가는 법 JR 구라시키역에서 도보 15분
주소 岡山県倉敷市船倉町1253-1 **오픈** 11:30~14:30, 17:30~22:00 (주말, 공휴일 11:30~15:00, 17:30~21:00)
휴관 월요일 **가격** 타쿠 디럭스 오코노미야키 1,450엔
전화 086-434-2003
홈페이지 www.okonomiyaki-taku.com

개성 있는 두 가지 국물 맛의 라멘
구라시키 라멘 마스야 倉敷らーめん 升家

각기 다른 두 가지 맛의 국물로 현지인에게 사랑 받는 라멘 전문점. 조개, 해산물과 돼지 뼈로 육수를 낸 감칠맛의 '니보시煮干 라멘'과 간장에 돼지 뼈 국물을 더한 깔끔한 '쇼유醬油 라멘' 중 입맛대로 선택하면 된다. 니보시 라멘은 매운맛도 선택 가능하다. 둘이서 라멘 하나씩 시켜 나눠먹고 교자를 추가하면 맛과 양에 모자람이 없다.

Data **지도** 204p-C **가는 법** JR 구라시키역에서 도보 10분 **주소** 岡山県倉敷市阿知2-22-3-2 奈良萬C棟 1F 西側 **오픈** 11:00~14:30, 17:00~22:00 **휴무** 수요일 **가격** 쇼유 라멘 700엔 니보시 라멘 900엔, 교자(5개) 450엔 **전화** 086-427-5225 **홈페이지** www.kurashiki-ramen.com

구라시키 원조 붓가케 우동
붓가케테혼포 후루이치 나카텐
ぶっかけ亭本舗 ふるいち 仲店

오카야마현은 가가와현 못지 않게 오래전부터 우동을 즐겨 먹었다. 그중 붓가케 우동을 구라시키의 명물로 널리 알린 곳이 후루이치다. 구라시키 붓가케 우동은 쓰유 소스가 다른 지역보다 진하고 단맛이 강한 것이 특징으로 냉우동에 생강 대신 와사비를 곁들인다. 탱글탱글한 면발을 좋아한다면 차가운 우동을 추천. 입맛에 따라 튀김(덴푸라), 고기(니쿠), 유부(기쓰네) 등을 추가하면 더욱 푸짐하게 즐길 수 있다.

Data 지도 204p-A 가는 법 JR 구라시키역에서 도보 3분
주소 岡山県倉敷市阿知2-3-23 오픈 09:00~21:00
가격 붓가케 우동 590엔(보통 기준)
전화 086-422-2389 홈페이지 www.marubu.com

커피 한 잔 들고 고지마 청바지 쇼핑
네이버 커피 컴퍼니 NEIGHBOR COFFEE COMPANY

모던한 분위기의 도넛 카페. 달콤한 도넛과 커피는 물론, 핫도그와 샌드위치로 가볍게 식사를 대신해도 괜찮다. JR 고지마역에서 진즈 스트리트로 진입하는 모퉁이에 있어 커피나 과일주스를 테이크아웃 하기 딱 좋은 위치다.

Data 지도 204p-F 가는 법 JR 고지마역에서 도보 15분
주소 岡山県倉敷市児島味野2-2-39 전화 086-472-5183
오픈 08:00~18:00 휴관 목요일 가격 허니 치킨 샌드위치 550엔
홈페이지 www.neighbor-coffee.com

구라시키 감성을 담은 셀렉트 숍
하야시 겐주로 상점 林源十郎商店

구라시키의 감성을 제안하는 갤러리 및 잡화점. 약재상이었던 옛 상가를 복원 및 개조해 3층 본관과 안채, 별채, 창고가 잘 가꾸어진 정원을 사이에 두고 옹기종기 모여 있다. 자연 소재를 기반으로 수공예 작가의 생활 잡화를 소개하는 '구라시키이쇼 아치브랜치', 미야케 상점의 직영점 등이 자리한 본관은 하나하나 눈길이 가는 물건들로 가득하다. 하야시 겐주로 상점의 역사와 지역 공헌을 소개하는 전시실도 자리한다. 정원으로 나가면 별채에 오리지널 데님 공방인 '하트 메이드 베이스Heart Made Base', 에도 시대 창고에는 남성 데님 수트 브랜드 '인 블루in Blue'가 자리해 과거와 현대를 잇는 감각을 만날 수 있다. 본관 1층 모닝 카페 '게바', 안채에 자리한 나폴리 피자 전문점 '코노 포레스타CONO foresta'도 늘 사람들로 북적거리는 핫플레이스다.

Data 지도 204p-C 가는 법 JR 구라시키역에서 도보 10분 주소 岡山県倉敷市阿知2-23-10
오픈 매장마다 다름 휴무 월요일(공휴일이면 그다음 날) 홈페이지 www.genjuro.jp

하야시 겐주로 상점 구석구석 즐기기

작가의 오리지널 수공예품
구라시키이쇼 아치브랜치
倉敷意匠アチブランチ

일본 전국 공방의 수공예품을 전시 및 판매하는 셀렉트 숍. 종이, 천, 나무, 철, 유리 등 자연 소재의 특성을 살려 자신만의 작업을 하는 작가와 장인을 발굴해 소개하고, 그들의 신제품을 가장 먼저 선보이기도 한다. 작가의 개성이 묻어난 유니크한 잡화를 '득템'할 수 있는 곳이다. 점포 내 갤러리에서 매월 다른 작가를 소개하는 기획전과 강좌, 워크숍도 개최한다.

Data 지도 204p-C 가는 법 하야시 겐주로쇼텐 본관 1층 오픈 10:00~17:00 휴무 월요일(공휴일이면 그다음 날) 전화 086-441-7710 홈페이지 atiburanti.classiky.co.jp

미야케 스타일의 잡화
숍 & 카페 미야케 상점 Shop & Café 三宅商店

일상을 풍요롭게 할 물건을 지향하는 미야케 상점의 직영점. 오래 쓸수록 빛을 발하는 북유럽 그릇과 잡화, 구라시키의 디자인 잡화를 판매하고 있다. 안쪽에는 디자이너의 가구와 조명, 그릇 등으로 채워진 카페도 자리한다. 카페에서 사용되는 그릇과 잼, 소스 등은 구입도 가능하다. 옥상에 오르면 기와지붕과 흰 벽의 전통 건물이 늘어선 구라시키 미관지구의 전경을 한눈에 내려다볼 수 있다.

Data 지도 204p-C
가는 법 하야시 겐주로쇼텐 본관 2층 오픈 10:00~18:00
휴무 월요일(공휴일이면 그다음 날) 전화 086-423-6080
홈페이지 miyakeshouten.com

내추럴하고 튼튼한 캔버스의 매력
바이스톤 バイストン

배의 돛이나 유화 캔버스를 만들던 범포(캔버스)를 이용해 내추럴하면서도 튼튼한 가방을 선보이는 바이스톤. 온난한 기후와 풍부한 수량으로 면화 재배에 적합한 환경을 가진 구라시키는 산업화를 통해 범포(캔버스) 생산도 비약적으로 발전한다. 1888년부터 지금까지 숙련된 기술자들의 수작업 공정을 통해 탄생되는 구라시키 범포는 명실공히 일본 내 최고의 캔버스다. 원사의 꼬임 기술은 품질의 차이를 만드는 핵심 포인트! 견고하면서도 유연하고 오래 사용할수록 가치를 더한다. 토드백부터 백팩까지 다양한 디자인과 형형색색의 선명한 색상을 뽐내는 캔버스 가방의 매력에 빠져보자. 최근엔 주방용품, 인테리어 소품 등으로도 선보이고 있다.

Data 지도 204p-D
가는 법 JR 구라시키역에서 도보 15분
주소 岡山県倉敷市本町11-33
오픈 10:00~18:00
휴관 연말연시
가격 파우치 1,080엔부터, 가방 4,320엔부터
전화 086-435-3553
홈페이지 store.kurashikihampu.co.jp

꽃과 나무열매로 만든 액세서리
갤러리 사이지 ギャラリーサイジ

고풍스러운 고민가 갤러리 숍에서 보석보다 더 진귀한 액세서리를 만날 수 있다. 식물을 이용해 탐스런 장미, 귀여운 미니 해바라기는 물론 은행잎이나 나무열매 등의 다양한 식물을 특수한 기술로 가공해 목걸이, 귀걸이 등으로 탄생시켰다. 생화와 잎사귀로 만들었다는 것이 믿기지 않을 만큼 견고하고, 자연스런 색과 모양이 보석과 견주어도 뒤지지 않을 정도로 아름답다. 시간이 지날수록 깊고 오묘한 색이 더해지는 것이 이 액세서리의 또 다른 매력이다. 자연이 그렇듯, 비슷해 보이지만 어느 하나 같은 것이 없다.

Data 지도 204p-D
가는 법 JR 구라시키역에서 도보 10분 주소 岡山県倉敷市阿知2-25-32 오픈 10:00~18:00
휴관 12~2월 월요일
가격 귀걸이 1,080엔부터, 목걸이 1,940엔부터 전화 086-423-0525
홈페이지 www.en-kobo.jp

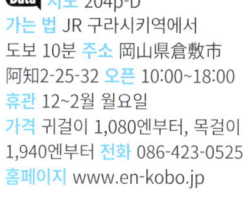

양조장의 머스캣 와인
지자케노 이즈쓰야 地酒の井筒屋

90년 동안 술을 빚어온 양조장 이즈쓰야는 곡창지대였던 구라시키의 쌀로 빚은 사케를 비롯해 50여 종의 술을 선보이고 있다. 이 양조장에서 사케만큼 인기 있는 품목이 와인이다. 온난한 기후와 풍부한 수량 덕에 당도가 높기로 유명한 이 지역 머스캣 포도로 빚은 와인은 단맛이 입안에 기분 좋게 감돌아 술을 잘 못하는 이들도 부담 없이 즐길 수 있다.

Data 지도 204p-F
가는 법 JR 구라시키역에서 도보 15분 주소 岡山県倉敷市本町5-10 오픈 10:00~17:00
휴관 화요일
가격 머스캣 와인 1,980엔
전화 086-422-6283
홈페이지 www.izutsuya.net

일본 청바지의 고향
고지마 진즈 스트리트 児島 Jeans Street

한때 일본 학생복의 90%를 담당했을 정도로 섬유 산업이 발달한 고지마는 1960년대 일본 최초로 청바지를 출시한 지역이기도 하다. 처음에는 리바이스 같은 미국 유명 브랜드를 카피하다가 점차 오리지널 브랜드들이 생겨났다. 1965년 생산된 '빅존'이 고지마 최초의 청바지 브랜드다. 2010년에는 고지마 청바지를 전략적으로 알리고자 고지마 진즈 스트리트가 조성되었다. 약 400m의 거리를 따라 33개의 청바지 전문 매장이 모여 있으며, 고지마의 장인들이 만든 다양한 워싱 기법과 개성 있는 디자인의 청바지를 만날 수 있다. 금·토·일요일(공휴일)에는 청바지 랩핑의 노선 버스가 진즈 스트리트와 청바지 박물관 사이를 운행한다.

Data **지도** 204p-F **가는 법** JR 고지마역에서 도보 15분, 또는 노선 버스 타고 3분 후 고지마 시민코류센타마에 児島市民交流センター前 하차 **홈페이지** jeans-street.com

오더 메이드 청바지의 세계
베티 스미스 청바지 박물관 Betty Smith Jean's Museum

고지마 청바지 대표 브랜드 중 하나인 베티 스미스가 2004년 문을 열었다. 일본 최초의 청바지 박물관. 미국에서 탄생한 청바지의 역사와 작업공정을 디오라마와 패널 등으로 전시하고 있다. 무엇보다 이곳에선 세상에서 단 하나뿐인 청바지를 주문 제작할 수 있다. 직접 데님 원단부터 버튼, 리벳(청바지용 금속탭), 가죽 패치, 스티치 등을 선택하면 장인의 손을 거쳐 나만의 청바지가 완성된다. 2014년에는 옛 청바지 공장을 개조해 2호관도 문을 열었다. 제작 과정에 실제 쓰이는 재봉틀, 세탁기 등과 함께 최초의 브랜드 '빅존', 여성 청바지 브랜드인 '베티 스미스' 등에 관해 전시하고 있다. 박물관 인근에는 규격 외 상품을 저렴하게 구입할 수 있는 아웃렛 매장, 신상품을 판매하는 베티 스미스 쇼룸 등이 자리하니 함께 들러보자. 청바지의 자투리 천을 이용한 파우치, 카메라 스트랩 등 소품을 구경하는 재미도 쏠쏠하다.

Data **지도** 204p-F **가는 법** JR 고지마역에서 노선 버스 타고 20분 후 진즈 뮤지엄 하차 **주소** 岡山県倉敷市児島下の町5-2-70
오픈 09:00~18:00 **가격** 입장 무료 **전화** 086-473-4460
홈페이지 betty.co.jp/village/

고풍스러운 호텔과 아름다운 정원
구라시키 아이비스퀘어 KURASHIKI IVY SQUARE

구라시키 미관지구 내의 옛 방적공장을 개조한 구라시키 아이브스퀘어의 호텔. 다양한 부대시설과 아름다운 정원, 편리한 접근성 등 구라시키에서 숙박한다면 탁월한 선택이다. 시설이 다소 오래된 것이 흠이었는데, 2020년 10월 전 객실을 리뉴얼해 한층 더 쾌적해졌다. 싱글룸부터 4~5인까지 묵을 수 있는 패밀리룸까지 객실 선택이 폭이 넓은 것도 장점이다.

Data 지도 204p-F
가는 법 JR 구라시키역에서 도보 15분 **주소** 岡山県倉敷市本町7-2 **전화** 086-422-0012
가격 싱글룸(조식 포함) 7,020엔~
홈페이지 www.ivysquare.co.jp/stay

넓은 객실에 온천까지
센추리온 호텔 & 스파 구라시키 스테이션
センチュリオンホテル&スパ倉敷

JR 구라시키역 바로 앞의 비즈니스 호텔로 로비부터 모던 앤틱의 인테리어가 고급스러운 분위기를 자아낸다. 분위기에 걸맞게 객실 크기도 넓은 편이다. 스탠다드 싱글룸에도 세미 더블 침대를 사용해 여유롭다. 널찍한 목욕 시설도 이용하기 좋다. 미관지구에선 좀 떨어져 있지만 역과 가까워 일정에 따라 더 나은 선택이 될 수 있다. 호텔 옆에 큰 드러그 스토어도 있다.

Data 지도 204p-A
가는 법 JR 구라시키역에서 도보 3분
주소 岡山県倉敷市阿知2-4-6
가격 스탠다드 싱글룸(조식 포함) 6,864엔부터
전화 086-436-6631
홈페이지 www.centurion-hotel.com/kurashiki/

다마노시
玉野市

오카야마현 남단의 항구도시 다마노는 세토우치 섬 여행에서 빼놓을 수 없는 곳이다. 나오시마, 쇼도시마 등 세토 내해 유수의 섬으로 가는 여객선이 다마노시의 우노항을 통하기 때문이다. 사시사철 사람들의 발길이 끊이지 않는 우노항은 여행의 설렘이 푸르른 파도처럼 넘실댄다.

다마노시 돌아보기

다마노시 교통

다마노 시내는 허무할 정도로 작은 동네다. 도보로 충분히 돌아다닐 수 있다. 우노역 관광 안내소에서 지도를 받아서 다니자.

> **Tip 우노항에서 이누지마섬 여행하기**
> 오카야마 예술의 섬 이누지마로 가는 또 하나의 방법. 우노항에서 나오시마 미야노우라宮浦항 또는 데시마의 이에우라家浦항으로 이동한 후 이누지마섬으로 가는 고속선으로 갈아 타는 것이다. 미야노우라항에서 이누지마항까지는 55분, 이에우라항에서 이누지마항까지는 25분 소요된다. 이누지마행 고속선은 하루 왕복 3편밖에 없으므로 시간을 잘 계산해야 한다. 우노항을 거점으로 나오시마~데시마~이누지마를 엮은 세토우치 섬 여행에 도전해 보자.
> **요금** 우노항~미야노우라항 300엔, 미야노우라항~ 이누지마항 1,880엔 / 우노항~이에우라항 780엔, 이에우라항~이누지마항 1,250엔 (어린이는 반값)

❖❖❖ Plus Info ❖❖❖

다마노 관광안내소 玉野観光案内所
가는 법 JR 우노역 내 **주소** 岡山県玉野市築港1-1-1 **오픈** 09:00~17:00 **휴무** 연말연시
전화 0863-21-3546 **홈페이지** tamanokankou.com

다마노시
📍 당일 추천 코스 📍

기차를 타고 한적한 어촌마을로 떠나보자. 시원한 바다 전망의 노천 온천과 맛깔난 음식을 즐기고 바닷바람 맞으면 산책하는 여유로운 시간이 기다리고 있다. 테마 열차가 운행하는 날에 맞추면 더욱 알찬 하루 여행이 완성된다.

라 말 드 보아
로맨틱한 분위기의 테마 열차 타고 출발

→ 열차 1시간 →

JR 우노역
역 내 기념품 숍에서 쇼핑하기

→ 도보 5분 →

세토우치 온천 다마노유
바다가 내려다보이는 노천탕에서 온천 즐기기

↓ 도보 10분

오사카야
소박한 동네 식당에서 집밥 같은 점심 식사

← 도보 10분 ←

볼라드 커피
해변 산책 후 즐기는 커피 타임

← 도보 12분 ←

오마치도 우노항점
항구를 바라보며 달콤한 과일 빙수 맛보기

SEE

항구마을의 명물 바닷가 온천

세토우치 온천 다마노유 瀬戸内温泉 たまの湯

세토 내해를 오가는 페리가 코앞에 보이는 곳에 온천이 있다. 널찍한 일본식 야외 정원에 바위탕과 계단식 온천, 1인용 도자기탕 등 취향대로 온천을 즐길 수 있는 노천욕 시설을 만들어 호사스런 시간을 보낼 수 있다. 약알칼리성의 칼슘·나트륨염화물천 온천은 보습·보온 효과가 뛰어나 열이 잘 식지 않고 피부를 보들보들하게 만들어 준다. 추가 요금을 내면 암반욕도 즐길 수 있다. 작은 TV와 안락 의자가 있는 1층 휴게실과 창으로 바다가 보이는 개방적인 2층 휴게실은 편안하게 쉬어가기 좋다. 오카야마의 향토요리를 중심으로 한 레스토랑, 소프트 아이스크림과 과일 주스를 맛볼 수 있는 카페도 있다. 로비 안쪽의 기념품 숍에서 세토우치의 오리지널 상품을 구입할 수 있다.

Data 지도 221p-B 가는 법 JR 우노역에서 도보 5분 / JR 오카야마역 서쪽 출구·JR 구라시키역 남쪽 출구 앞에서 1일 1회 무료 셔틀버스 운행(화금·토일공휴일), 약 1시간 소요
주소 岡山県玉野市築港1-1-11 오픈 온천 시설 10:00~23:00, 레스토랑 11:00~23:00
휴무 셋째 주 화요일 요금 성인 평일 1,600엔, 주말·공휴일 1,900엔, 초등학생 이하 평일 650엔, 주말·공휴일 750엔, 3세 이하 무료, 암반욕 추가 1,000엔(중학생 이상 이용 가능) 전화 0863-31-1526
홈페이지 www.seto-tamanoyu.jp

|Theme|
다마노 아트 투어

세토우치 트리엔날레가 개최될 때마다 하나둘씩 예술 작품이 늘어간 항구마을에선 짧지만 인상적인 아트 투어를 즐길 수 있다.

JR 우노 미나토선 아트 프로젝트 JR宇野みなと線アートプロジェクト

작가 에스테르 스토커 Esther Stocker (이탈리아)

흑과 백의 강렬한 대비가 눈길을 사로잡는 우노역은 다마노 아트 투어의 시작점이다. 2016년 세토우치 트리엔날레에 설치되고 그 다음 예술제 때인 2019년에 역 내의 관광안내소 겸 기념품 숍이 새로 리뉴얼되면서 여행의 창구 역할을 톡톡히 하고 있다. 다마노시를 비롯해 세토우치의 특산품과 오리지널 디자인 잡화를 판매하고 있으니 놓치지 말자.

종점 끝에 終点の先へ

작가 오자와 아쓰시 小沢敦志 (일본)

사용이 끝나 '종점'을 맞이한 폐 자전거가 예술가의 손을 거쳐 색색의 귀여운 자전거로 다시 태어났다. 또한 이 장소는 페리를 통한 바닷길의 도착지이자 철도의 종착지이기도 하다. 지역성을 드러내는 설치 작품이면서 실제 대여해서 타고 다닐 수 있는 자전거이다.

우노노 치누 宇野のチヌ

작가 요도가와 테크닉 淀川テクニック (일본)

'우노의 감성돔'이란 이름처럼 거대한 물고기가 알록달록 꾸며진 작품. 멀리서 볼 때와 가까이서 볼 때 감상이 확연히 다르다. 빨강, 노랑, 파랑의 비늘은 바다에서 수거한 플라스틱 쓰레기로 만들었다. 이 작품은 산업 시대 이후 파괴된 바다 환경에 대한 경각심을 일깨워준다. 2013년 세토우치 트리엔날레 때 설치되었다.

우노항 '연락선의 마을' 프로젝트 宇野港『連絡船の町』プロジェクト

우노항을 오가는 선박이나 이를 배웅하는 사람들을 찍은 사진이 동네 곳곳 빌딩 외벽을 장식하고 있다. 혼슈와 시코쿠를 연결하던 항구도시 우노의 역사를 표현한 작품으로 2019 세토우치 트리엔날레 프로젝트다.

EAT

작은 항구마을에서 만난 집밥
오사카야 식당 大阪屋食堂

1948년 개점한 이래 3대째 '싸고 맛있는 음식'의 미덕을 실천해온 동네 식당. 대표 메뉴인 생선 정식은 제철 생선을 튀기거나 조린 것으로 주방 카운터에 놓인 것을 보고 고르면 된다. 알맞게 조려진 생선, 밥과 된장국, 두부 등이 나오는 정식은 집에서 먹는 밥처럼 푸근한 맛이다. 그밖에 가쓰돈, 오므라이스, 우동 등 웬만한 식당 메뉴는 다 있다.

Data 지도 221p-B 가는 법 JR 우노역에서 도보 4분 주소 岡山県玉野市築港 2-3-20 오픈 11:30~14:30, 16:30~20:30 휴무 일·공휴일 가격 생선 정식 700엔, 가쓰돈 750엔 전화 0863-21-4026 홈페이지 www.o-sakaya.info

옛 상가를 개조한 트렌디한 카페
볼라드 커피 BOLLARD COFFEE

우노역에서 바다를 끼고 페리가 오가는 항로를 따라 남쪽으로 내려가다 보면 오래된 빌딩 1층에 스페셜티 커피를 즐길 수 있는 카페를 발견할 수 있다. 작은 1층 대신 2층의 넓은 라운지나 항구가 내려다보이는 옥상을 이용해도 된다. 아침에는 모닝 세트도 판매한다. 1966년 지어져 한동안 거의 폐허나 다름없었던 상가 건물을 우노의 1호 이주민 니시노 요긴西野与吟 씨가 개조해 현재 게스트하우스, 카페, 수제 버거집 등으로 활용하고 있다.

Data 지도 221p-C 가는 법 JR 우노역에서 도보 8분 주소 岡山県玉野市 宇野1-7-3 東山ビル1F 오픈 08:00~16:00 휴무 목요일 가격 카페 라테 450엔 전화 070-4431-9375 홈페이지 bolaco.bollard.jp

항구에서 즐기는 과일 빙수
오마치도 우노항점 おまち堂 宇野港店

페리가 오가는 항구의 모습이 펼쳐지는 곳에 자리한 과일 빙수 전문점. 딸기, 머스캣 포도, 패션 후르츠, 복숭아, 파인애플 등 매일 아침 시장에서 사들이는 신선한 과일을 사용해 빙수를 만든다. 컨테이너 창고 같은 넓은 가게 안에서 항구와 바다를 바라보며 맛보는 과일 빙수는 한층 더 시원하고 달콤하다.

Data 지도 221p-B 가는 법 JR 우노역에서 도보 8분 주소 岡山県玉野市築港 1-1-4 오픈 11:00~17:00(토·일·공휴일 10:00~18:00) 휴무 수요일 가격 딸기 시럽 빙수 480엔 전화 080-1914-0301 홈페이지 www.omachido.net

세토우치시 & 비젠시
瀬戸内市 & 備前市

해상의 요충지로서 번영을 누린 역사가 켜켜이 쌓인 항구거리 우시마도와 소박하고 정겨운 바닷가 마을 히나세, 장인의 손맛을 느낄 수 있는 투박한 비젠 도자기 마을까지. 오카야마시에서 동쪽으로 갈수록 소도시에서만 느낄 수 있는 아릿한 감성이 자꾸만 마음 한쪽을 간질인다.

세토우치시 & 비젠시 돌아보기

세토우치시 & 비젠시 교통

세토우치시와 비젠시의 관광지는 넓게 퍼져 있다. 대중교통으로 가기 어려운 곳도 있어 렌터카를 이용하는 것이 가장 바람직하다.

렌터카

오카야마공항 또는 JR 오카야마역에서 렌터카를 타고 오카야마시 동쪽으로 다녀오면 된다. (046~047p 렌터카 이용법 참고)

••• Plus Info •••

세토우치 기라리관 瀬戸内きらり館
가는 법 JR 오쿠역에서 우시마도 방면 노선 버스 타고 약 20분 후 우시마도 종점 하차, 도보 1분
주소 岡山県瀬戸内市牛窓町牛窓 3031-2
오픈 08:30~17:00 휴관 화요일, 12/29~1/3
전화 0869-34-5250 홈페이지 www.okayama-kanko.jp/spot/11152

비젠 관광협회 備前観光協会
가는 법 JR 히나세역 앞 1층
주소 岡山県備前市日生町寒河 2570-31
오픈 09:00~17:00
전화 0869-72-1919
홈페이지 bizen-kanko.com

세토우치시 & 비젠시
📍 당일 추천 코스 📍

오카야마 동쪽으로 역사와 전통을 만나는 여행을 계획해 보자. 옛 해상무역의 영광이 남아 있는 바닷길을 따라 드라이브 여행을 즐길 수 있다.

우시마도 올리브 공원
'일본의 에게해'라 불리는
로맨틱한 전망의 공원

→ 차로 7분 →

시오마치 가라코토도리
옛 항구 거리와 통신사가
머물던 역사 유적지
탐방하기

→ 차로 5분 →

우시마도 신사
천 년의 역사를 간직한
신령스런 신사

↓ 차로 35분

오코노미야키 모리시타
히나세 명물
가키오코 맛보기

← 차로 20분 ←

비젠야키 도자기 마을
투박한 멋의 비젠
전통 도자기 구경하기

← 도보 3분 ←

우도 팩토리
좋은 분위기의 기차역 내
카페 레스토랑에서
런치 타임

| 세토우치시 |

옛 시절이 켜켜이 쌓인 항구 거리
시오마치 가라코토도리 しおまち唐琴通り

오카야마시에서 동남쪽으로 25km 정도 떨어져 있는 우시마도牛窓는 예로부터 세토 내해의 순풍과 물때를 기다리는 항구도시로 유명했다. 뱃길을 통해 에도(지금의 도쿄)로 향하던 시코쿠의 다이묘가 중간에 머무르거나 조선통신사의 기항지로 발전했다. 항구마을에 천 채의 건물이 있었다 해서 '우시마도센겐牛窓千軒'이라고 불렸을 정도로 번성을 누렸다.

옛 항구거리 '시오마치 가라코토도리'는 1km의 골목을 따라 조선통신사가 머물던 영빈관, 유서 깊은 사찰, 근대 서양식 건축물, 흰 흙벽의 창고, 격자 창의 고민가 등이 남아 있어 화려했던 그 시절로 여행자를 안내한다. 150년 전 지어진 경찰서를 활용해 조선통신사 자료를 전시한 '가이유 문화관海遊文化館(수요일 휴관)', 옛 은행 건물을 지역 문화공간으로 재탄생시킨 붉은 벽돌의 '우시마도 문화관街角ミュゼ牛窓文化館' 등도 잠시 들러볼 만하다. 마을 안쪽에는 조선통신사를 접대하기 위해 뚫었다는 우물도 전해 내려온다.

Data 지도 231p-C 가는 법 JR 오쿠역에서 우시마도 방면 노선 버스 타고 약 20분 후 우시마도 종점 하차

시오마치 가라코토도리 구석구석 살펴보기

조선통신사의 발자취
혼렌지 本蓮寺

세토 내해가 내려다보이는 언덕 위에 있는 14세기 창건된 법화종(日蓮宗) 사찰. 아름다운 삼층 목탑을 비롯해 본당과 사당 등이 중요문화재로 지정된 규모 있는 사찰이다. 에도 시대에는 조선 통신사가 머무르며 문화교류를 하던 전각으로 쓰였다. 정문 지나면 나오는 흰 담벼락의 정갈한 건물이 조선통신사의 숙소 갸쿠덴客殿이다. 건물 앞에 조선통신사 유적비가 있다. 갸쿠덴은 예약 시에만 견학이 가능하다. 안으로 들어가면 에도 시대 명망 높은 다도인이자 정원가인 고보리 엔슈小堀遠州의 정원을 볼 수 있다.

Data **지도** 231p-C **가는 법** 우시마도 버스 정류장에서 도보 3분 **주소** 岡山県瀬戸内市牛窓町牛窓3194 **전화** 0869-34-2014

우시마도 수공예 문화 발신지
오차야 아토 御茶屋跡

아름다운 정원을 품고 고풍스러운 분위기가 물씬 풍기는 이 저택은 조선통신사 삼사(정사·부사·종사관)의 숙소로 쓰이기도 한 역사 건축물이다. 서양 문화와의 교류를 통해 예로부터 수공예가 발달한 이 지역의 손맛을 전하기 위해 갤러리 숍으로 다시 문을 열었다. 핸드메이드의 심플한 흰색 코튼 카디 드레스를 중심으로 일본 작가의 수공예품을 만나볼 수 있다. 프랑스 아르데코 스타일의 그릇, 소품 등도 진열되어 있다. 다다미가 깔린 카페에 앉으면 검은 기와지붕 너머 우시마도 항구의 풍경이 근사하게 펼쳐진다.

Data **지도** 231p-D **가는 법** 우시마도 버스 정류장에서 도보 4분 **주소** 岡山県瀬戸内市牛窓町牛窓2833 **오픈** 11:00~17:00 **휴관** 부정기 휴일(인스타그램 @ochaya_ato_ushimado 확인) **요금** 입장 무료, 브랜드 커피 500엔 **전화** 0869-24-8815 **홈페이지** www.ochaya-ato.com

신령스러운 땅
우시마도 신사 牛窓神社

헤이안 시대에 창건된 유서 깊은 신사. 울창한 수풀 사이에 난 363 계단의 참배길을 따라 오르면 오랜 세월 우시마도의 수호신으로 추앙받은 신사 경내로 들어가게 된다. 오솔길 끝에 나타나는 탁 트인 경내에 배전이 자리하고, 더 안쪽에 본전이 고요하게 웅크리고 있다. 천 년 동안 그 자리를 지켜온 땅에는 신령스러운 기운이 감돈다. 우시마도 해수욕장 앞에 신사로 들어가는 첫 번째 도리이鳥居가 있으며, 참배길 중간에는 경치 좋은 전망대도 자리한다.

Data 지도 231p-B
가는 법 JR 오쿠역에서 우시마도牛窓 방면 버스 타고 약 20분 후 우시마도 하차, 도보 20분
주소 岡山県瀬戸内市牛窓町牛窓2147 전화 0869-34-5197 홈페이지 www.jinja-net.jp/ushimado/

'일본의 에게해'를 마주하다
우시마도 올리브 공원 牛窓オリーブ園

우시마도는 일명 '일본의 에게해'라 불릴 정도로 아름다운 풍광이 유명하다. 그 진면목을 확인할 수 있는 곳이 우시마도 올리브 공원이다. 우시마도는 가가와현의 쇼도시마와 함께 일본 양대 올리브 산지로 손꼽힌다. 비가 적고 연중 온난한 세토 내해의 기후 덕분에 1942년부터 올리브 재배를 시작했다. 지금은 10ha의 땅에 2,000그루의 올리브 나무가 영롱한 연둣빛으로 익어간다. 올리브 나무에 둘러싸인 푸르른 언덕 아래 탁 트인 바다가 펼쳐진 공원은 여러 영화, 광고가 촬영되었을 정도로 로맨틱한 분위기를 자아낸다. 3층과 5층의 전망대에선 앞바다에 마에지마前島를 비롯해 크고 작은 섬들이 낭만적인 풍광을 만든다. 날이 좋으면 가가와현의 야시마도 보인다.

Data 지도 231p-A
가는 법 JR 오쿠역에서 우시마도 牛窓 방면 노선 버스 타고 약 25분 후 올리브엔이리구치オリーブ園 入口 하차, 도보 30분 (오르막길)
주소 岡山県瀬戸内市牛窓町牛窓412-1
오픈 숍 09:00~17:00
요금 입장 무료
전화 0869-34-2370
홈페이지 nippon-olive.info

| 비젠시 |

투박한 전통 도자기

비젠야키 도자기 마을 備前焼の里

비젠야키는 일본 고유의 도자기 중 하나로 마을 이름을 따서 '인베야키伊部焼'라고도 한다. 고대부터 가마터가 있었으며, 18세기 본격적으로 마을이 형성되어 현재까지 이어져 오고 있다. 소나무 장작으로 지핀 가마에서 최고 1,200도의 고온으로 수일간 구워내는 도자기는 어느 하나 똑같은 것이 없다. 철분이 다량 함유된 흙으로 빚어 유약을 칠하지 않는데도 신기하게 광택이 난다. 화려한 무늬나 그림 없이 오롯이 흙 본연의 투박하면서도 자연스러운 빛깔을 내 어떤 음식과도 잘 어울린다. 곳곳에 높은 벽돌 굴뚝이 보이는 마을에는 도자기 장인이 대를 이어 묵묵히 도자기를 빚고 있다. 비젠야키 도자기 마을의 관문 역인 JR 인베역 안 비젠야키 전통산업회관備前焼伝統産業会館에서 여러 도자기 장인의 도자기를 한눈에 보고 구입할 수 있다. 매년 10월 셋째 주 주말에는 역을 중심으로 도자기 축제가 개최된다.

Data 지도 227p-A 가는 법 JR 인베역 내(비젠야키 전통산업회관) 오픈 09:30~17:30 휴관 화요일 전화 0869-64-1001 홈페이지 touyuukai.jp

세계에서 가장 오래된 공립학교

시즈타니 학교 旧閑谷学校

1670년 오카야마의 번주 이케다 미쓰마사池田光政가 건립한 시즈타니 학교는 세계에서 가장 오래된 공립학교다. 지역의 서민들을 위한 교육 기관으로 설립되었으며 약 30년에 걸쳐 개축되어 현재와 같은 견고하고 웅장한 모습을 갖추게 되었다. 학문의 전당이자 국보로 지정된 강당은 시즈타니 학교의 상징과도 같다. 장대한 팔작 지붕의 3중 구조로 된 지붕에는 비젠야키 도자기 기와를 올렸다. 벽체 하나 없이 열 그루의 느티나무 기둥이 떠받친 내부, 반질반질 윤기가 나는 마룻바닥, 창틀 윗부분에 곡선 굴곡이 있는 화두창 등 역사와 전통이 곳곳에서 느껴진다. 개교 이래 강당 바닥에서 정좌하여 논어를 수강하는 모습은 시즈타니 학교의 오랜 전통이다. 지금도 매월 1일과 6일에 논어 등 사서오경 강좌가 열린다. 교문과 교실, 학생 휴게실, 자료관, 공자를 모신 사당 등도 자리한다. 또 사백 그루의 동백나무 숲, 중국에서 가져온 두 그루의 황련목과 주변의 단풍나무 등 계절마다 아름다운 자연 풍경도 함께 즐길 수 있다. 이와 함께 학교 전체를 둘러싸고 있는 765m의 돌담은 비젠야키의 기와지붕과 함께 시즈타니 학교의 독특한 경관을 만들고 있다.

Data **지도** 227p-A **가는 법** JR 요시나가吉永역·비젠카타카미備前片上역·이리伊里역에서 시영 버스로 약 10분 소요 **주소** 岡山県備前市閑谷784 **오픈** 09:00~17:00 **휴관** 12/29~31 **요금** 입장료 성인 400엔, 초·중학생 100엔 **전화** 0869-67-1436 **홈페이지** shizutani.jp

오카야마현의 굴 마을
히나세 日生

오카야마현과 효고현 경계에 자리한 히나세는 세토 내해의 대표적인 어항이다. 오카야마현에서 가장 큰 섬 가쿠이지마鹿久居島를 비롯해 크고 작은 섬이 울타리를 만들어 어패류 양식이 특히 잘 된다. 그중에서도 굴은 현 내에서 최대, 전국에서 3위의 생산량을 자랑한다. 조용한 바닷가 마을은 찬바람이 불기 시작하면 바빠진다. 식도락 여행자들의 발길이 이어지는 까닭이다. 매년 2월에는 굴 축제도 열려 한층 더 시끌벅적하다. 제철에 맛봐야 하는 생굴과 달리, 오코노미야키에 굴을 얹은 '가키오코 カキオコ'는 언제든 즐길 수 있다. 어부의 부인들이 작은 굴이나 상처가 난 굴을 오코노미야키에 넣어 먹던 것이 그 시초인데, 이제는 가키오코를 파는 가게를 소개한 '가키오코 맵'이 있을 정도로 히나세의 간판스타가 되었다. 10월 말부터 3월 말까지 굴 철에는 가키오코를 파는 집이 20곳 정도 되고 그 외 계절에는 6~7곳 가게가 휴식기를 갖는다. 얼핏 전형적인 어촌 같지만 가쿠이지마를 잇는 비젠 히나세 대교備前日生大橋의 웅장한 풍광은 히나세를 한층 특별한 곳으로 기억되게 한다.

Data 지도 227p-B 가는 법 JR 히나세역 하차.

히나세 구석구석 즐기기

히나세의 최대 어시장
고미노이치 五味の市

히나세 어항에서 그날 잡은 생선과 어패류를 만날 수 있는 어시장. 10월 말부터는 온통 굴 일색이다. 손바닥만 한 크기의 굴을 시중보다 저렴하게 구입할 수 있다. 여기서 구입한 굴은 맞은편 우미노에키 시오지에서 구워 먹을 수 있다. 생굴뿐 아니라 굴 튀김도 간편하게 즐기기 좋다. 소프트 아이스크림에 굴 튀김을 꽂아 나오는 '가키 프라이 소프트カキフライソフト'는 시장의 명물. 생김새만 보면 고개를 까우뚱하게 되지만 달콤한 아이스크림과 짭짤한 굴 튀김이 은근 궁합이 좋다.

Data 지도 235p-C 가는 법 JR 히나세역에서 도보 15분 주소 岡山県備前市日生町日生801-4 오픈 08:00~16:00 휴관 수요일 가격 가키 프라이 소프트아이스크림 300엔 전화 0869-72-3655 홈페이지 hinase.net/gominoiti

제철 굴 구이 즐기기
우미노에키 시오지 海の駅 しおじ

어시장 고미노이치 맞은편에 자리한 특산물 매장 겸 식당으로 특히 굴 바비큐로 유명하다. 매장 내에서 굴과 각종 해산물을 구입해 즉석에서 구워 먹을 수 있다. 고미노이치에서 산 것도 반입이 가능하다. 일행과 둘러앉을 수 있는 자리와 숯불, 조미료 등을 제공한다. 단, 시간 제한이 있으니 주의할 것. 굴 철이 아닐 때는 식당에서 제철 해산물을 듬뿍 올린 덮밥을 즐길 수 있다.

Data 지도 235p-D
가는 법 JR 히나세역에서 도보 15분
주소 岡山県備前市日生町日生801-8
오픈 08:00~16:00(매장), 10:00~15:00(식당)
휴관 연말연시
가격 히나세돈 1,480엔, 예약 없이 2,500엔, 사전 예약 시 2,200엔(90분, 5명까지)
전화 0869-72-2201
홈페이지 hinase.net/uminoekisioji

히나세 명물 가키오코
오코노미야키 모리시타
お好み焼 もりした

손글씨의 메뉴와 오래된 나무의자가 푸근한 인상을 더하는 가키오코 전문점 모리시타. 가키오코 가게는 저마다 특징이 있다. 모리시타는 굴을 따로 구워서 오코노미야키에 얹고 간장 소스와 오코노미야키 소스를 반반 해서 주는 것이 비법이다. 굴은 비릿함 없이 고소하고 육즙이 꽉 찼다. 굴에는 진한 소스보다 간장이 더 어울린다. 굴 철이 아닐 때는 냉동굴을 사용하기 때문에 굴의 풍미를 제대로 즐기려면 아무래도 겨울이 답이다.

Data **지도** 235p-B
가는 법 JR 히나세역에서 도보 10분
주소 岡山県備前市日生町日生630-2
오픈 11:00~17:00 **휴관** 목요일
가격 가키오코 1,100엔 **전화** 0869-72-1110

바다를 바라보며 칵테일 한 잔
스텔라 카페 Stella Café

평화로운 바닷가 마을에 새하얗게 빛나는 카페다. 히나세 어시장 고미노이치 인근에 2017년 문을 열었다. 북유럽풍의 심플한 목재 가구로 꾸며진 실내는 아기자기한 소품들로 구석구석 채워져 있다. 멀리 창밖으로 보이는 비젠 히나세 대교와 한가로운 어촌 풍경이 여유를 더한다. 커피, 브런치 메뉴가 주를 이루는 카페지만, 수십 가지 종류의 알코올·무알코올 칵테일도 즐길 수 있다.

Data **지도** 235p-D **가는 법** JR 히나세역에서 도보 15분 **주소** 岡山県備前市日生町日生648-48 **오픈** 월요일 런치 11:00~14:00, 카페 14:00~15:00, 수~일요일 런치 11:00~14:30, 카페 14:30~17:00, 디너 17:00~20:30(L.O.)
휴관 화요일 **가격** 칵테일 400엔부터, 카페 라떼 540엔 **전화** 0869-72-4330
홈페이지 iso-stella.jp/stella/

단골 삼고 싶은 로스터리 카페
기노시타 쇼텐 キノシタショウテン

오카야마현의 유명 로스터리 카페 기노시타 쇼텐 1호점. 편안한 분위기가 흐르는 카페는 만약 동네에 있었다면 딱 단골 삼고 싶은 곳이다. 여럿이 둘러앉기 좋은 좌식 테이블 방, 바리스타와 마주보며 커피를 즐길 수 있는 바 테이블까지 다양한 손님을 배려한 것이 느껴진다. 아프리카와 남미의 싱글 오리진 원두를 일일이 손으로 선별해 매일 로스팅한 커피는 산미와 풍미가 한층 깊다. 샌드위치와 브런치 메뉴도 충실하다. 무농약 노지 채소를 비롯해 가능한 지역 재료를 사용하고 마요네즈나 케첩도 수제로 만들어 쓴다. 구운 과자와 케이크도 맛이 좋으니 커피와 함께 곁들여도 좋다. 새를 모티브로 한 패키지의 오리지널 드립백도 판매한다.

Data 지도 231p-A 가는 법 JR 오쿠역에서 도보 6분 주소 岡山県瀬戸内市邑久町尾張342-2 오픈 07:00~17:00(주말·공휴일 07:00~18:00) 휴관 목요일 가격 싱글 오리진 커피 480엔, BLET 샌드위치 세트 990엔 전화 0869-24-7733 홈페이지 kinoshitashouten.com

비젠야키 도자기와 커피
우도 UDO

비젠야키 도자기 마을로 가는 JR 인베역 내에 우도UDO가 자리하고 있다. 기노시타 쇼텐의 자매점으로 흥미로운 구석이 많은 카페다. 작은 시골 역에 이렇게 세련된 카페가 있는 것이 신기하다. 창 너머로 철길과 기차가 보이는 것도 재미 있다. '우도'는 도자기 가마의 가장 앞 공간을 일컫는 말로, 직접 로스팅한 원두와 지역 식재료의 소비를 추구하는 기노시타 쇼텐의 철학이 그릇에까지 닿아 있음을 알 수 있다. 투박한 비젠야키에 담겨 나오는 커피는 어쩐지 새롭게 다가온다. 점심(10:00~14:00) 메뉴로 수제 토마토 소스를 넣어 만든 철판구이 나폴리탄, 육즙 가득한 함박 스테이크, 계절 파스타, 수제 베이컨과 피클이 들어간 샌드위치 등을 즐길 수 있다. 다양한 구운 과자와 케이크도 모두 매장에서 만든 것이다. 커피 맛은 두말 하면 입 아프다.

Data 지도 227p-A 가는 법 JR 인베역 내
주소 岡山県備前市伊部1657-7 伊部駅 1F 오픈 10:00~17:00
휴무 부정기 휴일 가격 나폴리탄 런치 세트 1,100엔, 샌드위치 세트 979엔
전화 0869-93-4701 홈페이지 www.instagram.com/udo_0503

우시마도의 섬과 바다가 펼쳐지는 전망 카페
야마노우에노 로스터리 山の上のロースタリ

우시마도의 로맨틱한 풍경을 한층 더 감동적으로 선사하는 전망 카페. 우시마도 올리브 공원 내 건물 2층의 카페 문을 열고 들어서는 순간, 전면 유리창을 통해 세토 내해의 바다 풍경이 그림 같이 펼쳐진다. 세토우치시의 로스터리 커피 명가 기노시타 쇼텐의 자매점으로 제대로 된 커피의 맛 또한 즐길 수 있다. 프렌치 로스트, 에어로 프레소, 에스프레소 등 다양한 스타일의 커피는 선택의 즐거움을 더한다. 칵테일처럼 쉐이커에 얼음과 함께 혼합한 후 와인잔으로 내는 방식도 독특하다. 누룩 에스프레소麹エスプレッソ와 감주 라테甘酒ラテ와 같이 지역 특색을 가미한 커피 음료도 맛볼 수 있다.

Data 지도 231p-A 가는 법 JR 오쿠역에서 우시마도牛窓 방면 노선 버스 타고 약 25분 후 올리브엔이리 구치オリーブ園入口 하차, 도보 30분(오르막길) 주소 岡山県瀬戸内市牛窓町牛窓412-1 오픈 10:00~17:00 가격 카페 라테 600엔, 누룩 에스프레소 750엔 전화 0869-34-2370 홈페이지 www.instagram.com/the_roastery_on_the_mountain/

🛎 SLEEP

지중해의 풍경을 품은 리조트
호텔 리마니 The Hotel Limani

그리스 산토리니를 연상케 하는 하얀색과 파란색의 외관이 돋보이는 호텔 리조트. 우시마도 해변에 자리해 전 객실의 테라스에서 세토 내해의 아름다운 전망이 펼쳐진다. 1층 라운지의 바, 라이브러리, 시거룸은 고급스런 밤을 연출한다. 세토 내해의 해산물과 레몬, 올리브, 치즈 등을 이용해 그리스인 셰프가 본토의 맛을 선사하는 디너는 한층 특별하다. 바다가 내려다보이는 야외 수영장을 비롯해 요가, 요트, 패들보드, 낚시 등 다양한 바다 레저(유료)를 예약해 즐길 수 있다. 또한 우시마도 앞바다에는 구로지마黒島・나카노코지마中ノ小島・하시노코지마端ノ小島의 세 섬이 썰물 때 활 모양으로 연결되는 '비너스 로드'가 유명한데, 여기를 오가는 보트를 운영하기도 한다. 여러모로 세토우치 바다 여행에 특화된 리조트다. 옛 항구 거리인 '시오마치 가라코토도리'와도 매우 가깝다. 얼리버드 예약이나 이벤트 가격을 다양하게 운영하니 홈페이지를 참고하자.

Data 지도 231p-C 가는 법 JR 오쿠역 우시마도牛窓 방면 버스 타고 약 20분 소요(무료 송영 차량 운행) 주소 岡山県瀬戸内市牛窓町牛窓3900 요금 스탠다드 트윈룸(조·석식 포함) 1인 18,700엔부터 전화 0869-34-5500 홈페이지 www.limani.jp

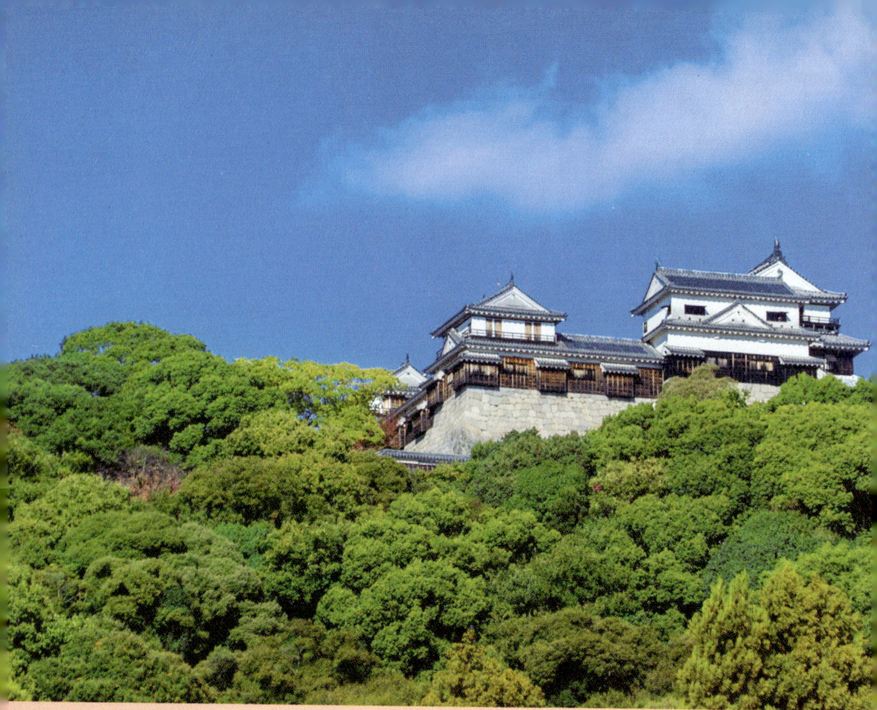

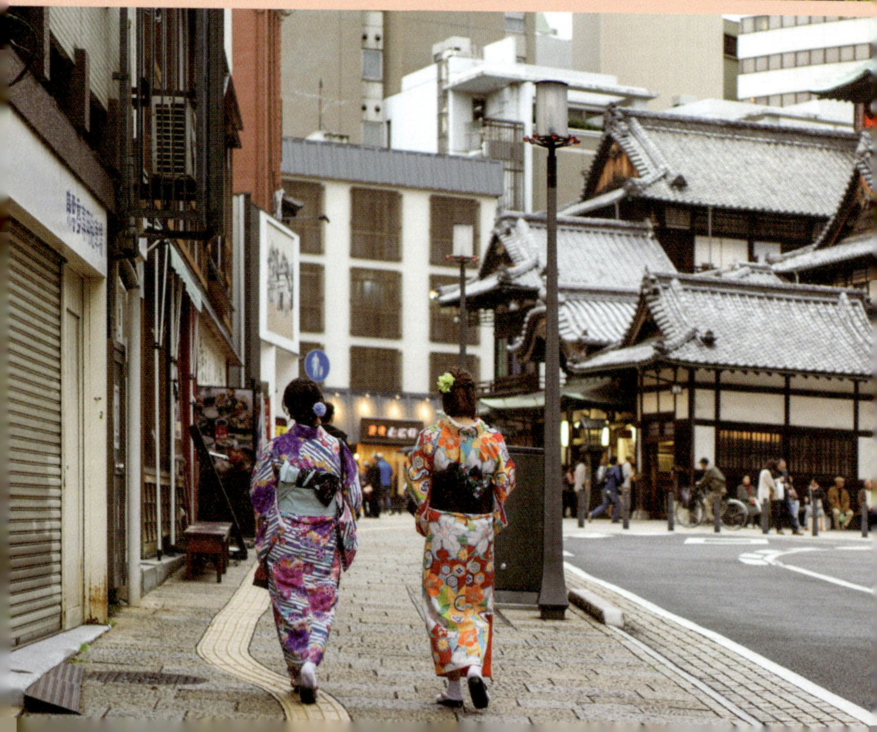

Setouchi By Area

03

에히메현
愛媛県

마쓰야마시 & 이마바리시 & 우치코 & 오즈시

혼슈와 세토 내해를 사이에 두고 시코쿠 서남쪽에 길게 자리한 에히메현은 풍부한 어업을 바탕으로 성장한 해양 도시이다. 인구 50만 명의 마쓰야마시를 중심으로 시마나미카이도 사이클링의 시작과 끝인 이마바리, 예스러운 풍경을 간직한 우치코와 오즈 등이 이어진다. 어느 쪽을 가든 다채로운 매력이 가득하다. 옛 지명인 '이요'가 더운물을 뜻할 정도로 유서 깊은 도고 온천의 고장이자 귤의 최대 산지로 연중 온화한 기후와 함께 어디서나 따뜻한 환대를 받을 수 있는 여행지다.

에히메현 세토우치
한눈에 보기

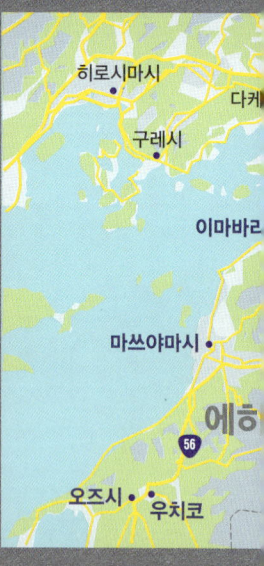

마쓰야마시

아름다운 성벽의 마쓰야마성과 활기찬 아케이드 상점가는 요모조모 볼거리가 풍성하다. 또한 레트로 노면 전차를 타고 가면 다양한 창작물의 모티브가 된 유서 깊은 도고온천마을, 레트로한 분위기의 항구마을 미쓰하마 등 소도시 여행의 즐거움을 누릴 수 있다.

이마바리시

고품질의 수건으로 유명한 이마바리는 오노미치와 함께 '시마나미카이도'의 한 축을 맡고 있는 자전거 여행자의 도시다. 곳곳에 자전거 여행자를 위한 편의시설을 잘 갖추고 있어 오시마, 하카타지마, 오미시마로 이어지는 세토우치 섬 여행을 즐길 수 있다.

우치코

100년 전 상업과 무역으로 번성했던 우치코는 당시의 풍요로운 생활을 짐작할 수 있는 대저택과 정원, 상점, 가부키 극장이 잘 남아 있다. 옛 건물은 아기자기한 숍과 레스토랑, 게스트하우스 등으로 변신해 익숙하면서도 색다른 여행을 선사한다.

오즈시

'이요(에히메현의 옛 지명)의 작은 교토'라 불리는 오즈시는 언덕 위의 아름다운 오즈성과 당대 최고 장인의 솜씨로 탄생한 가류 산장 등 고풍스런 건축과 정원을 만날 수 있다. 빈티지 물건들로 채워진 레트로 골목은 옛 추억 속으로 여행자를 안내한다.

에히메현 키워드

1 귤

일본에서 귤 최대 산지인 에히메현은 마스코트도 귤을 이미지화한 '미캉みきゃん'이다. 온화한 기후와 풍부한 햇빛 속에서 자란 귤은 종류만도 30가지가 넘어 신맛과 단맛을 비교해가며 맛보는 재미가 쏠쏠하다. 아이스크림, 주스, 케이크 등 귤로 만든 상큼한 디저트는 에히메 여행에서 빼놓을 수 없는 즐거움이다.

2 도고온천

일본의 3대 고탕古湯 온천으로 손꼽히는 도고온천. 탁월한 수질뿐 아니라 옛 온천장의 모습을 고스란히 간직하고 있는 본관과 온천가로 더욱 유명하다. 여러 창작물에 영감을 주기도 했던 본관을 중심으로 늦은 저녁까지 온천가를 누비는 경험을 놓치지 말자. 최근에 도고온천 별관 아스카노유를 오픈하면서 도고온천의 풍경이 한층 더 풍부해졌다.

3 나쓰메 소세키

일본의 국민 작가로 불리는 나쓰메 소세키夏目漱石의 소설 「봇짱(도련님)」은 도고온천과 마쓰야마 시내를 무대로 하고 있다. 봇짱 열차, 봇짱 당고 등 지역 명물에 빠짐 없이 '봇짱'이 들어가는 이유다. 마쓰야마 여행을 하다 보면 어느덧 그의 책이 읽고 싶어진다.

4 사이클링 성지

시코쿠(이마바리)와 혼슈(오노미치) 사이의 세토 내해에 징검다리처럼 놓인 섬들을 하나로 잇는 해상 도로 '시마나미카이도'는 자전거 전용도로가 있는 사이클링 성지로 유명하다. 쪽빛 바다와 섬, 현수대교가 어우러진 환상적인 풍경을 즐기기 위해 전 세계의 라이더가 모여든다.

5 이마바리 타월

일본 전국 수건 생산량의 절반 이상을 차지하는 이마바리 타월. 120년 전부터 발달한 방직산업을 바탕으로 2000년대 독자적인 기준을 개발한 결과, 흡수력과 촉감이 매우 우수한 수건의 대명사가 되었다. 일반 수건은 물론 손수건, 유아용품 등 종류가 다양하다.

에히메현 찾아가기

에히메현으로 입국하기

마쓰야마공항

제주에어에서 인천공항과 마쓰야마공항을 연결하는 항공편을 주 5회(월·화·목·토·일요일) 운항하며 약 1시간 30분 소요된다. 마쓰야마공항에서 시내까지는 리무진 버스로 20분, 도고온천까지도 40분이면 닿는 가까운 거리다. 더욱이 한국 관광객의 경우 무료 리무진 버스를 이용할 수 있다. 타는 곳과 내리는 곳이 일반 버스 정류장과 다르니 위치를 정확히 알아두자.

홈페이지 www.matsuyama-airport.co.jp

에히메현 각 지역으로 가는 법

마쓰야마시

공항 리무진 버스

마쓰야마공항을 취항하는 제주에어 운항 시간에 맞춰 한국인 여행자 전용 무료 리무진 버스를 운행한다. 그 외에 일반적인 공항 리무진 버스도 이용 가능하다. 마쓰야마시역까지 20분, 오카이도 상점가까지 30분, 도고온천까지 40분 정도 소요된다.

〈한국인 여행자 전용 무료 리무진 버스〉
홈페이지 www.visitehimejapan.com/ko/

〈일반 공항 리무진 버스〉
가격 마쓰야마공항~JR 마쓰야마역 700엔·도고온천 950엔(어린이는 반값)
홈페이지 www.iyotetsu.co.jp/bus/limousine/airport/

이마바리시

JR 열차

JR 마쓰야마역에서 JR 이마바리역까지 특급 열차로 약 40분, 보통 열차로 1시간 10분 정도 소요된다.

가격 JR 마쓰야마역~JR 이마바리역 특급 열차 1,500엔(자유석 기준)·보통 열차 970엔

홈페이지 www.jr-shikoku.co.jp

우치코 & 오즈시

JR 열차

JR 마쓰야마역에서 JR 우치코역까지 특급 열차로 25분, JR 이요오즈역까지는 35분 소요된다. 보통 열차도 운행하지만 비용 차이보다 시간 소모가 더 크다.

가격 JR 마쓰야마역~JR 우치코역 특급 열차 1,300엔(자유석 기준)·JR 이요오즈역 특급 열차 1,500엔(자유석 기준)
홈페이지 www.jr-shikoku.co.jp

> **Tip 우치코·오즈 산책 1일 패스**
> 内子・大洲町並散策1日パス
>
> JR 마쓰야마역에서 JR 우치코역을 지나 JR 이요오즈역까지 오가는 열차를 하루 동안 이용할 수 있는 교통 패스다. JR 패스가 없는 여행자에게 추천한다. 우치코와 오즈 지역을 하루에 다 돌아보려고 할 때 교통비가 절감되고 주요 관광지의 요금을 할인받을 수 있어 일석이조다. JR 역 내 티켓 창구 등에서 발급된다.
> 요금 2,840엔(어린이는 반값) 홈페이지 www.jr-eki.com/ticket/brand/1-5FK

마쓰야마시
松山市

아름다운 산성이 굽어보는 거리에서 레트로 노면 전차를 타고 천 년의 시간을 간직한 온천으로 떠나는 여행. 도시의 편리함과 시골의 여유로움, 관광지의 볼거리와 일상의 평온함이 공존하는 특별한 시간을 보낼 수 있다.

마쓰야마시 돌아보기

마쓰야마시 교통

마쓰야마 관광은 노면 전차 하나로 끝이다. 이용이 편리할 뿐더러 복고풍의 전차를 타는 재미도 있다.

노면 전차 이요테쓰 伊予鉄道

시코쿠에서 가장 역사가 깊은 노면 전차가 JR 마쓰야마역 앞과 마쓰야마 시내, 도고온천, 미쓰하마를 다 연결한다. 1~2량의 노면 전차는 시내를, 최대 4량의 대형 전차는 교외를 운행한다. 시내선은 180엔(성인 기준)으로 동일 요금이며, 교외선은 거리에 따라 요금이 달라진다. 탑승 전 전차의 최종 목적지를 반드시 확인하자.

요금 마쓰야마시역~도고온센역 180엔, 마쓰야마시역~미쓰역 310엔 (어린이는 반값)
홈페이지 www.iyotetsu.co.jp

••• Plus Info •••

마쓰야마성 로프웨이 승강장 1층 안내소
松山城ロープウェイ東雲口駅舎1階案内所
가는 법 노면 전차 오카이도역에서 도보 5분 주소 愛媛県松山市大街道3-2-46
오픈 08:30~17:00
전화 089-935-5113
홈페이지 matsuyama-sightseeing.com/guidance/tourism

도고 관광안내소
道後観光案内所
가는 법 노면 전차 도고온센역에서 도보 1분, 상점가 입구 바로 오른쪽
주소 愛媛県松山市道後湯之町6-8 오픈 08:30~17:00
전화 089-921-3708
홈페이지 matsuyama-sightseeing.com/guidance/tourism

JR 마쓰야마역 마쓰야마시 관광안내소
JR松山駅松山市観光案内所
가는 법 JR 마쓰야마역 내
주소 愛媛県松山市南江戸1-14-1 松山駅構内
오픈 08:30~20:30
전화 089-931-3914
홈페이지 matsuyama-sightseeing.com/guidance/tourism

마쓰야마시
📍 당일 추천 코스 📍

관광, 쇼핑, 먹거리 삼박자가 딱 맞아떨어지는 최고의 소도시 여행지 마쓰야마. 레트로 노면 전차를 타고 마쓰야마 시내와 도고온천을 오가면 꽉 찬 하루 여행을 완성한다.

마쓰야마성
일본 성곽의 원형이
잘 남아 있는
명품 성 산책하기

→ 도보 3분

기리노모리 가시코보 마쓰야마점
매진되기 전에 인기
절정의 녹차 팥떡 맛보기

→ 도보 1분

봇짱 열차
장난감보다 귀여운
레트로 전차 타고
도고온천으로

↓ 노면 전차 15분

도고 우오타케
바삭바삭 텐동이냐,
시원한 국물의
해적 우동이냐

← 도보 3분

도고온천 본관 또는 아스카노유
멋스러운 외관과 매끄러운
온천 한껏 즐기기

← 도보 1분

10팩토리
온천 후 마시는 상큼한
100% 귤 주스

↓ 도보 1분

이오리
최고급 이마바리
타월 쇼핑하기

→ 노면 전차 15분, 도보 5분

고시키 본점
특산물 도미로 차린
푸짐한 한 상 즐기기

→ 도보 12분

대관람차 구루린
근사한 야경을 보며
하루를 마무리

아름다운 돌담의 명품 성
마쓰야마성 松山城

400년 전 축성된 이래 마쓰야마의 중심이 되어온 성. 마쓰야마 시내 어디서나 보이는 해발 132m의 구릉에 자리했다. 천수각(덴슈카쿠天守閣) 전망대에 오르면 시가지와 멀리 세토 내해까지 조망할 수 있다. 마쓰야마성의 천수각은 에도 시대 이전에 건축된 전국 12개뿐인 천수각 가운데 하나다. 이밖에 성문과 망루 등 총 21개 건물이 국가 중요문화재로 지정되어 있을 정도로 원형이 잘 보존된 성곽이다. 성곽은 14m가 넘는 높은 돌담에 총포를 쏠 수 있는 구멍을 만들어 놨다. 또 적으로부터 방어하기 위해 동선을 꼬아놓거나 산 중턱에서 침입하는 적을 막기 위해 돌담 중간에서 한 단 높게 쌓은 담(노보리 이시가키登り石垣)의 모습도 흥미롭다. 성 입구까지는 로프웨이나 리프트로 갈 수 있다. 유리의 방해 없이 허공에서 둥실둥실 떠가는 리프트는 놀이기구를 탄 것마냥 아찔한 재미를 선사한다.

Data 지도 251p-C
가는 법 노면 전차 오카이도역에서 로프웨이 승강장까지 도보 5분
주소 愛媛県松山市大街道 3-2-46(로프웨이 승강장)
오픈 09:00~17:00(계절마다 변동 있음)
휴관 12월 셋째 주 수요일(천수각)
요금 천수각 입장료 성인 520엔, 초등학생 160엔 / 로프웨이 왕복 성인 520엔, 어린이 260엔
전화 089-921-4873
홈페이지 www.matsuyamajo.jp

격동의 마쓰야마
사카노우에노쿠모 뮤지엄 坂の上の雲ミュージアム

소설 『언덕 위의 구름(사카노우에노쿠모坂の上の雲)』의 테마 전시관. 실화를 바탕으로 한 이 소설은 세 젊은이를 통해 격동의 19세기 말부터 20세기 초 마쓰야마를 담았다. 뮤지엄에 전시된, 방대한 자료 수집과 꼼꼼한 고증을 통해 탄생한 소설의 이야기를 따라가다 보면 당시 마쓰야마의 시대상이 눈앞에 그려지는 듯하다. 안도 다다오安藤忠雄가 설계한 지하 1층, 지상 4층의 뮤지엄은 두 개의 삼각형이 겹쳐진 대담한 형태를 하고 있다. 2층부터 4층까지 슬로프를 통해 산책하듯 관람한다. 서쪽의 유리 커튼월을 통해 마쓰야마성과 반스이소 별장 등 마쓰야마의 기념비적인 풍경이 펼쳐진다.

Data 지도 251p-G 가는 법 노면 전차 오카이도역에서 도보 3분 주소 愛媛県松山市一番町三丁目20
오픈 09:00~18:30 휴관 월요일(공휴일인 경우 개관) 요금 성인 400엔, 고등학생 200엔, 중학생 이하 무료
전화 089-915-2600 홈페이지 www.sakanouenokumomuseum.jp

아름다운 프랑스 별장
반스이소 萬翠荘

1922년 지어진 프랑스식의 아름다운 별장. 히사마쓰 사다코토久松定謨 백작이 오랜 프랑스 생활을 마치고 돌아와 지은 것으로 당시 지역 유명인사가 다 모이는 사교의 장이었다. 좌우 대칭의 구조와 높은 첨탑 등 네오 르네상스 건축 양식을 본뜬 일본 근대 건축의 사료로서 국가 중요문화재에 지정되었다. 외관이 거의 온전할 뿐 아니라 대리석 바닥과 벽난로, 문틀 장식, 중앙 계단창의 스테인드글라스, 샹들리에 등 실내장식 하나하나 고급스럽고 보기 드문 것들이다.

Data 지도 251p-G 가는 법 노면 전차 오카이도역에서 도보 3분 주소 愛媛県松山市一番町3-3-7
오픈 09:00~18:00 휴관 월요일(공휴일인 경우 개관) 요금 성인 300엔, 어린이 100엔(특별 기획전 별도)
전화 089-921-3711 홈페이지 www.bansuisou.org

낮보다 아름다운 마쓰야마의 밤
대관람차 구루린 大観覧車くるりん

마쓰야마의 밤 풍경을 낭만적으로 즐기려면 대관람차를 타자. 이요테쓰 다카시마야 백화점 9층 옥상에서 대관람차가 빙글빙글 돌아간다. 전체가 투명한 시스루 곤돌라를 타면 공중에 붕 떠서 마쓰야마를 내려다보는 기분을 느낄 수 있다. 지상에서 최대 85m까지 올라가 거의 눈높이 선상에 마쓰야마성이 보인다. 특히 이곳에서 바라본 마쓰야마성의 야경이 장관이다. 봇짱 열차 탑승권 소지자는 일반 곤돌라를 무료로 이용할 수 있다.

Data 지도 250p-J 가는 법 노면 전차 마쓰야마시역 앞 이요테쓰 다카시마야 백화점 9층
주소 愛媛県松山市湊町5-1-1 いよてつ高島屋 9F 오픈 10:00~21:00 요금 일반 곤돌라 800엔,
시스루 곤돌라 1,300엔, 초등학생 미만 무료(보호자 동승) 전화 089-948-7056
홈페이지 www.iyotetsu.co.jp/kankou/kururin

동심을 자극하는 아날로그 전차
봇짱 열차 坊ちゃん列車

마쓰야마의 노면 전차 가운데서도 봇짱 열차는 특별하다. 나쓰메 소세키의 소설 『봇짱(도련님)』에서 이름을 딴 이 열차는 당시의 디젤 기관차를 그대로 복원해 경적을 울리고 흰 연기를 내뿜으며 시내를 달린다. 딱딱한 나무 좌석에 앉아 옛날 복장을 한 차장이 운전하는 열차에 타고 있으니 처음 기차를 타고 설레던 동심으로 돌아간다. 종점인 도고온센역에서 기관차의 방향을 바꾸기 위해 승무원 여럿이 수동으로 기관차와 객차를 분리하고 회전판에서 돌린 후 다시 합체하는 작업도 볼거리다.

Data 지도 251p-K 가는 법 노면 전차 도고온센역~마쓰야마시역, 도고온센역~고마치역
오픈 토·일·공휴일 09:00~16:00 사이 4회 왕복 운행 요금 성인 1,300엔, 어린이 650엔
홈페이지 www.iyotetsu.co.jp/botchan

PLUS TOUR

봇짱 열차를 만날 수 있는 스타벅스 두 곳

봇짱 열차 기관차가 전시된 스타벅스
스타벅스 커피 마쓰야마시역전점
STARBUCKS COFFEE 松山市駅前店

(**봇짱 열차 뮤지엄** 坊っちゃん列車ミュージアム) 이요테쓰 본사 1층 스타벅스 커피 안쪽에 봇짱 열차의 기관차 1호 복제본을 전시한 박물관이 자리한다. 스타벅스 외관 또한 봇짱 열차의 색으로 세련되게 꾸며져 있다. 박물관의 규모는 크지 않지만 마쓰야마 노면 전차의 역사와 부속품, 100년 전 흑백 영상 등 생각보다 알차다. 기관차 바로 옆에 커피를 마실 수 있는 좌석도 있다. 대관람차 구루린 맞은편에 자리하니 함께 둘러보면 좋다.

Data 지도 251p-K
가는 법 노면 전차 마쓰야마시역에서 도보 1분
주소 愛媛県松山市湊町四丁目4-1 伊予鉄グループ 本社ビル1階 오픈 07:00~21:00
요금 입장 무료 전화 089-948-3290
홈페이지 www.iyotetsu.co.jp/museum/

100년 된 역사가 콘셉트 스토어로
스타벅스 커피 도고온천 역사점
STARBUCKS COFFEE 道後温泉駅舎店

100년 동안 도고온천의 관문이자 상징이었던 도고온센역이 2017년 스타벅스 카페로 다시 문을 열었다. 1911년 서양식 역사로 건립되어 1986년 세 번째로 신축 복원된 역사는 고풍스러운 멋이 흐른다. 1층 음료를 주문하는 바 카운터 뒤로 유리창을 통해 선로가 보인다. 2층에선 녹색 창틀 너머로 봇짱 열차와 노면 전차가 오가는 모습을 볼 수 있다. 2층 중앙의 넓은 테이블은 철도침목을 쌓아 만든 것으로, 벽에 걸린 흑백의 기차 사진과 잘 어울린다.

Data 지도 257p-C
가는 법 노면 전차 도고온센역 내
주소 愛媛県松山市道後町1-10-12
오픈 08:00~21:00 전화 089-915-8155
홈페이지 store.starbucks.co.jp/detail-1577

동네 할머니부터 국민작가까지 사랑한 온천
도고온천 본관 道後温泉本館

도고온천의 상징과도 같은 온천시설. 매일 아침 6시 온천 개시에 맞춰 북소리가 마을 전체에 울려 퍼진다. 1894년 지어진 목조 3층 건물은 공중 욕탕으로는 최초로 국가 중요문화재로 지정되었다. 100여 년 전이나 지금이나 변함 없이 지역 주민들이 애용하는 동네 목욕탕이자, 중후하고 예스러운 분위기에 반해 전 세계 관광객이 찾아오는 명소이다. 본관은 탕과 휴게공간, 전시공간으로 이루어져 있는데, 네 종류의 입장권에 따라 이용 가능한 구역이 나누어져 있다. 온천은 뜨겁고 매끄러우며, 욕조가 깊어 몸을 편안히 푹 담글 수 있다. 일본을 대표하는 작가 나쓰메 소세키 자료 전시실이 있으며 왕실 전용 온천탕을 보존해 전시하고 있다. 현재 본관은 대대적인 보존 수리 공사가 진행 중이지만 온천은 이용 가능하다. 공사 진행 상황에 따라 이용 방식이 변경될 수 있으니 홈페이지에서 확인하자.

Data 지도 257p-B
가는 법 노면 전차 도고온센역에서 도보 3분 주소 愛媛県松山市道後湯之町5-6
오픈 06:00~23:00 요금 성인 420엔, 어린이 160엔(가미노유 1층 입욕)
전화 089-921-5141 홈페이지 dogo.jp/onsen/honkan

도고온천의 새 얼굴
도고온천 별관 아스카노유 道後温泉別館 飛鳥乃湯泉

도고온천 본관을 현대의 감각에 맞게 재해석한 새로운 온천 시설. 본관과 같이 일본 아스카 시대 건축 양식을 따랐다. 학이 앉은 종탑과 타일 벽화가 있는 실내탕, 널찍한 공동 휴게실은 좀 더 세련된 형태로 재탄생했다. 여기에 작은 정원에 딸린 노천탕이 새로 생겼고, 본관의 황실 전용 '유신덴又新殿'을 재현한 전세탕(예약제)이 더해졌다. 팀 단위로 이용하기 좋은 독립된 휴게 공간이 다섯 곳 있는데, 지역 공예 장인들이 만든 장식, 조명, 그림 등이 멋스러운 분위기를 더한다. 본관과 마찬가지로 휴게 공간 이용(제한 시간 90분)에 따라 입욕 티켓을 선택하면 된다. 휴게실 이용 시 다과가 제공된다.

Data 지도 257p-A 가는 법 노면 전차 도고온센역에서 도보 3분 주소 愛媛県松山市道後湯之町19-22 오픈 06:00~23:00 요금 입욕만 610엔, 입욕&휴게실에 따라 1,280엔/1,690엔, 가족실(예약 필요) 2,240엔+각 입욕비(어린이 반값) 전화 089-932-1126 홈페이지 dogo.jp/onsen/asuka

여유롭게 온천 즐기기
도고온천 쓰바키노유 道後温泉 椿の湯

도고온천 본관과 같이 천연 온천을 쓰는 탕. 인기가 높은 본관은 주말이나 휴가철에 탕 안이 콩나물시루가 되곤 한다. 느긋하게 온천을 즐기고 싶다면 쓰바키노유로 가자. 천장이 높아 오래 있어도 답답하지 않다. 2017년 말에 리뉴얼 오픈해서 더욱 쾌적하게 이용할 수 있다.

Data 지도 257p-A 가는 법 노면 전차 도고온센역에서 도보 1분
주소 愛媛県松山市道後湯之町19-22 오픈 06:30~23:00
요금 성인 400엔, 어린이 150엔 전화 089-935-6586
홈페이지 dogo.jp/onsen/tsubaki

도고온천 명물 시계탑
봇짱 가라쿠리도케이 坊っちゃんからくり時計

도고온천 상점가 입구에 자리한 시계탑으로 도고온천 본관 지붕 위의 전각을 본떠 만들었다. 매시간 정각(주말 및 휴가시즌은 30분마다)에 시계탑에서 소설 『봇짱(도련님)』에 나오는 '도련님'과 '마돈나' 등 등장인물이 경쾌한 음악소리와 함께 나타나 공연을 펼친다. 바로 옆에 마련된 족욕 시설은 늘 인기만점이다.

Data 지도 257p-C 가는 법 노면 전차 도고온센역에서 바로

빈티지 항구마을
미쓰하마 三津浜

마쓰야마시 서쪽 연안의 미쓰하마는 과거의 어딘가에서 시간이 멈춘 항구마을이다. 해운의 요충지로 번성했던 옛 시절을 간직한 100년 전 고민가와 근대 서양식 벽돌 건축물, 돌바닥 길이 아련한 향수를 자극한다. 여기에 짧은 거리를 운행하는 나룻배가 낭만을 더한다. 미쓰하마는 최근 젊은 예술가와 디자이너가 하나둘 터를 잡으며 새로운 빈티지 거리로 떠오르고 있다. 미쓰역에서 항구까지 1km 남짓한 거리를 따라 빈집이나 상가를 고쳐 만든 개성만점의 수공예 잡화점, 액세서리 가게, 옷가게, 카페 등이 점점이 자리한다. 과거의 흔적이 묻어 있는 공간을 보며 상상하는 재미 또한 이곳을 찾는 즐거움이다. 미쓰하마의 관문이 되는 교외선 미쓰역은 시코쿠에서 최초 개설된 역 중 하나로 나쓰메 소세키의 소설 『봇짱(도련님)』에도 등장한다. 노후한 역사 대신 2009년 새로운 역사를 지었지만, 아르누보 스타일의 입구 등 옛 역의 흔적을 남겨두었다.

Data 지도 259p **가는 법** 교외선 전차 미쓰역 하차

미쓰하마 구석구석 즐기기

세상에서 가장 짧은 나룻배
미쓰노 와타시 三津の渡し

과거 번성했던 항구마을의 모습은 간데 없다. 하지만 옛 방식대로 운행하는 나룻배는 남았다. 이 나룻배는 미쓰하마 항구와 약 80m 떨어진 미나토야마 지구를 연결한다. 세상에서 가장 짧은 거리를 오가는 나룻배가 미쓰하마의 감성을 대변한다. 나룻배는 지역 주민의 주요 교통 수단이기도 하다. 운임은 무료이니 잠시 시간 내어 경험해 보자. 오전 7시부터 오후 7시까지 운항한다.

Data 지도 259p-A
가는 법 교외선 전차 미쓰역에서 도보 11분

빈집의 환골탈태
구 하마다의원 旧濱田医院

미쓰하마의 빈집 재생 프로젝트가 시작된 곳이다. 10년 넘게 방치되어 유령의 집으로 불리던 곳. 1920년대 지어진 산부인과 병원을 약 1년 반의 대대적인 공사를 통해 되살려냈다. 손 때묻은 옛 것의 풍경 속에 빈티지 잡화점, 옷 가게, 엑세서리 가게 등 저마다의 취향을 담은 공간이 문을 열었고, 레트로 감성을 좋아하는 사람들 사이에서 알음알음 입소문이 나면서 미쓰하마를 찾아오는 계기가 되었다.

Data 지도 259p-D 가는 법 교외선 전차 미쓰역에서 도보 8분 주소 愛媛県松山市住吉2-2-20 오픈 입주 점포마다 다름 휴관 입주 점포마다 다름 전화 080-4154-3696
홈페이지 mitsu-hamada.com

다정한 동네 카페
다나카도 田中戸

미쓰하마에 지금처럼 가게가 들어서기 전에 터를 잡은 작은 카페다. 오래된 물건으로 꾸민 가게와 차분히 핸드드립 커피를 내리는 주인장이 어쩐지 닮아 있다. 빙수를 산더미처럼 쌓고 그 위에 블루베리, 복숭아 등을 얹은 푸짐한 과일 빙수가 유명하다. 4월 중순부터 10월 초까지 맛볼 수 있다.

Data 지도 259p-D
가는 법 노면 전차 미쓰역에서 도보 3분
주소 愛媛県松山市住吉2-8-1
오픈 11:00~해 질 녘
휴무 수요일(그 외 부정기 휴무)
전화 090-6280-3750
홈페이지 www.instagram.com/tanaka_do/

손맛 나는 가죽 공방
리테라백 Reterra Bag

각종 가죽 제품을 수선하는 것은 물론 직접 만들어볼 수도 있는 가죽 공방. 도쿄에서 이곳으로 이주한 부부가 운영하고 있다. 켜켜이 쌓여 있는 여러 종류의 가죽, 색색의 실, 재봉틀 등으로 채워진 공방은 핸드메이드에서만 느낄 수 있는 아기자기한 분위기가 배어난다.

Data 지도 259p-D
가는 법 노면 전차 미쓰역에서 도보 3분 주소 愛媛県松山市住吉1-3-28
오픈 주말 10:00~18:00
휴관 주중(월요일은 접수, 전달만 가능)
전화 089-916-3889
홈페이지 www.instagram.com/reterra_bag

갖고 싶은 도자기

미쓰우쓰와 みつうつわ

안목 높은 웹 디자이너 출신 주인장이 고르고 고른 그릇으로 꽉 채운 도자기 편집 숍. 100년 된 쌀가게를 개조한 공간에서 에히메현 작가의 개성 넘치는 도자기를 만날 수 있다. 오리지널 작품이다 보니 가격대는 높은 편이지만 하나 같이 소장 욕구를 자극한다.

Data 지도 259p-D 가는 법 노면 전차 미쓰역에서 도보 3분 주소 愛媛県松山市住吉1-3-37
오픈 11:00~17:00(일요일은 예약시에만 영업) 휴무 월·화 그 외 임시 휴무 전화 080-4037-7807
홈페이지 mitsu-utsuwa.com

항구 사람들의 소박한 한 끼

히노데 日の出

미쓰하마야키(三津浜焼)는 미쓰하마식 오코노미야키로 히로시마풍과 방식은 흡사하면서도 다르다. 양념한 면을 밀가루 반죽 위에 얹거나, 돼지고기 대신 소고기를 사용하고 어묵이 들어간다. 또한 반달 모양으로 접어 나오는 등 지역색이 많이 가미되었다. 미쓰하마야키 맛집으로 통하는 히노데는 5~6석밖에 없는 작은 가게이다. 세월이 느껴지는 긴 철판을 사이에 두고 주인장이 솜씨 좋게 미쓰하마야키를 구워낸다. 우동 또는 소바에 소고기와 계란이 푸짐하게 들어간 미쓰하마야키는 '미쓰하마의 소울푸드'라는 별명이 이해되는 소박하면서도 친숙한 맛이다.

Data 지도 259p-D 가는 법 노면 전차 미쓰역에서 도보 2분 주소 愛媛県松山市三杉町11-8
오픈 11:00~18:00(매진 시 마감) 휴무 수요일 가격 미쓰하마야키 750엔 전화 089-952-3676

삼색 도미 요리
고시키 본점 五志喜 本店

380년 전통의 향토요리 전문점인 고시키는 에히메현 특산 도미 요리를 다양하게 즐길 수 있는 곳이다. 밥에 도미를 넣고 찌는 마쓰야마(호조) 지역 스타일과 도미 스시를 밥에 얹고 간장소스를 곁들이는 우와지마 지역 스타일의 도미밥(다이메시鯛めし)을 둘 다 비교해가며 맛볼 수 있다. 지역 특산품인 오색 국수에 찐 도미가 통째로 나오는 도미국수(다이소멘)는 압도적인 비주얼과 달리 누구나 맛있게 즐길 수 있는 요리다. 귤을 넣어 향긋한 유부초밥도 별미.

Data 지도 251p-K 가는 법 노면 전차 오카이도역에서 도보 5분, 오카이도 상점가 내 주소 愛媛県松山市三番町3-5-4 오픈 평일 런치 11:00~14:00, 저녁 17:00~22:00, 주말·공휴일 런치 11:00~14:30, 저녁 17:00~21:00 가격 다이소멘(한 마리 통째로) 1,850엔, 다이메시 1,150엔 전화 089-933-3838 홈페이지 s422500.gorp.jp

추억의 맛 나베야키 우동
아사히 アサヒ

마쓰야마 시민의 소울푸드라 불리는 나베야키 우동을 맛볼 수 있는 곳. 1960~70년대로 돌아간 것 같은 분위기의 가게 안에서 딱 그 시절 양은 냄비에 우동이 담겨 나온다. 요즘 우동과 달리 달착지근한 맛도 과거의 맛 그대로라고 한다. 처음엔 생소하지만 먹다 보면 자꾸 당기는 단맛이다. 유부초밥과 곁들여 먹으면 딱 양이 좋은데, 유부초밥은 점심 이후에 가면 떨어지는 일이 잦다. 바로 맞은편의 가게 '고토리ことり'와 나베야키 우동 양대 산맥으로 꼽힌다.

Data 지도 251p-K 가는 법 노면 전차 마쓰야마시역 도보 10분 주소 愛媛県松山市湊町3-10-11 오픈 10:00~16:00(매진 시 마감) 휴관 화·수요일 가격 나베야키 우동 750엔 전화 089-921-6470

차분한 분위기의 로스터리 카페
카페BC カフェBC

오카이도 상점가에서 살짝 벗어난 뒤쪽 골목에 조용히 자리한 카페. 1968년 커피 볶는 집으로 문을 연 이래 생산자와 품질, 재배 방법이 명확한 원두만을 고집하고 있다. 회색 콘크리트 벽에 앤티크 가구와 아늑한 조명으로 꾸며진 복고풍의 실내는 차분하게 커피를 음미하기에 제격이다. 커피와 어울리는 구움 과자, 케이크, 타르트 종류도 다양하다. 1층보다는 2~3층 좌석이 좀 더 조용하다.

Data 지도 251p-K
가는 법 노면 전차 오카이도역에서 도보 4분 주소 愛媛県松山市大街道2-2-20 오픈 09:00~19:00 휴무 목요일 가격 커피 500엔부터 전화 089-945-9295
홈페이지 cafebc.base.ec

귤의 무한변신
10팩토리 10FACTORY

에히메 특산물인 귤을 세련되게 즐길 수 있는 귤 전문 매장. 한쪽 선반을 가득 메운 다양한 종류의 귤 주스와 감각적인 패키지가 눈길을 사로잡는다. 마치 와인을 만들듯 기후와 토양에 따른 에히메현 곳곳의 토종 귤로 독특한 산미와 당도의 귤 주스를 선보이고 있다. 귤 주스 세 가지 종류를 비교하며 맛보는 테이스팅 세트와 여러 가지 맛의 귤 젤라토로 미처 알지 못했던 귤의 세계에 빠져보자. 드라이 프룻, 잼, 꿀, 젤리, 식초, 젤라토 등 다양한 귤의 변신도 보는 재미, 먹는 재미를 더한다.

마쓰야마점
Data 지도 251p-H
가는 법 노면 전차 오카이도역에서 도보 1분, 로프웨이 상점가 내
주소 愛媛県松山市大街道3-2-25 오픈 10:00~18:00
휴관 목요일 가격 귤 젤라토 550엔
전화 089-968-2031
홈페이지 10-mikan.com

도고점
Data 지도 257p-C
가는 법 노면 전차 도고온센역에서 도보 1분, 하이카라도리 상점가 내
주소 愛媛県松山市道後湯之町12-34 오픈 09:00~21:00
휴관 수요일 전화 089-997-7810

마쓰야마 시민들의 보양식
우나기 오구라 うなぎ小椋

마쓰야마 현지인의 사랑을 받는 장어 요리 전문점. 창업 때부터 내려온 숙성 양념을 발라 숯불에 구워낸 장어 덮밥 우나쥬うな重는 껍질은 바삭하고 속은 촉촉한 맛이 일품이다. 예산이나 먹고 싶은 양에 따라 장어의 크기를 고를 수 있는 점도 좋다. 숯불에 구운 소고기 덮밥 규쥬牛重도 추천. 특제 소스를 곁들인 아들아들한 소고기는 말할 것도 없고 곁들여 나오는 우엉, 고추, 파 등의 채소도 맛있다.

도고점
Data **지도** 257p-C **가는 법** 노면 전차 도고온센역에서 도보 1분 **주소** 愛媛県松山市道後湯の町12-29 **오픈** 11:00~15:00, 16:30~20:00 **가격** 우나쥬 2,200엔~, 규쥬 2,200엔~ **휴무** 목요일 **전화** 089-909-5888 **홈페이지** unagiogura-dougo.com

오카이도점
Data **지도** 251p-G **가는 법** 노면 전차 오카이도역에서 도보 2분 **주소** 愛媛県松山市大街道3丁目1-4 サントル大街道1F **오픈** 11시~15시, 16시 30분~20시 **휴무** 화요일 **전화** 089-948-4550 **홈페이지** unagiogura-ookaidou.com

온천 후 시원한 맥주 한 모금
도고 맥주관 道後麦酒館

도고온천 본관 바로 맞은편에 너무나 유혹적으로 자리 잡고 있는 맥주 펍. 지역 맥주(지비루) 도고 비어 직영점으로 브루어리에서 직송한 생맥주와 병맥주를 판매한다. 쾰쉬, 알토, 스타우트 등 독일 스타일 맥주에는 각각 '봇짱 맥주', '마돈나 맥주', '소세키 맥주'라는 이름이 있다. 맥주와 함께 지역 식재료로 만든 각종 안주를 즐길 수 있고 간단한 식사가 가능하다. 테이크아웃으로도 판매해 온천가를 거닐며 시원하게 맥주를 마시는 여유도 부릴 수 있다.

Data **지도** 257p-B
가는 법 노면 전차 도고온센역에서 도보 3분
주소 愛媛県松山市道後湯之町20-13
오픈 11:00~22:00
가격 도고비어(500ml) 900엔, 센잔키(닭튀김) 650엔
전화 089-945-6866
홈페이지 www.dogobeer.jp/bakusyukan-restaurant

튀김 덮밥과 해적 우동
도고 우오타케 道後 魚武

에히메의 해산물을 이용한 음식을 즐길 수 있는 향토요리점. 이곳에서도 지역 명물인 도미를 이용한 요리를 즐길 수 있지만 그보다 인기있는 메뉴는 따로 있다. 큼지막한 새우튀김 두 마리가 얹어 나오는 텐동天丼(튀김 덮밥)과 조개를 듬뿍 넣고 시원하게 맛을 낸 가이조쿠(해적) 우동海賊うどん이다. 재료가 신선하고 호불호 없이 누구나 좋아할 만한 맛이다. 좌석이 넉넉해서 여럿이 여행 왔을 때 편하다.

Data **지도** 257p-A **가는 법** 노면 전차 도고온센역에서 도보 3분 **주소** 愛媛県松山市道後湯之町13-19 **오픈** 일~목요일 11:00~22:00, 금·토요일 11:00~23:00 **가격** 텐동 1,100엔, 가이조쿠 우동 1,045엔 **전화** 089-913-1414 **홈페이지** www.dogo-uotake.com

사르르 녹는 녹차 팥떡
기리노모리 가시코보 마쓰야마점

霧の森菓子工房 松山店

무농약 차를 재배하는 다원 기리노모리에서 운영하는 화과자점. 녹차 찹쌀떡 안에 크림과 팥소가 들어있는 '기리노모리 다이후쿠霧の森大福'는 금세 매진될 정도로 인기가 있다. 차의 쌉싸래한 맛과 크림의 부드러움, 팥의 단맛이 몰랑몰랑한 떡과 어우러지며 입 안에서 사르르 녹는다. 유통기한이 짧기 때문에 가능하면 구입 즉시 먹도록 하자. 점포 내에 먹고 갈 수 있는 자리가 있다. 녹차 푸딩이나 소프트 아이스크림도 좋다.

Data **지도** 251p-H **가는 법** 노면 전차 오카이도역에서 도보 1분, 로프웨이 상점가 내 **주소** 愛媛県松山市大街道3-3-1 **오픈** 09:30~17:30 **휴관** 넷째 월요일, 12/31~1/1 **가격** 기리노모리 다이후쿠 165엔, 녹차 푸딩 292엔 **전화** 089-934-5567 **홈페이지** www.kirinomori.co.jp/shop/matsuyama

마쓰야마 대표 오미야게
이치로쿠 혼포 一六本舗

마쓰야마 대표 명과 '다루토タルト'. 지역 특산물 유자를 팥소로 넣은 후 스폰지 케이크로 돌돌 감아 만든 것. 17세기 나가사키 양과자 제조법을 전수받아 만들었다고 한다. 생김은 딱 롤케이크지만 맛은 고급스러운 전통 화과자다. 계절에 따라 딸기, 밤 등을 넣은 한정품이 나온다. 에히메현 캐릭터인 '미캉'과 '다크미캉'을 패키지로 한 제품은 오미야게(여행 기념 선물)로도 좋다. 에히메현 내 29곳의 직영 점포가 있으며 마쓰야마 시내에는 오카이도 상점가의 본점을 비롯해 JR 마쓰야마역 내, 이요테쓰 다카시마야 백화점 지하1층, 도고온천 상점가 등이 찾아가기 좋다. 도고온천 상점가 내의 점포는 2층에 카페도 마련되어 있는데, 도고온천 본관이 코앞에 내려다보이는 명당 자리다.

오카이도 본점

Data **지도** 251p-K
가는 법 노면 전차 오카이도역에서 도보 5분, 오카이도 상점가 내
주소 愛媛県松山市大街道 2-2-4 **오픈** 10:00~19:00
전화 089-946-0016 **홈페이지** www.itm-gr.co.jp/ichiroku/

도고본관 앞점

Data **지도** 257p-A
가는 법 노면 전차 도고온센역에서 도보 3분, 하이카라도리 상점가 내
주소 愛媛県松山市道後湯之町 20-17 **오픈** 매장(1F) 09:00~19:00, 카페(2F) 11:00~19:00 **휴관** 2층 카페 목요일 **전화** 089-921-2216

활기 넘치는 마쓰야마 1번가
오카이도 상점가 大街道商店街

마쓰야마의 쇼핑, 식도락, 밤 문화를 책임지는 아케이드 상점가. 500m에 달하는 거리 양쪽에는 미쓰코시 백화점을 비롯해 무인양품과 같은 생활용품점, 패션 전문점, 도미 요리 전문점, 카페, 화과자점, 드럭 스토어 등이 즐비하다. 밤늦게 술 한잔 기울이기 좋은 이자카야나 아침 일찍부터 문을 여는 핫케이크 카페도 여기 있다. 이 상점가는 북쪽으로 로프웨이 상점가와 이어지고, 남쪽으로는 긴텐가이銀天街 상점가와 맞닿는다.

Data 지도 251p-G 가는 법 노면 전차 오카이도역에서 바로 홈페이지 www.okaido.jp

분위기 있는 가로등길
로프웨이 상점가 ロープウェー商店街

마쓰야마성 로프웨이 승강장까지 가는 길은 여느 상점가와 달리 정갈한 간판과 고풍스러운 가로등으로 꾸며져 있다. 기분 좋게 걸을 수 있는 거리 양 옆으로는 유명한 화과자점부터 마쓰야마의 미식을 즐길 수 있는 음식점과 귤 주스, 이마바리 타월 등 에히메현 특산품 매장이 들어서 있다.

Data 지도 251p-H 가는 법 노면 전차 오카이도역에서 바로 홈페이지 www.sakakumo.net

에히메에서 만난 북유럽
무스타키비 MUSTAKIVI

핀란드 대표 디자인 브랜드 '마리메꼬'에서 32년 동안 디자이너로 활동했던 이시모토 후지오石本藤雄는 에히메현 출신이다. 무스타키비는 그가 고향의 정취와 자연을 북유럽 스타일로 재탄생 시킨 도베야키 도자기, 패브릭, 화과자 등을 만날 수 있는 갤러리 겸 숍이다. 자연적이면서 실용적인 가구와 조명이 북유럽의 분위기를 물씬 풍기고, 이곳에서만 구입 가능한 물건이 눈을 사로잡는다.

Data 지도 251p-H 가는 법 노면 전차 도고온센역에서 도보 6분 주소 愛媛県松山市道後湯月町3-4 上人坂テラス 오픈 금·토·일·공휴일 11:00~17:00 휴무 주중 전화 089-993-7497 홈페이지 www.mustakivi.jp

갖고 싶은 이마바리 수건
이오리 伊織

이마바리 타월 브랜드 중에서도 감각적인 디자인으로 유명한 이오리. 실생활에 쓰기 좋은 단순한 디자인부터 구매욕구를 불러일으키는 예술적인 제품까지 선택의 폭이 넓다. 특히, 도고온천가에 자리한 본점에서는 판매 중인 대부분의 이마바리 타월을 대여해주고 있다(유료). 도고온천 본관이나 아스카노유 등에서 사용하고 품질을 직접 확인해 보자. 한쪽에는 여러 가지 귤 주스가 나오는 수도꼭지와 볼 풀도 있어서 아이들과 추억 만들기도 좋다.

Data 본점(구 도고유노마치점)
지도 257p-C 가는 법 노면 전차 도고온센역에서 도보 3분, 하이카라도리 상점가 내 주소 愛媛県松山市道後湯之町20-21 오픈 09:00~21:00 가격 이마바리 타월 대여 440엔~, 귤 주스 테이스팅 세트(3가지) 770엔 전화 089-913-8122 홈페이지 www.i-ori.jp

Data 마쓰야마점
지도 251p-G
가는 법 노면 전차 오카이도역에서 도보 5분, 로프웨이 상점가 내
주소 媛県松山市大街道3-2-45 오픈 09:30~19:00
전화 089-993-7557

유카타 입고 타박타박
하이카라도리 상점가 ハイカラ通り

전차 도고온센역 앞에서 도고온천 본관까지 L자형으로 이어진 약 250m의 아케이드 상점가. 에히메와 도고의 특산품, 음식점, 기념품 매장 등이 빼곡히 자리하고 있다. 늦은 밤까지 영업하는 상점이 많아 숙소에서 제공하는 유카타를 입은 관광객이 게다를 딸각거리며 걸어 다니는, 온천 마을 특유의 분위기를 제대로 만끽할 수 있다.

Data 지도 257p-C **가는 법** 노면 전차 도고온센역에서 바로

에히메의 멋진 선물 찾기
아루네 歩音

도고온천 이사니와 신사 가는 언덕 길에 자리한 아루네는 취향 좋은 기념품 상점이다. 에히메의 좋은 제품을 중심으로 소개, 판매한다. 귀여운 도베야키 찻잔, 앙증맞은 잡화소품, 오리지널 간장, 조미료, 귤로 만든 핸드크림 등 센스 넘치는 기념품이 작은 가게 구석구석 가득하다. 2층에는 이마바리 타월과 자연주의 감성의 의류 브랜드도 판매한다. 홈페이지에 상품 이미지가 올라 있으니 미리 살펴보는 것도 좋다.

Data 지도 257p-C
가는 법 노면 전차 도고온센역에서 도보 4분 **주소** 愛媛県松山市道後湯之町4-56
오픈 12:00~17:30 **휴관** 수요일
전화 089-954-3155
홈페이지 www.dogo-tsubaki.com/arune/

우아한 분위기의 모던 료칸
차하루 茶玻瑠

도고온천 본관 뒤편에 자리한 모던 료칸 차하루. 로비부터 객실까지 차분하면서도 우아한 분위기가 흐른다. 객실은 다다미와 침대 중 고를 수 있으며, 마리메꼬 디자이너 이시모토 후지오石本藤雄가 참여한 고급스런 VIP 룸도 최근 오픈했다. 옥상층에 자리한 단정한 분위기의 노천탕에서는 별빛 아래 온천을 즐길 수 있다. 여성 노천탕의 경우 금·토·일요일 저녁에 탐스러운 장미탕도 운영된다. 탕 입구의 전망 라운지에서는 전면 유리창을 통해 도고온천 본관이 바로 내려다보여서 기념 촬영하기 좋다. 도고온천 본관을 이용하러 가는 숙박객에게 목욕 바구니를 제공해 주기도 한다. 식사는 250년 된 올리브 나무가 있는 아름다운 영국식 정원 테라스의 레스토랑에서 뷔페식으로 즐길 수 있다. 계절 채소와 세토우치의 해산물 등 현지 식재료를 양식과 일식의 퓨전 스타일로 낸다.

Data 지도 257p-B
가는 법 노면 전차 도고온센역에서 도보 5분
주소 愛媛県松山市道後湯月町 4-4 가격 12,150엔부터(2인 이용 시 1인 요금 조·석식 포함)
전화 089-945-1321
홈페이지 www.charu.com

서비스 끝판왕

도고 프린스 호텔 道後プリンスホテル

서비스나 시설, 규모에 있어서 도고온천 내에서 손에 꼽히는 온천 호텔. 특히 다양한 무료 서비스로 유명하다. 노면 전차 도고온센역을 오가는 레트로풍의 버스가 바로 이 호텔의 셔틀 차량이다. 역 인근에 게스트 전용 라운지도 두었다. 호텔 2층 라운지에는 음료와 과자를 언제든 무료로 즐길 수 있다. 여성 전용 아로마 어메니티도 따로 제공한다. 마시지 의자도 여러 대가 기다릴 필요가 없다. 온천 시설 또한 규모가 남다르다. 서로 다른 8종의 노천탕이 있으며, 전세탕(유료) 4종을 더하면 총 12종의 노천탕을 누릴 수 있다. 호텔에서 제공하는 유카타를 입고 온천가를 산책할 수 있다. 도고온천 본관 등의 온천 순례를 위해 목욕 바구니를 준비해준다. 식사는 객실, 독립된 레스토랑, 오픈된 레스토랑 등 예산과 상황에 따라 선택할 수 있다.

Data **지도** 257p-F **가는 법** 노면 전차 도고온센역에서 도보 10분, 또는 송영차량 이용
주소 愛媛県松山市道後姫塚100 **가격** 14,730엔부터(2인 이용 시 1인 요금, 조·석식 포함)
전화 089-947-5111 **홈페이지** www.dogoprince.co.jp

다양한 옵션의 온천 호텔
오쿠도고 이치유노모리 奥道後 壱湯の守

도고온천에서 차로 10분 더 안쪽으로 들어가면 오쿠도고의 대규모 온천이 있다. 도로를 사이에 두고 7층 규모의 본관과 6층 규모의 별관이 자리한다. 고지대 쪽의 별관 2층에서 본관 7층으로 통로가 연결되어 있다. 피부에 좋은 미인탕으로 유명한 온천은 본관 지하 1층의 광대한 노천탕을 비롯해 5종의 전세 노천탕과 족탕 테라스 등 규모에 걸맞은 다채로움을 자랑한다. 테라스에 천연 온천의 히노키 노천탕이 딸린 객실도 선택할 수 있다. 에히메의 캐릭터 '미캉'으로 꾸민 귀여운 방도 있다. 저녁 식사는 세토 내해의 각종 해산물과 계절 채소를 이용한 뷔페식과 가이세키 가운데 고를 수 있다. 단체 손님도 문제 없고, 특히 도고온천이 연휴 등으로 붐빌 때 대안으로 삼기 좋다.

Data 지도 257p-F
가는 법 노면 전차 도고온센역에서 무료 송영 차량 10분 소요
주소 愛媛県松山市末町267
요금 12,250엔부터(2인 이용 시 1인 요금, 조·석식 포함)
전화 089-977-1111
홈페이지 www.okudogo.co.jp

비즈니스 호텔의 정석
다이와 로이넷 호텔 마쓰야마
ダイワロイネットホテル松山

마쓰야마 시내 중심가인 오카이도역에 바로 인접한 호텔. 편리한 교통, 깨끗한 객실, 친절한 응대 등 비즈니스 호텔의 정석을 느낄 수 있다. 호텔 바로 옆에 스타벅스와 편의점도 이용하기 좋다. 오카이도 상점가와 가까워 미처 쇼핑을 하지 못한 여행자라면 시간에 구애받지 않아서 좋다.

Data 지도 251p-H **가는 법** 노면 전차 오카이도역에서 도보 1분
주소 愛媛県松山市一番町2-6-5 **가격** 스탠다드룸(1명 이용 시) 7,200엔부터 **전화** 089-913-1355
홈페이지 www.daiwaroynet.jp/matsuyama/

기차와 여행을 콘셉트로 한 호텔
레후 마쓰야마시에키 바이 베셀 호텔스
レフ松山市駅 by ベッセルホテルズ

마쓰야마시역의 이요테쓰 본사 바로 옆에 자리한 호텔. 역 창구를 연상케 하는 로비, 기차 손잡이를 활용한 인테리어, 노면 전차의 일부를 옮겨 놓은 콘셉트 룸까지 '철덕'이라면 좋아할 만한 요소가 넘친다. '마쓰야마와 에히메를 여행한다'는 콘셉트의 아침 식사는 재료와 구성이 감탄스러울 정도. 깔끔한 대욕장은 물론, 일행끼리 이용 가능한 전세탕도 있다.

Data 지도 250p-J
가는 법 노면 전차 마쓰야마시역에서 도보 1분
주소 愛媛県松山市湊町5丁目2-2
가격 8,245엔(조식 포함)~
전화 089-915-8111
홈페이지 www.vessel-hotel.jp/ref/matsuyama

조식이 맛있는 호텔
마쓰야마 도큐레이 호텔 松山東急REIホテル

오카이도역 앞에 자리한 13층 규모의 비즈니스 호텔. 트윈룸뿐 아니라 트리플룸도 있어서 여러 명이 이용할 때 편리하다. 조식은 선택사항이지만 꼭 맛보도록 하자. 요리사가 해주는 오믈렛을 비롯해 인삼과 귤을 즉석에서 짠 특제 생과일 주스, 에히메 특산인 자코텐(어묵)과 오색 소면 등 조식이 제대로 나온다.

Data 지도 251p-G
가는 법 노면 전차 오카이도역에서 도보 1분
주소 愛媛県松山市一番町3-3-1
요금 스탠다드 싱글룸 8,950엔부터 **전화** 089-941-0109
홈페이지 www.tokyuhotels.co.jp/matsuyama-r/

이마바리시
今治市

에히메현 북쪽 끝자락 반도와 세토 내해의 섬을 포함하는 이마바리시는 시마나미카이도 여행의 중심지다. 짙푸른 바다에 징검다리처럼 놓인 섬과 섬 사이를 넘나드는 드라이브 여행 또는 자전거 여행을 꿈꾼다면 이곳에서 그 답을 찾을 수 있을 것이다.

이마바리시 돌아보기

이마바리시 교통

섬 여행의 가장 좋은 이동 수단은 역시 렌터카이다. 사이클링이 취미이거나 좀 더 좁은 범위를 살살이 다니고 싶다면 자전거도 좋다. 시마나미카이도는 일본의 자전거 성지이기도 하다.

렌터카
마쓰야마공항이나 JR 마쓰야마역, JR 이마바리역 인근에서 렌터카를 이용할 수 있다.
(046~047p 렌터카 이용법)

자전거
시마나미카이도의 발착지인 이마바리 시내를 비롯해 오시마, 오미시마 등 섬 곳곳에 자전거를 대여할 수 있는 렌탈 사이클 터미널이 자리하고 있다. 일부 코스만 즐기고 싶다면 자전거 수송이 가능한 버스나 페리를 함께 이용하거나 또는 버스를 타고 이동한 후 아예 섬에서 자전거를 빌리는 방법도 있다. 더 자세한 내용은 '세토우치 자전거 여행법(054p)'을 참고하자.
요금 일반 자전거 1일 대여료 1,100엔+보증료 1,100엔(자전거 반납 시 반환)
홈페이지 shimanami-cycle.or.jp/rental

세토우치 버스 せとうちバス
JR 이마바리역 앞 버스 터미널에서 노선버스를 이용해 하카타시마, 오미시마 등 시마나미카이도의 섬으로 갈 수 있다. 하카타시마 버스 터미널까지 약 45분, 오미시마 버스 터미널까지 약 55분, 오미시마 오야마즈미 신사까지 1시간 5분 정도 걸린다. 고속버스는 하카타시마, 오미시마에서 내릴 수 없으니 주의하고 매표 창구에서 꼭 확인하자.
가격 이마바리 버스 터미널~하카타시마 880엔・오미시마 1,060엔・오야마즈미 신사 1,190엔 (어린이는 반값) **홈페이지** www.setouchibus.co.jp

오미시마 블루라인 大三島ブルーライン
JR 이마바리역에서 도보 15분 거리에 있는 이마바리항에서 오미시마 남단의 무나카타宗方항으로 가는 페리가 운항한다. 무나카타항은 도코로 뮤지엄, 이토 도요 건축 박물관 등과 가깝다. 운항 소요시간은 55분이며 페리에 차량과 자전거도 실을 수 있다.
가격 이마바리항~무나카타항 편도 760엔 (자전거 250엔 추가) **홈페이지** www.omishima-bl.net

---

Plus Info

이마바리 지역 관광정보센터
今治地方観光情報センター

가는 법 JR 이마바리역 내
주소 愛媛県今治市北宝来町1-729-8 今治駅構内 **오픈** 09:00~19:00
휴관 연말연시 **전화** 0898-36-1118
홈페이지 www.oideya.gr.jp

이마바리시
📍 당일 추천 코스 📍

이마바리 시내에서 출발해 시마나미카이도를 달려 세토 내해의 섬들을 여행하는 드라이브 여행 코스. 해수 온천으로 따뜻하게 마무리하자.

이마바리성
아름다운 해자와
돌담의 성 구경하기

→ 차로 30분

기로산 전망대
시마나미카이도
최고의 절경 포인트

→ 차로 10분

구루시마 해협 급류관람선
40분 동안의 박진감
넘치는 급류 타기

↓ 차로 10분

페이잔
줄 서서 먹는
소박한 섬 빵집

← 차로 35분

오야마즈미 신사
수천 년 녹나무가
지키고 있는 신의 영역

← 차로 10분

도코로 뮤지엄 오미시마
세토 내해가
작품이 되는 미술관

↓ 차로 1분

이토 도요 건축 박물관
섬의 미래에 관한
건축가의 생각 들여다보기

→ 차로 10분

마레 그라시아 오미시마
해수 노천탕에서 석양
바라보며 온천 즐기기

→ 차로 50분

하쿠라쿠텐
명물 돼지고기 계란밥으로
저녁 식사

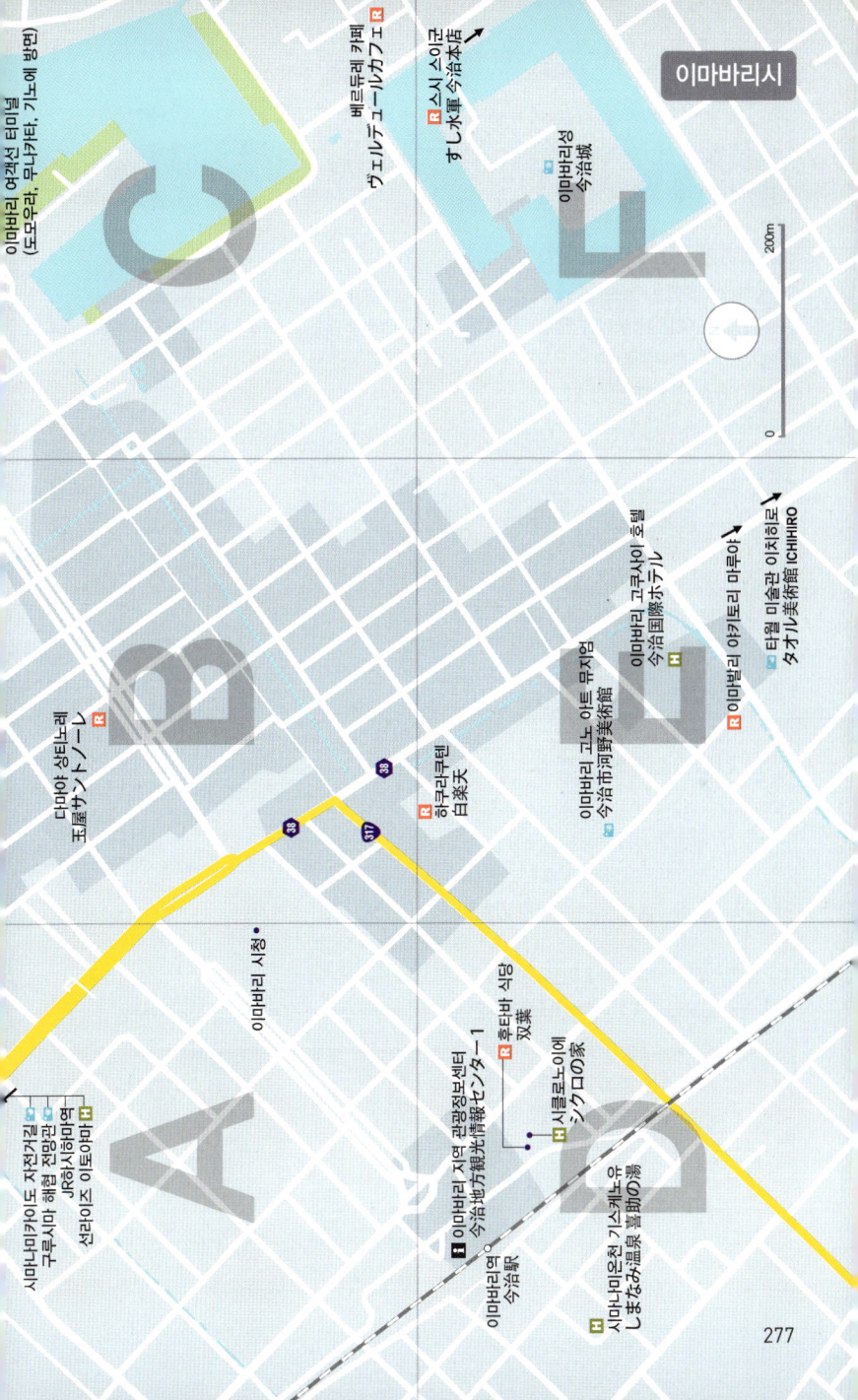

SEE

일본 3대 수성
이마바리성 今治城

일본에서 보기 드물게 해자에 바닷물을 끌어들인 평지성으로 일본 3대 수성水城 중 하나이다. 건축물은 대부분 새로 복원된 것이지만 해자와 돌담은 옛 모습 그대로다. 천수각(덴슈카쿠天守閣)에 오르면 이시즈치산 연봉과 구루시마 해협 대교, 세토 내해가 한눈에 펼쳐진다. 일몰부터 밤 11시까지 조명이 화려하게 밝혀져 낮과 또 다른 풍경을 볼 수 있다.

Data 지도 277p-F
가는 법 JR 이마바리역에서 도보 20분 **주소** 愛媛県今治市通町 3-1-3 **오픈** 09:00~17:00 **휴관** 12/29~31 **요금** 천수각 성인 520엔, 학생 260엔 **전화** 0898-31-9233 **홈페이지** museum.city.imabari.ehime.jp/imabarijo/

예술로 탄생한 수건
타월 미술관 이치히로 タオル美術館 ICHIHIRO

이마바리의 뛰어난 방직기술과 예술을 융합시킨 세계 유일의 타월 미술관. 무민 캐릭터, 화가이자 그래픽 디자이너인 마타노 아쓰코俣野温子의 작품이 숙련된 방직 기술자의 손을 거쳐 탄생한 '타월 아트'를 감상할 수 있다. 이마바리 타월 브랜드를 대표하는 흡수력과 촉감이 좋은 수건부터 피부가 연약한 아기들을 위한 유아용품까지 다양한 패브릭 제품을 판매한다. 유럽 성과 정원을 테마로 꾸민 미술관은 산책하며 기념 촬영하기에 좋다.

Data 지도 277p-E
가는 법 JR 이마바리역에서 차로 25분 **주소** 愛媛県今治市朝倉上甲2930 **오픈** 10:00~17:30 **요금** 성인 800엔, 중·고등학생 600엔, 초등학생 400엔 **전화** 0898-56-1515 **홈페이지** www.towelmuseum.com

자전거 여행자의 온천
시마나미온천 기스케노유 しまなみ温泉 喜助の湯

이마바리역 인근에 세토우치 자전거 여행자를 위한 목욕 시설이 새로 생겼다. 사이클 오아시스로 지정되어 있어 사이클 스탠드와 로커, 간단한 자전거 수리와 급수 서비스를 이용할 수 있다. 탕은 평범한 실내탕이지만 널찍한 규모에 지역의 역사를 바탕으로 꾸민 타일 벽화가 눈길을 사로잡는다. 지하 1,000m에서 퍼 올린 천연 온천은 뜨끈하게 여행의 피로를 풀어준다. 5종류의 광석을 이용한 암반욕, 아로마 테라피 마사지, 1만 권의 만화책이 둘러싼 휴게 공간, 지역의 음식을 즐길 수 있는 깔끔한 레스토랑 등 부대시설이 충실하다. 심야 추가 요금을 지불하면 다음날 9시까지 이용할 수 있다. 병설된 캡슐 호텔에서 보다 편안하게 숙박도 가능하다. 투숙객은 온천 이용이 무료다.

Data **지도** 277p-D **가는 법** JR 이마바리역에서 도보 3분
주소 愛媛県今治市中日吉町1-2-30 **오픈** 06:00~24:00, 심야 이용 24:00~
요금 성인 평일 650엔·주말&공휴일 700엔, 학생 평일 550엔·주말&공휴일 600엔, 어린이 300엔 (심야 평일 1,400엔 추가, 주말·공휴일 1,600엔 추가, 16세 미만 이용 불가) / 캡슐 호텔 1박 3,500엔~
전화 0898-22-0026 **홈페이지** kisuke.com/yu-imabari/

한 편의 영화 같은 풍경
기로산 전망대 亀老山展望台

시마나미카이도 최고의 절경 포인트. 제1·2·3 대교 총 연장 약 4km의 현수교인 구루시마 해협 대교来島海峡大橋의 위용과 아름다운 세토 내해의 풍경을 가장 드라마틱하게 볼 수 있는 곳이다. 오시마 남단 해발 307.8m 기로산 정상에 건축가 구마 겐고隈研吾가 설계한 파노라마 전망대가 자리한다. 주변 경관을 해치지 않도록 자연 지형에 매몰된 형태로 들어선 전망대는 계단과 브리지를 통해 다양한 각도에서 세토 내해를 조망할 수 있다. 일출·일몰·야경 때는 말할 것도 없고 어느 때라도 실망하지 않는 풍경을 마주할 수 있다.

Data 지도 281p-D 가는 법 JR 이마바리역에서 차로 20분, 오시마 내 주소 愛媛県今治市吉海町南浦487-4 요금 무료 입장 전화 0897-84-2111

거센 급류 속으로
구루시마 해협 급류관람선 来島海峡急流観潮船

간몬 해협, 나루토 해협과 함께 일본 3대 급류로 꼽히는 구루시마 해협은 최대 시속 18km의 거센 급류를 만든다. 이 급류를 바로 눈앞에서 즐길 수 있는 관람선이 요시우미 이키이키관에서 매일 운항한다. 사방이 뚫린 낮은 배를 타고 거친 소용돌이와 파도 속으로 들어가는데, 특히 배의 엔진을 끄고 급류에 떠다니는 특별한 경험도 할 수 있다. 약 40분 간 짜릿한 급류를 체험하며 자연의 에너지를 온몸으로 느껴보자.

요시우미 이키이키관

Data 지도 281p-C 가는 법 JR 이마바리역에서 차로 20분, 오시마 내 주소 愛媛県今治市吉海町名4520-2 오픈 09:00~16:00(12~2월 5명 이상 예약제) 요금 중등학생 이상 1,800엔, 초등학생 900엔(초등학생 미만은 어른 1명 당 1명 무료) 전화 0897-84-3710 홈페이지 imabari-shimanami.jp/kyuuryuu

일본의 수호신
오야마즈미 신사 大山祇神社

세토 내해의 거의 한가운데 위치한 섬 오미시마에 '일본의 수호신 日本総鎮守'이라 일컬어지는 유서 깊은 신사가 자리한다. 국가 천연기념물로 지정된 수령 2,600년의 녹나무가 신령스러운 기운을 뿜어내고 국가 중요문화재로 지정된 본전과 배전은 600년 세월만큼 무게감이 남다르다. 일본 전국시대 무라카미 수군의 근거지이기도 했던 이 지역의 역사는 보물관에 전시된 갑옷과 투구, 도검에서 엿볼 수 있다. 이 가운데 다수가 국보 및 중요문화재로 지정되었다.

Data **지도** 281p-A
가는 법 JR 이마바리역 앞에서 오미시마 방면 버스 타고 1시간 5분 후 오야마즈미진자마에 하차 (오미시마 내)
주소 愛媛県今治市大三島町宮浦3327
오픈 보물관 08:30~17:00
요금 보물관 성인 1,000엔, 고등·대학생 800엔, 초·중학생 400엔
전화 0897-82-0032

예술과 바다 그리고 나
도코로 뮤지엄 오미시마 ところミュージアム大三島

사업가이자 미술품 수집가 도코로 아쓰오所敦夫가 기부한 현대 조각 작품이 세토 내해의 풍경과 어우러진 작은 미술관. 멕시코 출신 조각가 노에 카츠Noe Katz의 〈키스하는 문Kissing Door〉이 맞이하는 입구를 시작으로 미국에서 활동하는 마리솔Marisol, 일본 작가 하야시 노리치카林範親 등 작품 30여 점이 전시되어 있다. 작품을 감상하며 내려가다 보면 그 끝에 세토 내해가 한눈에 펼쳐지는 테라스가 나타난다. 미국 작가 톰 웨스만Tom Wesselmann의 작품 〈꽃의 등대Scribbled Tulip〉가 멀리 보이는 이 테라스에서 바다와 내가 오롯이 하나되는 비현실적인 순간을 경험할 수 있다.

Data **지도** 281p-A **가는 법** JR 이마바리역 앞에서 오미시마 방면 버스 타고 약 1시간 10분 후 미야우라코宮浦港 하차, 노선버스로 갈아타 도코로 뮤지엄 하차(오미시마 내) **주소** 愛媛県今治市大三島町浦戸2362-3 **오픈** 09:00~17:00 **휴관** 월요일(공휴일이면 그다음 날), 12/27~31 **요금** 성인 310엔, 학생 160엔 **전화** 0897-83-0380 **홈페이지** museum.city.imabari.ehime.jp/tokoro/

건축가의 역할을 고민하다
이토 도요 건축 박물관 伊東豊雄建築ミュージアム(TIMA)

일본의 유명 건축가 이토 도요의 건축 철학을 전시하고 교육하는 박물관. 건축가의 사회적 역할에 대해 오래전부터 고민해온 그는 '모두의 집'이라는 의미의 '민나노이에 프로젝트'를 통해 행정적 관점에서 벗어나 공간을 이용하는 사람의 입장에서 구상한 지역 커뮤니티를 이곳 오미시마를 비롯해 여러 지역에 전개하고 있다. 세토 내해를 바라보며 서 있는 작은 전시관 '스틸 헛Steel Hut'에는 오미시마섬을 중심으로 그가 꿈꾸는 공유의 삶에 관해 전시하고 있다. 그 옆에는 그의 대표작 중 하나인 '실버 헛Silver Hut'이 나가노에서 이축, 복원되어 워크숍 공간으로 활용되고 있다.

Data 지도 281p-A 가는 법 JR 이마바리역 앞에서 오미시마 방면 버스 타고 약 1시간 10분 후 미야우라코宮浦港 하차, 노선버스로 갈아타 도코로 뮤지엄 정류장에서 도보 3분 (오미시마 내)
주소 愛媛県今治市大三島町浦戸2418 오픈 09:00~17:00 휴관 월요일(공휴일이면 그다음 날), 12/27~31
요금 성인 840엔, 학생 420엔 전화 0897-74-7220 홈페이지 www.tima-imabari.jp

햇빛과 바람이 흐르는 조각 미술관
겐 이와타 마더앤차일드 뮤지엄 岩田健母と子のミュージアム

'엄마와 아이'를 주제로 따뜻한 조각 작품을 선보여온 일본 조각가 이와타 겐岩田健의 작품 44점을 전시하고 있는 야외 미술관. 전쟁으로 친형을 잃고 슬픔에 잠긴 엄마의 모습을 목도한 작가는 조각 작품을 통해 전쟁의 참상과 평화의 중요성을 말해왔다. 지름 약 16m의 거대한 원통형 콘크리트 벽으로 이루어진 이 전시관은 오미시마와 인연이 깊은 이토 도요伊東豊雄가 설계했다. 이 섬의 아름다움을 누구보다 잘 알고 있던 건축가는 하나의 벽체를 세우는 최소한의 개입으로 조각 작품 사이에 햇빛과 바람, 구름이 흐르는 공간을 완성했다.

Data 지도 281p-A 가는 법 JR 이마바리역 앞에서 오미시마 방면 버스 타고 약 1시간 10분 후 미야우라코宮浦港 하차, 노선버스로 갈아타 무나카타宗方 정류장에서 도보 10분
주소 愛媛県今治市大三島町宗方5208-2 오픈 09:00~17:00
요금 월요일(공휴일이면 그다음 날), 12/27~31
가격 성인 310엔, 학생 160엔 전화 0897-83-0383
홈페이지 museum.city.imabari.ehime.jp/iwata/

몸과 마음을 치유하는 해수온천
마레 그라시아 오미시마 マーレ・グラッシア大三島

해안도로에 자리한 인기 있는 해수 온천시설. 해수를 그대로 사용한 노천탕에서 바닷바람을 솔솔 맞으며 여행의 피로를 풀어보자. 저녁에는 세토 내해를 붉게 물들이는 환상적인 석양도 볼 수 있다. 샴푸와 바디샤워 등 목욕용품이나 수건이 따로 구비되어 있지 않기 때문에 지참하거나 자판기에서 구입해야 한다. 바다를 바라보는 널찍한 휴게 공간에는 마사지 의자가 있고 로비에서는 현지의 채소나 과일을 저렴하게 판매한다.

Data 지도 281p-A 가는 법 JR 이마바리역 앞에서 오미시마 방면 버스 타고 약 1시간 10분 후 미야우라코宮浦港 하차, 도보 15분(오미시마 내) 주소 愛媛県今治市大三島町宮浦5902 오픈 10:00~20:00 휴관 수요일, 2월 첫째 화·수·목요일 요금 성인 520엔, 어린이 260엔 전화 0897-82-0100

하카타 소금의 모든 것
하카타노 시오 오미시마 공장 伯方の塩 大三島 工場

에히메의 유명 소금 브랜드 '하카타노 시오伯方の塩'의 공장을 무료 견학할 수 있다. 세토 내해의 섬 '하카타지마'에서 이름을 딴 '하카타노 시오'는 소금 산업 근대화로 일본 전역에 염전업이 금지되던 1970년대 지역 주민의 단합된 노력을 통해 천일 염전 방식을 지켜내며 널리 알려지게 되었다. 이곳에서는 소금 제작공정과 실제 작업장을 볼 수 있고, 다양한 소금 상품도 구입할 수 있다. 마레 그라시아 바로 옆에 있으니 함께 들르기 좋다.

Data 지도 281p-A 가는 법 JR 이마바리역 앞에서 오미시마 방면 버스 타고 약 1시간 10분 후 미야우라코宮浦港 하차, 도보 15분(오미시마 내) 주소 愛媛県今治市大三島町台32 오픈 견학 09:00~16:00 휴관 12/28~1/7, 8/13~17 요금 입장 무료 전화 0897-82-0660 홈페이지 www.hakatanoshio.co.jp/factory/

EAT

섬마을의 의미 있는 변화
오미시마 민나노 와이너리
大三島 みんなのワイナリー

2016년 오미시마의 고민가 재생 프로젝트를 통해 카페 및 이벤트 공간으로 변모한 '오미시마 민나노이에(모두의 집)'가 2021년에 두 번째 변화를 맞이했다. 오미시마는 온화한 기후와 배수가 좋은 흙 등 포도 재배에 적합한 풍토를 가지고 있어서 섬의 빈 땅을 포도밭으로 탈바꿈시키는 와이너리 프로젝트를 진행한 것. 그 결실로 2017년 양조용 포도를 첫 수확하고 2019년에는 양조장을 지은 후 섬의 풍토를 담은 오미시마 와인을 선보였다. 오미시마 민나노 와이너리에서는 이 와인을 만날 수 있다. 샤르도네 품종의 포도를 오크통에서 숙성시켜 완성한 화이트 와인을 비롯해 켐벨얼리 레드 와인, 에히메 귤로 만든 스파클링 와인 등 다양한 섬 와인을 판매한다.

Data 지도 281p-A 가는 법 JR 이마바리역 앞에서 오미시마 방면 버스 타고 1시간 5분 후 오야마즈미진자마에 하차, 도보 4분 (오미시마 내) 주소 愛媛県今治市大三島町宮浦5562 오픈 10:00~16:00 휴무 월요일 전화 0897-72-9377 홈페이지 ohmishimawine.com

섬 농부의 작은 빵집
페이잔 Paysan

손수 만든 벽돌 화덕에서 구운 천연효모 빵을 파는 작은 빵집. 섬 한구석에 있어 찾아가기 쉽지 않지만 무첨가, 오가닉 재료를 고집한 소박하고 건강한 빵은 충분한 보상을 해준다. 특히 여러 종류의 베이글은 두고두고 생각나는 맛. 갓 구운 여러 종류의 빵과 수프, 샐러드가 한 접시에 나오는 런치 메뉴도 있다. 오래전 도시에서 귀농한 주인장은 섬의 풍경처럼 여유롭고 따뜻하게 맞아준다. 참고로 '페이잔'은 프랑스어로 '농부'를 뜻한다.

Data 지도 281p-D 가는 법 JR 이마바리역에서 차로 25분 (오시마 내) 주소 愛媛県今治市吉海町本庄477 오픈 금~일요일(토요일은 카페만 영업) 11:00~17:00 휴무 월~목요일, 부정기 휴일 가격 베이글 140엔부터, 빵 플레이트 런치 1,300엔 전화 0897-84-4016 홈페이지 www.q-paysan.com

이마바리 명물 돼지고기 계란밥
하쿠라쿠텐 白楽天

이마바리의 B급 구르메로 유명한 '야키부타타마고메시焼豚玉子飯'는 원래 한 중화요리점에서 주방 직원이 먹던 음식이었다. 1970년 하쿠라쿠텐를 개업하면서 선대 점주가 이를 메뉴로 냈는데, 인근 고등학생들 사이에서 입소문이 나면서 순식간에 이 집의 간판 스타가 되었다. 지금은 이마바리의 명물로 자리잡았다. 풀이하면 돼지고기 계란밥이다. 밥에 구운 돼지고기, 매콤한 간장 양념장을 넣고 반숙 계란 두 개를 얹은 간단한 요리지만 입에 짝짝 붙는 맛이다. 양이 부족하면 만두(교자), 닭튀김(가라아게), 라멘 등과 세트로 즐겨도 좋다.

Data 지도 277p-E 가는 법 JR 이마바리역에서 도보 8분 주소 愛媛県今治市常盤町4-1-19
오픈 11:00~15:00, 17:00~22:00 휴관 화요일, 12/31~1/1 가격 야키부타타마고메시 880엔, 야키교자(6개) 500엔 전화 0898-23-7292 홈페이지 www.hakurakuten.net

철판에 바삭 익혀 먹는 맛
이마바리 야키토리 마루야 Yakitori Maruya

닭고기를 꼬치에 꽂아 숯불에 굽는 것이 아닌, 철판에 튀기듯이 굽는 이마바리 스타일의 야키토리를 맛볼 수 있는 야키토리 전문점. 대표 메뉴인 닭 껍질로 만든 '가와야키皮焼き'는 철판에 누르면서 앞뒤로 바삭 구워서 식감도 좋고 맥주 안주로 그만이다. 이마바리식 닭튀김 '센잔기せんざんぎ', 재료에 따라 철판과 숯불을 융합한 메뉴 등 구이 요리를 다양하게 맛볼 수 있다.

Data 지도 277p-E 가는 법 JR 이마바리역 동쪽 출구에서 도보 12분 주소 愛媛県今治市旭町4-3-32
오픈 17:00~21:30 휴무 일요일 가격 가와야키 380엔, 센잔기 680엔~ 홈페이지 yakitorimaruya.com

아침부터 문 여는 도시락 맛집
후타바 식당 二葉

이마바리역 앞에 자리한 후타바는 겉보기에는 조그만 도시락 가게 같다. 하지만 시코쿠 에키벤 駅弁(역에서 판매하는 도시락) 선수권에서 금상을 수상한 깊은 내공의 식당이다. 대표 메뉴는 오시즈시押寿司(눌러서 만드는 초밥)로 구루시마 해협의 급류에서 잡은 도미를 사용한 초밥이 일품이다. 아침 한정으로 국과 생선, 반찬이 차려진 집밥 같은 정식 메뉴를 낸다. 아주 일찍부터 열기 때문에 갈 길 바쁜 여행자가 끼니를 챙기기 좋다. JR 이마바리역 안에도 도시락 점포가 있다.

Data 지도 277p-D
가는 법 JR 이마바리역에서 도보 1분
주소 愛媛県今治市北宝来町1-1-10
요금 아침 정식 770엔, 도미 오시즈시 1,540엔
오픈 06:00~18:00
전화 0898-22-1859
홈페이지 www.futaba-b.com

이마바리 일품 빙수
다마야 상티노레 玉屋サントノーレ

1952년에 문을 연 과일 빙수 집. 이렇게 오래된 빙수 집이 있다는 것도 신기한데 그보다 더 놀라운 것은 세련된 맛과 30여 가지가 넘는 종류다. '인기 넘버 원' 자리를 놓치지 않는 딸기 빙수는 셔벗에 가까운 질감에 딸기의 상큼 달콤한 맛이 입안 가득 넘친다. 창업 때부터 있던 밀크 쉐이크도 맛이 진하다. 겨울에는 케이크를 주로 판매한다. 세련된 맛과 달리 영락없이 분식점 같은 실내에는 벽면에 유명 인사의 사인이 그득하다.

Data 지도 277p-B
가는 법 JR 이마바리역에서 도보 10분
주소 愛媛県今治市共栄町2-2-54
오픈 11:00~20:00
휴관 부정기 휴무(7월과 8월은 무휴)
가격 생딸기 우유빙수 700엔, 밀크 쉐이크 600엔
전화 0898-22-2076 **홈페이지** www.instagram.com/tamaya_shaved_ice

PLUS TOUR

시마나미카이도 여행의 동반자, 미치노 에키 道の駅

일본 국도 휴게소를 뜻하는 '미치노 에카'. 시마나미카이도에서는 렌탈 사이클 터미널도 겸하고 있어서 자동차뿐 아니라 자전거의 쉼터이기도 하다. 지역 특산품 판매장을 잘 갖추고 있고, 특산물을 이용한 든든한 한 끼 식사도 가능하다.

미치노 에키 요시우미 이키이키관 道の駅 よしうみいきいき館

구루시마 해협 급류관람선의 선착장이자 구루시마 해협 대교 전망 포인트. 현지의 신선한 해산물을 구입해 숯불에 구워 먹는 바비큐가 인기 만점이다.

Data 지도 281p-D 가는 법 오시마미나미大島南 IC에서 차로 5분
주소 愛媛県今治市吉海町名4520-2 오픈 09:00~17:00(레스토랑 10:00~15:00) 전화 0897-84-3710 홈페이지 www.imabari-shimanami.jp/ikiiki/

미치노 에키 시마나미노 에키 미시마 道の駅 しまなみの駅 御島

귤, 레몬, 신선한 채소 등 농산물 직판장이 마련되어 있고 귤을 이용한 주스, 젤리 등의 가공품이 다양하다. 자전거 이용자를 위해 샤워실(유료)을 갖추고 있으며 마을 관광안내소를 겸한다.

Data 지도 281p-A 가는 법 오야마즈미 신사 정류장 하차, 도보 2분
주소 愛媛県今治市大三島町宮浦3260 오픈 08:30~17:00
전화 0897-82-0002 홈페이지 www.mishima-eki.jp

미치노 에키 하카타 S·C 파크 마린 오아시스 道の駅 伯方S·CパークマリンオアシスはかたBu

하카타 휴게소 내에 체육공원Sports, 콘서트홀Culture까지 갖춘 S·C 파크. 유명한 하카타 소금을 넣어 만든 시오(소금) 라멘과 소프트 아이스크림을 맛볼 수 있다.

Data 지도 281p-B 가는 법 하카타지마 버스 터미널 하차 또는 하카타지마 IC에서 차로 1분 주소 愛媛県今治市伯方町叶浦甲1668-1 오픈 09:00~17:00(레스토랑 10:00~15:00) 전화 0897-72-3300 홈페이지 www.imabari-shimanami.jp/hakata/

미치노 에키 다타라 시마나미 코엔 道の駅 多々羅しまなみ公園

오미시마와 이쿠치시마를 잇는 다타라 대교의 전망 포인트이자 '자전거의 성지 기념비'가 서 있어 기념 촬영을 많이 한다. 농수산물 직판장이 열리고 능성어(마하타) 요리가 유명하다.

Data 지도 281p-B 가는 법 오미시마 버스 터미널 하차 또는 오미시마 IC 바로 주소 愛媛県今治市上浦町井口9180-2 오픈 09:00~17:00 (레스토랑 10:00~16:00) 전화 0897-87-3866 홈페이지 www.imabari-shimanami.jp/tatara/

SLEEP

자전거 여행자의 집
시클로노이에 シクロの家

시마나미카이도 시코쿠 쪽 관문인 이마바리 시내 중심가에 자리한 게스트하우스. 자전거를 좋아하는 사람들이 모여 만든 곳인 만큼 시마나미카이도 자전거 여행에 관해 빠삭하다. 운영진이 직접 자전거 가이드북과 지도를 제작하기도 했다. 홈페이지에 올린 정보도 충실해서 이것만 보고도 여행 준비가 가능할 정도. 자전거 거치대는 물론 정비소도 갖추고 있다. 오리지널 티셔츠, 배지, 엽서 등도 판매한다. 고민가를 고쳐 만든 숙소는 어딘지 정겨운 느낌이다. 객실은 2층 침대의 2~4인실 도미토리로 이루어져 있다. 시마나미카이도 자전거 여행 초심자에게 특히 추천하고픈 게스트하우스다.

Data 지도 277p-D
가는 법 JR이마바리역에서 도보 1분
주소 愛媛県今治市北宝来町1-1-12
가격 도미토리 1인 2,900엔, 2인실 6,800엔
전화 0898-35-4496
홈페이지 www.cyclonoie.com

오가닉 스타일 숙소
오하나 게스트하우스
OHANA Guesthouse

빈집을 개조해 주인의 취향대로 꾸민 개성만점 게스트하우스. 아시아와 남미의 토속적인 장식품으로 꾸민 1층 카페에서 오가닉 재료로 만든 음료도 즐길 수 있다. 2층의 숙소는 다섯 개의 방과 공용 샤워실, 화장실로 이루어져 있다. 작은 모래 정원이 있는 거실과 이마바리의 오가닉 수건을 이용한 침구 등 지역의 멋을 잘 살린 소박한 공간이다. 오미시마의 오야마즈미 신사, 자전거 렌털 사이클 터미널과 가까운 위치도 편리하다.

Data 지도 281p-A **가는 법** 이마바리 버스 터미널에서 오미시마 미야우라 방면 버스 타고 약 1시간 10분 후 미야우라노쿄宮浦農協 또는 미야우라ко宮浦港 하차, 도보 5분
주소 愛媛県今治市大三島町宮浦5341
가격 도미토리 1인 2,900엔부터, 조식 500엔
전화 0897-82-0023
홈페이지 ohanaguesthouse.net

우치코 & 오즈시
内子 & 大洲市

에도 시대 말 번성했던 상업 거리가 잘 보존되어 있는 우치코와 '이요의 작은 교토'라 불리는 오즈. 닮은 듯 다른 두 도시, 우치코와 오즈로 시간 여행을 떠나보자. 마쓰야마 시내에서 기차를 타고 떠나는 근교 여행지로도 딱 적당하다.

우치코 & 오즈시 돌아보기

우치코 & 오즈시 교통

우치코의 주요 관광지는 JR 우치코역에서 도보로 5~20분이면 다 갈 수 있어서 큰 무리 없이 다닐 수 있다. 반면, 오즈의 메인 거리는 JR 이요오즈역에서 도보로 20분 정도 떨어져 있고, 각 관광지도 다소 거리가 있어 체력 안배를 잘 해야 한다.

*** Plus Info ***

우치코 여행안내소 다비리안 旅の案内所「旅里庵」
Data 지도 295p-F
가는 법 JR 우치코역 내 주소 愛媛県喜多郡内子町内子324
오픈 09:00~17:00 휴관 12/29~1/2 전화 0893-43-1450
홈페이지 www.we-love-uchiko.jp

오즈 관광종합안내소 大洲観光総合案内所
Data 지도 297p-F 가는 법 JR 이요오즈역에서 도보 20분, 아사모야 내 주소 愛媛県大洲市大洲649-1 大洲まちの駅あさもや 内 오픈 09:00~18:00 전화 0893-57-6655 홈페이지 www.oozukankou.jp/index02.html

우치코 & 오즈시
📍 당일 추천 코스 📍

우치코와 오즈의 골목을 따라 거닐며 에도 시대부터 메이지, 쇼와 시대까지 과거로 떠나는 시간 여행을 즐겨보자. 타임머신은 없어도 되지만 편안한 운동화와 튼튼한 두 다리는 꼭 필요하다.

오즈성 — 언덕 위의 아름다운 성 만나러 가기

→ 도보 15분 →

가류 산장 — 차경의 미학을 뽐내는 정원 감상하기

→ 도보 5분 →

오모이데 소코 — 빈티지 한정판의 물건 구경하기

↓ 도보 2분

오즈 로바타 아부라야 — 고풍스러운 공간에서 즐기는 향토요리

← 도보 20분 + JR열차 10분 + 도보 5분 ←

우치코자 — 우치코 옛 거리의 상징과도 같은 가부키 극장

← 도보 5분 ←

상업과 살림 박물관 — 번성했던 옛 시절 상인들의 생활 구경하기

↓ 도보 5분

목랍 자료관 가미하가 저택 — 우치코 번영의 시작이 된 목랍 산업 배우기

→ 도보 10분 →

줌 슈바르첸 카일러 — 전통 거리에서 즐기는 독일식 소시지와 정통 맥주

| 우치코 |

메이지 시대 상업도시의 전경
우치코 요카이치·고코구 거리 内子 八日市・護国の町並み

에도 시대부터 메이지 시대까지 양초의 원료가 되는 목랍(옻나무 열매를 짓찧어서 추출한 기름) 생산과 해외 수출로 번창했던 상업 도시 우치코. 호화로운 대저택과 상가, 창고 등이 잘 남아 있는 거리는 중요 전통적 건조물군 보존지구로 지정되었다. JR 우치코역에서 5분 거리에 자리한 우치코자를 시작으로 큰 길을 따라가다 보면 시간을 거꾸로 거스르는 듯 현대적인 건물이 점차 드물어진다. 이요 은행伊予銀行을 기점으로 서북쪽 방향의 거리가 우치코의 하이라이트이다. 약 600m 거리 양쪽으로 늘어선 고급스러운 문양과 호화스런 장식의 옛 건축은 당시 이곳에서 누렸던 부를 짐작하게 한다. 특히, 이 지역 황토로 만든 노란색 흙벽은 독특한 풍취를 자아낸다. 예스러운 건물을 살린 카페, 레스토랑, 숙박 시설 등은 여행자에게 한층 특별한 추억을 남긴다. 유카타를 입고 거리를 거닐 수 있도록 옷을 대여해 주는 곳도 있으니 인생 사진에 도전해 보자.

Data 지도 295p-F
가는 법 JR 우치코역에서 도보 12분 홈페이지 www.we-love-uchiko.jp/spot_center/

우치코 요카이치·고코구 거리 구석구석 즐기기

우치코 번영의 일등공신
목랍 자료관 가미하가 저택 木蝋資料館 上芳我邸

가미하가는 우치코 목랍 생산의 주축인 혼하가本芳我의 분가다. 초창기에 지어진 창고와 우치코 목랍 생산 전성기에 지어진 저택 및 부속건물 등 총 10동이 국가 중요문화재로 지정되어 있다. 끝도 없이 이어진 방과 아름다운 정원은 당시 대부호의 생활을 잘 보여준다. 목랍 생산 과정을 모형과 영상으로 알기 쉽게 설명한 목랍 자료관이 있다. 실제 목랍을 생산하던 시설도 볼 수 있다.

Data 지도 295p-B 가는 법 JR 우치코역에서 도보 20분 주소 愛媛県喜多郡内子町内子2696 오픈 09:00~16:30 휴관 연말연시 가격 성인 500엔, 초·중학생 250엔 전화 0893-44-2771 홈페이지 www.we-love-uchiko.jp/spot_center/spot_c3/

실감 나는 우치코 생활사
상업과 살림 박물관 商いと暮らし博物館

에도 시대 말부터 메이지 시대까지 약국의 점포와 가옥을 재현해 상업도시 우치코의 생활상을 전시한 박물관. 실물 크기의 인형을 두고 음성까지 더해 식사부터 경영에 이르는 생활 전반의 모습을 실감 나게 엿볼 수 있다. 약이나 잡화, 간판 등 당시의 물건이 진열된 입구는 기념 사진을 찍기에도 좋다.

Data 지도 295p-F 가는 법 JR 우치코역에서 도보 9분 주소 愛媛県喜多郡内子町内子1938 오픈 09:00~16:30 휴관 연말연시 가격 성인 200엔, 초·중학생 100엔 전화 0893-44-5220 홈페이지 www.we-love-uchiko.jp/spot_center/spot_c5/

100년 역사의 가부키 극장
우치코자 内子座

1916년 문을 연 가부키 전용 극장으로 우치코 거리의 상징과도 같다. 노후되어 문을 닫을 뻔했던 극장은 지역 주민의 성원에 힘입어 1985년 복원됐다. 이후 꾸준히 가부키 공연을 올리며 지역의 명물로 자리 잡았다. 공연이 없는 날에는 내부 관람이 가능하다. 무대를 회전시키는 장치나 무대 혹은 객석의 바닥 아래에서 공연자가 출몰하도록 한 장치는 흥미진진한 상상을 불러일으킨다.

Data 지도 295p-E 가는 법 JR 우치코역에서 도보 5분 주소 愛媛県喜多郡内子町内子2102 오픈 09:00~16:30 휴관 연말연시 가격 성인 400엔, 초·중학생 200엔 전화 0893-44-2840 홈페이지 www.we-love-uchiko.jp/spot_center/spot_c2/

※ 위 세 곳은 세트권 성인 900엔, 초·중학생 450엔이고 각 시설 매표소에서 세트권을 구입할 수 있다.

| 오즈시 |

언덕 위의 아름다운 성
오즈성 大洲城

오즈 시내를 휘돌아가는 히지카와肱川강 옆의 야트막한 언덕에 자리한 오즈성. 규모는 크지 않지만 주변 환경과 한 폭의 그림처럼 어우러진 아름다운 성이다. 천수각(덴슈카쿠天守閣)은 과거의 그림과 사진 등이 잘 남아 있어 거의 원형에 가깝게 복원되었다. 천수각 일대를 국가 중요문화재인 4기의 망루가 에워싸고 있다. 주변에 높은 건물이 거의 없어 우뚝 솟아 보이지만 막상 가까이 다가가면 규모가 크지 않다.

Data 지도 297p-C **가는 법** JR 이요오즈역에서 도보 25분
주소 愛媛県大洲市大洲903
오픈 천수각 09:00~17:00
가격 성인 550엔, 어린이 220엔 / 오즈성 & 가류 산장 세트권 성인 880엔, 중학생 이하 330엔
전화 0893-24-1146
홈페이지 www.ozucastle.jp

일본 정원 건축의 극치

가류 산장 臥龍山荘

에도 시대 오즈번의 번주가 조성한 정원에 메이지 시대 목랍 거상이 완성한 가류 산장. 구상만 10년, 시공에 4년이 걸린 역작으로 1907년 세상에 모습을 드러냈다. 웅대하고 투박한 억새지붕의 별장 '가류인臥龍院'은 손잡이부터 창호지까지 구석구석 당대 장인의 손이 닿지 않은 것이 없다. 오솔길을 따라 석등과 작은 다실, 꽃과 나무를 지나면 까마득한 절벽 끝에 암자 '후로안不老庵'이 자리한다. 사방이 트여 있는 암자에 앉아 있으면 거대한 물줄기의 히지카와肱川강 위에 떠 있는 것 같은 기분이 든다. 흐르는 강물과 우거진 고목에 둘러싸여 오롯이 자연과 하나되는 공간이다.

Data **지도** 297p-F **가는 법** JR 이요오즈역에서 도보 25분 **주소** 愛媛県大洲市大洲411-2 **오픈** 09:00~17:00 **가격** 성인 550엔, 어린이 220엔 / 오즈성 & 가류 산장 세트권 성인 880엔, 어린이 330엔 **전화** 0893-24-3759 **홈페이지** www.garyusanso.jp

석양을 달리는 낭만 기차 여행

이요나다모노가타리 伊予灘ものがたり

에히메의 서쪽 해안 '이요나다'를 달리는 관광열차. 1호차는 바다를 붉게 물들이는 석양빛, 2호차는 귤과 태양을 표현한 황금빛을 테마로 꾸몄고, 환대의 의미를 담은 3호차는 일행끼리(8명 정원) 전세로 이용 가능하다. JR 마쓰야마역에서 JR 이요오즈역 또는 JR 야와타하마八幡浜역까지 두 노선을 상행과 하행으로 구분한 네 개의 관광상품으로 판매한다. 좌석에는 모두 테이블이 있으며, 열차가 달리는 동안 아름다운 풍경을 감상하면서 식사 또는 애프터눈 티 세트를 즐길 수 있다. 중간에 세토 내해와 가장 가까운 간이역 JR시모나다下灘역에서 약 10분간 정차한다. 전석 사전 예약.

Data **가는 법** JR 마쓰야마역에서 출발 **가격** 열차 좌석+식사 및 애프터눈 티 세트 포함 5,170엔~9,500엔 **홈페이지** iyonadamonogatari.com

추억의 그 시절
포코펜 요코초 ポコペン横丁

골목길에서 친구들과 뛰어놀던 옛 시절을 재현한 복고풍 거리. 손 그림의 입간판과 레트로 자동차가 추억을 소환한다. 일요일에는 너른 앞마당에 복고풍의 플리마켓이 반짝 열린다. 평상 시에는 휑하던 가게에서 좌판을 펼쳐 놓고 빈티지한 물건을 판매하거나 고로케, 꼬치구이, 라멘 등 먹거리 장터가 열린다. 그 시절 아이들이 즐겨 하던 팽이치기, 구슬치기, 비눗방울 놀이 등도 해보는 등 세대를 연결하는 시간을 보낼 수 있다.

Data **지도** 297p-F **가는 법** JR 이요오즈역에서 도보 20분 **주소** 愛媛県大洲市大洲103
오픈 4~11월 매주 일요일 10:00~15:30, 12~2월 셋째 주 일요일 10:00~15:00 **전화** 0893-24-2664
(오즈시 관광협회) **홈페이지** pokopen.yokochou.com

빈티지 수집의 끝판왕
오모이데 소코 思ひ出倉庫

포코펜 요코초 안쪽에 1960~70년대를 통째로 옮겨놓은 듯한 창고가 자리한다. 옛날 이발소, 학교 앞 문방구 등을 재현해 그리운 시절을 떠올리게 하는 물건으로 빼곡하게 채웠다. 하나하나 찬찬히 둘러보면 하루가 모자랄 정도. 절판된 잡지, 빈티지 자동차는 마니아의 눈을 번쩍 뜨이게 하고, 코카콜라 컬렉션은 수집 욕구를 자극한다. 아쉽게도 판매하지는 않기 때문에 눈과 사진으로 담아가는 것에 만족해야 한다.

Data **지도** 297p-F **가는 법** JR 이요오즈역에서 도보 20분, 포코펜 요코초 내 **주소** 愛媛県大洲市大洲103
오픈 09:30~16:30 **휴관** 연말연시, 부정기 휴무 **가격** 성인 200엔, 중학생 이하 100엔
전화 0893-24-2664(오즈시 관광협회)

EAT

옛 거리에서 즐기는 독일 요리
줌 슈바르첸 카일러 Zum schwarzen Keiler

우치코의 고민가 사이에서 어울리지 않게 펄럭이는 독일국기가 이곳의 정체성을 말해준다. 독일인 남편과 일본인 아내가 운영하는 독일 요리 레스토랑으로 본고장의 소시지와 슈니첼(송아지고기 커틀릿)을 맛볼 수 있다. 독일 바이에른주 프랑켄 지역의 맥주 '켈러비어'와 찰떡궁합이다.

Data 지도 295p-B 가는 법 JR 우치코역에서 도보 25분 주소 愛媛県喜多郡内子町城廻204-1 오픈 월~토요일 17:00~21:30, 일요일 11:30~14:30, 17:00~21:30 휴관 수요일, 그 외 임시휴일 가격 그릴 소시지 704엔 슈니첼 1528엔 전화 0893-57-9066 홈페이지 peraichi.com/landing_pages/view/keiler2013

멋스러운 한 끼
오즈 로바타 아부라야 大洲炉端 油屋

지역의 제철 재료를 이용해 저녁에는 철판요리를, 낮 동안에는 깔끔한 식사를 즐길 수 있다. 고급스런 상자에 담겨 미니 가이세키처럼 나오는 '오늘의 런치세트'는 20인 한정으로 판매하는데, 금세 동이 날 정도로 인기. 붉은 도미회를 에히메현산 쌀밥과 곁들여 먹는 도미밥(타이메시鯛飯) 정식과 에히메산 돼지고기와 오즈산 밤을 함께 넣고 간장에 졸인 덮밥 돈쿠리 마부시とんくりまぶし 등 지역의 맛이 살아 있다. 저녁에는 바로 눈앞에서 구워주는 꼬치구이, 오코노미야키를 즐길 수 있다. 200여 년 전 료칸으로 사용되던 공간의 풍취를 살린 고재와 정원이 멋스러움을 더한다.

Data 지도 297p-F 가는 법 JR 이요오즈역에서 도보 20분 주소 愛媛県大洲市大洲42 오픈 11:30~14:00, 18:00~23:00 가격 오늘의 런치세트 880엔, 타이메시 1,320엔, 돈쿠리 마부시 1,210엔 휴관 월요일(공휴일이면 다음 날) 전화 0893-23-9860 홈페이지 www.roundtable-tky.com/aburaya/

전통을 이어가는 양초 가게
오모리 와로소쿠야 大森和蝋燭屋

양초의 원료가 되는 목랍이 특산물이었던 우치코에는 200여 년 동안 대를 이어가며 옛 방식 그대로 전통 양초(와로소쿠)를 만드는 가게가 있다. 이곳의 양초는 일본 종이와 등심초(골풀), 풀솜으로 묶은 심을 대나무 꼬챙이에 꿰어, 40~45도에서 녹인 목랍을 손으로 건져 올려 여러 번 덧칠하는 방식으로 만들어진다. 천연 소재를 사용하여 여러 겹으로 덧발라 마무리한 양초는 불꽃이 크고 그 을음이 적으며 무엇보다 불꽃의 흔들림이 매력적이다. 가게 내에는 다양한 양초를 판매하고 있으니 기념품이나 여행 선물로 구입하는 것도 좋다.

Data 지도 295p-D 가는 법 JR 우치코 역에서 도보 15분
주소 愛媛県喜多郡内子町内子2214 오픈 09:00~17:00
휴무 화·금요일 전화 0893-43-0385 홈페이지 omoriwarosoku.jp

고민가에서의 하룻밤
우치코바레 内子晴れ

170년 된 고민가의 구조와 분위기는 살리고 편리하게 재정비한 게스트하우스. 벽체와 문, 지붕의 구조 등 하나하나 공을 들인 공간임을 알 수 있다. 1층에는 흙바닥의 로비와 한 단 높인 다다미의 공용 거실이 자리하고, 세월이 느껴지는 옛 가구가 정취를 더한다. 한쪽에 마련된 바에서 판매하는 오뎅은 밤에 가볍게 술 한잔 기울이기 딱 좋다. 도미토리는 혼성 6인실과 여성 전용 4인실이 있다. 여닫이문과 커튼이 있어 프라이버시가 어느 정도 보장된다.

Data 지도 295p-D 가는 법 JR 우치코역에서 도보 12분 주소 愛媛県喜多郡内子町内子3025
가격 도미토리 1인 4,091엔 전화 0893-57-6330 홈페이지 uchikobare.jp

Setouchi By Area

04

가가와현
香川県

다카마쓰시 & 쇼도시마 & 나오시마 & 고토히라 & 마루가메시 & 사카이데시

가가와현은 시코쿠의 북동부를 차지하며 세토내해에 점점이 자리한 크고 작은 110여 개의 섬을 포괄한다. 예로부터 해상의 요충지로서 바닷길을 오가는 페리가 노선 버스만큼 활발히 다닌다. '우동현'이라 불릴 정도로 유명한 사누키 우동 외에도 따사로운 햇살과 짠 바닷바람 아래 올리브, 귤, 소금, 소면 등 다채로운 음식 문화가 발달했다. 또한 세토우치 트리엔날레의 중심지로 세계적인 건축과 예술을 곳곳에서 만날 수 있는 가가와현은 기대 이상의 매력이 넘치는 여행지다.

가가와현 세토우치 한눈에 보기

다카마쓰시

세토우치 최대 항구가 자리한 다카마쓰시는 세토우치 트리엔날레를 주최하는 예술의 도시이자 가가와현에서 가장 번화한 도시이다. 리쓰린 공원, 야시마 등 역사적인 장소는 물론, 수많은 인파로 붐비는 중앙 상점가, 세련된 숍과 카페 등 오감을 충족할 수 있는 리스트가 빼곡하다.

쇼도시마

'신의 선물'로 불리는 올리브의 일본 최대 산지인 쇼도시마. 올리브 공원의 하얀 풍차, 간조 때 바닷길이 나타나는 엔젤로드, 빈티지한 풍경의 간장 마을 등 SNS의 포토 스팟으로 유명한 곳이 많다. 올리브뿐 아니라 간장, 소면 등 가가와현의 대표 먹거리가 생산되는 미식의 섬이기도 하다.

데시마

쇼도시마와 나오시마 사이에 자리한 작은 섬 데시마는 이 두 섬을 반반씩 닮아 있다. 지중해성 과실과 계단식 논 등의 풍토는 쇼도시마를, 섬마을 속에 녹아 든 유니크한 미술관과 예술 작품은 나오시마를 연상케 한다.

나오시마

'예술의 섬'이란 별칭으로 더 유명한 나오시마는 예술을 통한 지역 재생이라는 목표를 실현한 이상적인 섬마을이다. 섬의 풍토와 주민들의 삶을 존중하는 토대 위에 들어선 미술관과 예술 작품은 시간이 더해져 원래 그 자리인 양 자연스럽게 스며 들어 있다.

고토히라

일본 전역에서 참배객이 몰려드는 고토히라궁을 중심으로 온천마을이 조성된 고토히라는 가가와현에서 가장 인기 있는 관광지구이다. 또한, 예로부터 밀 농사가 발달해 일본 3대 우동으로 불리는 사누키 우동이 탄생한 지역인 만큼, 오리지널 사누키 우동집을 발견할 수 있다.

마루가메시 & 사카이데시

다카마쓰시 서북부에 인접한 사카이데시와 마루가메시는 시코쿠의 관문인 세토대교 건너 처음 닿는 지역이다. 세토대교 타워, 마루가메성 등 세토 내해의 절경을 감상할 수 있는 관광지와 세토우치의 정취를 담은 미술관이 자리하고, 명물 닭구이 요리 '호네쓰키도리'를 즐길 수 있다.

가가와현 키워드

1 우동현

가가와현의 현관 격인 다카마쓰역의 다른 이름은 '사누키 우동역'이다. 사누키는 가가와현의 옛 지명으로 사누키 우동의 본고장이다. 가가와현에는 삼시세끼 우동으로 배 채울 수 있을 만큼 우동집이 많다. 우동 버스 투어, 우동 학교, 우동 택시 등 우동 테마의 특색 있는 프로그램도 다양해 질적으로도 양적으로도 만족할 수 있는 우동 여행을 즐길 수 있다.

2 예술의 도시

세토 내해의 열 두 섬을 비롯해 두 곳의 항구도시에서 3년마다 열리는 세토우치 트리엔날레. 세계적인 건축가와 예술가가 참여하는 이 예술제의 사무국이 다카마쓰시에 있고 가가와현 지사는 예술제의 회장을 겸임한다. 명실상부 예술제의 주축이자 베이스캠프인 가가와현은 '예술의 도시'를 표방하며 그에 걸맞은 변화를 꾀하는 중이다.

3 곤피라상

바다의 신 '곤피라'를 모신 신사 고토히라궁. 친근하게 '곤피라상(곤피라 씨)'라고 불리는 이 신사는 일본 전국에서 수많은 사람들이 참배를 하러 온다. 에도 시대에는 주인을 대신해서 개의 목에 부적 값을 걸어 보낼 정도로 이곳의 부적이 인기가 높았다. 건강과 액막이에 효험이 있다고 전해지는 부적은 지금도 고토히라궁을 찾은 이들의 필수 구입 품목이다.

4 올리브

1900년대 초 일본에서는 생선 보관용 기름을 얻기 위해 전략적으로 올리브 재배를 시도한다. 가고시마현, 가가와현, 미에현 등 지중해와 기후가 비슷한 몇몇 지역에서 시험 재배를 했는데, 유일하게 성공한 곳이 가가와현의 섬 쇼도시마였다. 현재 쇼도시마 올리브는 일본 내 올리브 생산의 대부분을 차지하며 가가와현 최고의 특산물이자 상징으로 자리매김하고 있다.

가가와현 찾아가기

가가와현으로 입국하기

다카마쓰공항

에어서울이 인천공항에서 가가와현의 관문인 다카마쓰공항까지 매일 운항한다. 1시간 35분 소요. 다카마쓰공항에서 다카마쓰, 고토히라, 마루가메 방면으로 가는 공항 리무진 버스가 운행한다.

홈페이지 www.takamatsu-airport.com

가가와현 각 도시로 가는 법

다카마쓰시

공항 리무진 버스

다카마쓰공항에서 공항 리무진 버스를 타고 JR 다카마쓰역까지 45분 소요된다. 숙소에 따라서 노면 전차 고토덴 리쓰린코엔栗林公園역(25분 소요)과 가와라마치瓦町역(30분 소요) 또는 다카마쓰칫코高松築港역(40분 소요)에서 내릴 수 있다.

가격 다카마쓰공항~JR 다카마쓰역 1,000엔·가와라마치역 900엔·리쓰린코엔역 900엔 (어린이는 반값)
홈페이지 www.takamatsu-airport.com/access/bus/

> **Tip** 리무진 버스 & 고토덴 패스
> 리무진 버스 승차권 2장과 노면 전차 고토덴 일일 승차권 2장으로 구성된 패스를 판매하고 있다. 2인 여행자라면 1,500엔 정도 할인된 금액으로 이용 가능하다. 공항 1층 버스 발권기에서 구입할 수 있다. 요금은 3,000엔.

고토히라 & 마루가메

공항 리무진 버스
다카마쓰공항에서 공항 리무진 버스가 고토히라 방면 또는 마루가메 방면(사카이데, 우타즈 경유)으로 직통 운행한다. JR 고토히라역까지 50분 소요되고, JR 마루가메역까지 1시간 15분 걸린다.

요금 다카마쓰공항~JR 고토히라역 2,000엔 · JR 마루가메역 1,500엔(어린이는 반값) 홈페이지 www.takamatsu-airport.com/access/bus/

JR 열차
JR 다카마쓰역에서 요산予讃선 열차를 타고 JR 마루가메역까지 약 25분, JR 고토히라역까지는 55분 정도 소요된다.

요금 JR 다카마쓰역~JR 마루가메역 560엔 · JR 고토히라역 870엔 홈페이지 www.jr-shikoku.co.jp

쇼도시마

선박

① 다카마쓰항에서 가는 방법
JR 다카마쓰역에서 도보 5분 거리의 다카마쓰항에서 쇼도시마의 도노쇼土庄항 · 이케다池田항 · 사카테坂手항으로 가는 페리가 운항한다. 약 1시간 소요. 도노쇼항으로는 고속선도 있다 (35분 소요).

요금 다카마쓰항~도노쇼항 · 이케다항 · 사카테항 페리 700엔 / 다카마쓰항~도노쇼항 고속선 1,190엔 (어린이는 반값)
홈페이지 www.shikokuferry.com(도노쇼항), ryobi-shodoshima.jp(이케다항), ferry.co.jp(사카테항)

② 우노항에서 가는 방법
JR 오카야마역 앞에서 버스로 약 1시간 거리의 우노항에서 데시마를 경유해 쇼도시마의 도노쇼항으로 가는 페리 또는 고속선을 탈 수 있다. 페리는 1시간 30분, 고속선은 1시간 정도 소요된다.

요금 우노항~도노쇼항 1,260엔 (어린이는 반값)
홈페이지 www.shodoshima-ferry.co.jp

③ 신오카야마항에서 가는 방법
JR 오카야마역에서 버스로 약 40분 거리의 신오카야마항에서 쇼도시마의 도노쇼항으로 가는 페리를 탈 수 있다. 약 1시간 10분 소요.

요금 신오카야마항~도노쇼항 페리 1,200엔 (어린이는 반값) 홈페이지 ryobi-shodoshima.jp

④ 히나세항에서 가는 방법
JR 히나세역 앞에 자리한 히나세항에서 쇼도시마 오베大部항까지 페리로 1시간 소요된다.

요금 히나세항~오베항 페리 1,160엔 (어린이는 반값) 홈페이지 ryobi-shodoshima.jp

나오시마

선박

① 다카마쓰항에서 가는 방법
JR 다카마쓰역에서 도보 5분 거리에 자리하는 다카마쓰항에서 나오시마로 가는 배편이 운항한다. 나오시마의 미야노우라宮浦항까지 페리는 50분, 고속선은 30분 정도 소요된다.

요금 다카마쓰항~미야노우라항 페리 520엔, 고속선 1,220엔 (어린이는 반값)
홈페이지 www.shikokukisen.com

② 우노항에서 가는 방법
오카야마 남단의 우노항에서 배를 타고 20분이면 나오시마로 갈 수 있다. 나오시마 미야노우라항은 페리와 고속선이 다니고, 혼무라항은 고속선만 이용 가능하다.

요금 다카마쓰항~미야노우라항 · 혼무라항 페리&고속선 300엔 (어린이는 반값)
홈페이지 www.shikokukisen.com

메기지마·오기지마

선박

다카마쓰항에서 가장 가까운 섬인 메기지마를 경유해 오기지마까지 페리가 운항한다. 짙푸른 바다와 대비되는 빨간색 페리를 타고 메기지마까지 20분, 오기지마까지 40분 소요된다.

요금 다카마쓰항~메기지마 370엔·오기지마 510엔 / 메기지마~오기지마 240엔(어린이는 반값)
홈페이지 meon.co.jp

> **Tip 다카마쓰항 승강장 찾아가기**
>
> 여러 노선의 선박이 운항하는 다카마쓰항에는 페리인지 고속선인지에 따라 승강장을 구분하고 있다. 각 승강장은 조금씩 떨어져 있어 위치를 파악해 둬야 배 시간에 늦지 않는다. 관광객이 가장 많이 찾는 나오시마의 미야노우라항, 쇼도시마의 도노쇼항·이케다항으로 가는 페리는 1·2번 승강장에서 운항한다. 반면, 고속선으로 나오시마 미야노우라항과 쇼도시마 도노쇼항을 가려면 3번 승강장에서 타야 한다. 나오시마의 혼무라항을 거쳐 데시마 이에우라항으로 가는 고속선은 4번 승강장에서 탑승한다. 예외적으로 고속선이 아닌, 메기지마·오기지마를 오가는 빨간색의 페리가 3번 승강장에서 운항한다. 다카마쓰항에서 쇼도시마 사카테항을 경유해 고베까지 가는 점보 페리의 터미널은 차로 10분 거리에 별도로 있으니 미리 위치를 확인해 두자.

다카마쓰시
高松

가가와현의 중심 도시이자 쇼도시마, 나오시마 등으로 가는 페리가 부지런히 오가는 항구도시 다카마쓰시. 사람과 물자가 모여들고 활기가 넘치는 도시는 쇼핑, 음식, 숙박 등 세토 내해 관광을 위한 거점으로 부족함이 없다.

다카마쓰시 돌아보기

다카마쓰시 교통

시내를 관통하는 노면 전차가 편리하다. 걸어 다니긴 좀 벅차고 노면 전차를 타자니 아까운 생각이 들 때는 자전거가 딱 알맞다.

노면 전차 고토덴 琴電

가와라마치瓦町역을 중심으로 가가와현의 곳곳을 연결하는 노면 전차. 세 개 노선이 각기 다른 색으로 구분되며 고토히라선琴平線(노란색), 나가오선長尾線(초록색), 시도선志度線(빨간색)이 있다. 운영 회사인 다카마쓰 고토히라 전기철도 高松琴平電気鉄道는 애칭 '고토덴'으로 불린다. 귀여운 돌고래 '고토짱'이 마스코트.
요금 1일권 1,400엔, 다카마쓰칫코역~리쓰린 공원 200엔·고토덴 고토히라역 730엔 (어린이는 반값)
홈페이지 www.kotoden.co.jp

자전거

다카마쓰 시내는 자전거 도로가 잘 조성되어 있다. 저렴한 가격으로 시에서 자전거 렌탈 서비스도 운영한다. 외국인은 이용증 발급 시 여권이 필요하다. JR 다카마쓰역 앞 광장 지하, 가와라마치瓦町역 지하, 리쓰린코엔역 앞 등에서 발급받은 후 대여한다.
요금 200엔(24시간 이내) **전화** 087-831-5383(다카마쓰역 자전거 포트)
홈페이지 takamatsu-parking.com/rent-a-bicycle

*** Plus Info ***

가가와·다카마쓰 투어리스트 인포메이션
香川·高松ツーリストインフォメーション

가는 법 JR 다카마쓰역 1층 **주소** 香川県高松市浜ノ町1-20 JR 高松駅1F **오픈** 09:00~20:00 **전화** 087-826-0170
홈페이지 www.my-kagawa.jp

다카마쓰시
📍 당일 추천 코스 📍

주요 관광지와 쇼핑가가 멀지 않아 아침부터 밤까지 꽉 찬 하루를 보낼 수 있다. 부지런히 다녀야 하니 편한 운동화는 필수.

리쓰린 공원
아름다운 일본 정원 만끽하기

→ 공원 내 →

가든 카페 리쓰린
가가와현의 맛을 재해석한 퓨전 이탈리안 요리로 점심 식사

→ 노면 전차 5분 →

다카마쓰 중앙 상점가
최대 아케이드 상점가에서 쇼핑 타임

↓ 도보 10분

마치노슈레963
감각적인 특산품과 선물이 한 가득

← 도보 12분+노면 전차 15분+도보 7분 ←

시코쿠무라
야시마 산기슭에서 시코쿠의 역사와 건축 탐방하기

← 버스 8분+도보 5분 ←

야시마 전망대
아름다운 석양 아래 세토 내해 전망하기

↓ 버스 8분+노면 전차 15분+도보 6분

데우치우동 쓰루마루
밤에 먹는 우동과 오뎅으로 맛있게 마무리

SEE

걸음걸음마다 그림 같은 절경
리쓰린 공원 栗林公園

가가와현을 대표하는 경승지이자, 미쉐린 가이드에서 '일부러 찾아갈 만한 가치가 있다'는 의미의 별 세 개를 받은 유수의 관광지. 16세기 후반 시운산紫雲山을 배경으로 조성되어 200여 년간 다이묘 정원으로 가꾸어졌으며, 축구장 20배의 면적에 여섯 곳의 연못과 열세 곳의 인공 산으로 이루어져 있다. 드넓은 정원은 한 바퀴 도는 데만 1시간은 족히 걸린다. 분재처럼 손질된 아름다운 천 그루의 소나무와 연못, 목조 다리, 석조물, 계절마다 피어나는 꽃이 어우러져 걷는 걸음마다 탄성을 자아낸다. 특히 히라이호飛来峰 봉우리에서 바라보면 시운산을 배경으로 연못을 가로지르는 목조 다리 '엔게쓰쿄偃月橋'와 그 너머로 고풍스러운 정자 '기쿠게쓰테이掬月亭'가 한 폭의 그림 같다. 뱃사공이 관광객을 태운 나룻배가 지나가면 이 그림에 화룡점정이다.

사방이 모두 정면으로 보이는 구조의 정자 기쿠게쓰테이는 리쓰린 공원의 중심 건축이다. 다이묘가 다도를 위해 마련한 공간으로 고즈넉한 분위기에서 차와 화과자를 즐길 수 있다. 이 밖에 중간중간 자리한 다섯 곳의 정자에서 주전부리와 식사를 판매하고 있으니, 경치를 충분히 감상하며 쉬엄쉬엄 머무르다 가도록 하자. 공원 출구에는 가가와현의 먹거리와 공예품을 판매하는 특산물 매장 '가가와 물산관 리쓰리안かがわ物産館 栗林庵'이 있다.

Data 지도 314p-J 가는 법 JR 리쓰린코엔기타구치역에서 도보 3분 또는 노면 전차 리쓰린코엔역에서 도보 10분 또는 JR 리쓰린역에서 도보 20분 주소 香川県高松市栗林町1-20-16 오픈 05:30~19:00(계절마다 다름), 기쿠게쓰테이 09:00~16:30 요금 입장료 성인 410엔, 중학생 이하 170엔 / 기쿠게쓰테이 말차 세트 700엔 전화 087-833-7411 홈페이지 www.my-kagawa.jp/ritsuringarden

세토 내해 전망 명소

야시마 屋島

세토 내해로 돌출된 용암지대의 반도로 지붕屋 모양을 하고 있어서 '야시마'라 이름 붙여졌다. 시코쿠 88 사찰 중 하나인 야시마지屋島寺와 세토 내해를 조망할 수 있는 전망대로 유명하다. 이곳은 또 일본 역사의 주요 사건인 겐페이 전쟁의 전장이기도 해서 관련 유적을 찾아볼 수 있다. 진언종 사찰인 야시마지는 754년 창건되었다. 본당에는 국가 중요문화재로 지정된 관음좌상이 자리하고 있다. '다사부로타누키太三郎狸'라는 너구리를 수호신으로 모시고 있어서 '너구리의 절'이라고도 불린다. 둔갑술을 자유자재로 쓴다는 이 너구리는 지브리 애니메이션 〈폼포코 너구리 대작전〉에 등장하기도 했다. 야시마지 사천문으로 나오면 작은 상점가를 지나 사자 모양의 바위가 있는 시시노레이간 전망대獅子の靈巖展望台로 이어진다. 다카마쓰항을 비롯해 시내의 전경과 세토 내해에 떠 있는 작은 섬, 바다 건너 혼슈의 오카야마현이 파노라마처럼 펼쳐진다. 특히 하늘이 붉게 물드는 석양 때 장관을 이룬다. 해발 293m의 야시마 정상까지 셔틀 버스를 운행하는데, 시간과 체력에 여유가 있다면 등산로를 따라 걸어갈 수도 있다. 1시간 정도 소요된다.

Data 지도 315p-D
가는 법 JR 야시마역(고토덴야시마역 경유)에서 셔틀 버스로 18분 후 야시마산초屋島山上 하차, 도보 5분
주소 香川県高松市屋島東町 1808 전화 087-841-9443 (야시마 관광협회)
홈페이지 www.yashima-navi.jp

시코쿠의 역사 건축을 전시한 야외 박물관
시코쿠무라 四国村

시코쿠의 각 지역에서 이축 및 복원한 민가와 당시의 생활을 엿볼 수 있는 도구들을 전시한 야외 박물관. 도쿠시마현 이야 협곡의 유명한 덩굴 다리를 본뜬 '가즈라바시かずら橋'를 건너면 야시마 산기슭의 풍요로운 자연 속에서 자리한 옛 가부키 무대, 민가, 등대, 창고 등의 다양한 건축물을 산책하며 둘러볼 수 있다. 건축가 안도 다다오가 설계한 시코쿠무라 갤러리에는 피카소, 르누아르의 그림을 전시하고 기획전도 열린다. 자연, 예술, 역사 등 관심사에 따라 코스를 선택해 다닐 수 있으며, 전체를 천천히 둘러보는 데 2시간 정도 소요된다. 시코쿠무라 출입구에 고베의 이진칸(서양인 가옥)을 이축해 티룸이 있고, 에도 시대 초가 지붕 민가에 사누키 우동으로 유명한 '와라야わら家'가 자리한다.

Data 지도 315p-D **가는 법** JR 야시마역에서 도보 10분, 또는 노면 전차 고토덴야시마역에서 도보 5분
주소 香川県高松市屋島中町91 **오픈** 08:30~18:00(11월~3월 17:30까지) **요금** 입장료 성인 1,600엔, 고등학생 1,000엔, 초·중학생 600엔 **전화** 087-843-3111 **홈페이지** www.shikokumura.or.jp

바닷물로 채워진 성곽
다카마쓰 성터·다마모 공원 高松城跡·玉藻公園

다카마쓰성은 에도 시대 다카마쓰번을 통치한 마쓰다이라松平 가문의 거성으로 '다마모성'이라고도 불렸다. 바다에 인접해 삼중의 해자가 세토 내해의 바닷물로 채워져 있으며 천수각이 마치 물 위에 떠 있는 것처럼 보였다고 한다. 다카마쓰 성터를 정비한 다마모 공원에는 천수각은 없는 대신, 국가 중요문화재인 성문과 세 동의 망루가 남아 있고 벚꽃 명소로 유명한 사쿠라노바바(마구간 터)가 있다. 노면 전차 고토덴 다카마쓰칫코역이 성의 서쪽 벽에 바로 붙어 있어서 역 내에서 성벽과 교각이 보이는 이색적인 풍경이 연출된다.

Data 지도 315p-C
가는 법 JR 다카마쓰역에서 도보 3분 또는 노면 전차 다카마쓰칫코역에서 바로
주소 香川県高松市玉藻町2-1
오픈 서문 05:30~18:30, 동문 07:00~18:00(계절마다 다름)
휴관 12/29~31
요금 입장료 성인 200엔, 어린이 100엔
전화 087-851-1521
홈페이지 www.takamatsujyo.com

메기지마 女木島

다카마쓰항에서 4km 정도 떨어진 메기지마. 남북으로 길쭉한 형태의 섬이며 중간쯤에 항구가 자리한다. 섬 중앙의 산 정상에는 거대한 동굴이 있는데, 그 옛날 도깨비가 살았다고 해서 '오니가시마(도깨비섬)'라고도 불린다. 이 도깨비가 모모타로 이야기 속 바로 그 악당 도깨비라는 속설도 전해진다. 곳곳에 도깨비 동상이 있고, 관광안내소도 도깨비를 이미지로 만들었다. 그야말로 도깨비섬이다. 항구 인근에는 아름다운 백사장이 있다. 겨울철 강한 계절풍으로부터 집을 보호하기 위해 쌓아 올린 높은 돌담이 특징적이다. 버스로 가야 하는 동굴을 제외하면 대체로 마을이 평탄해서 유유자적 산책하기 좋다.

Data 홈페이지 www.onigasima.jp

메기지마의 시작
오니가시마 도깨비관 鬼ヶ島おにの館

메기지마 항구에서 맞아주는 관광안내소. 돌담 위로 빨간색 뿔이 돋은 도깨비 얼굴을 하고 있다. 오니가시마 대동굴로 가는 노선 버스 티켓을 판매한다. 자전거, 코인 락커 등을 이용할 수 있다. 영상과 전시로 이루어진 도깨비 자료관이 있다. 관내 식당에서 새우튀김이 뿔 모양처럼 올려진 도깨비 우동도 맛볼 수 있다.

Data **지도** 318p-B **가는 법** 메기지마항 바로 앞 **주소** 香川県高松市女木町15-22
오픈 08:00~17:20(식당 10:20~14:20) **휴무** 월・화요일(식당) **요금** 자전거 대여 600엔,
전동 자전거 1,500엔(08:20~17:00) **전화** 087-873-0728 **홈페이지** oninoyakata.strikingly.com

도깨비가 사는 동굴
오니가시마 대동굴 鬼ヶ島大洞窟

와시가미네鷲ヶ峰 산 중턱에서 1914년 발견된 넓이 4,000㎡, 깊이 400m의 거대한 인공 동굴. 도깨비가 살았다는 전설이 있다. 또 메기지마를 거점으로 활동하던 해적이 만들었다는 설도 있다. 동굴 속에는 빨간, 파란 도깨비 동상과 함께 세토우치 트리엔날레의 일환으로 가가와현 중학생 약 3,100명이 참여해 제작한 귀와 무더기가 전시되어 있다. 동굴에서 10분 정도 올라가면 전망대가 나오니 잊지 말고 들르자. 이곳에서는 세토 내해와 주변 섬의 절경을 조망할 수 있다. 봄이 오면 전망대 주변의 3,000여 그루 벚나무가 일제히 꽃을 피워 장관을 이룬다.

Data **지도** 318p-B **가는 법** 메기지마항에서 노선버스로 10분 **주소** 香川県高松市女木町2633
오픈 08:30~17:00 **요금** 입장권 600엔, 버스 왕복 800엔 (어린이는 반값) **전화** 087-840-9055(메기지마 관광협회)

오기지마 男木島

메기지마에서 1km 정도 북쪽에 자리한 작은 섬 오기지마. 오기지마는 면적 1.37㎢로 메기지마섬의 절반 정도 크기다. 오기지마에는 가파른 경사면에 계단처럼 층층이 돌담을 쌓고 그 위에 집이 들어섰다. 그 사이에 이어진 좁은 골목이 마치 미로 같은 독특한 운치를 자아낸다. 옛 집이 비교적 잘 남아 있어서 고풍스러운 멋을 더한다. 비어 있던 집은 세토우치 트리엔날레 전시장이나 카페, 도서관 등으로 활용되고 있다. 오기지마는 전형적인 인구 감소, 고령화의 섬이었다. 그러나 2014년부터 이주민이 늘면서 휴교 중이던 학교가 다시 문을 열은 일이 벌어졌다. 지금은 옛 집과 돌담, 바다가 이루는 그림 같은 풍광에 사람들의 활기까지 더해져 여행자의 마음을 사로잡는다.

> **Tip 빨간 페리 타고 섬 여행, 메기지마** 女木島 **& 오기지마** 男木島
>
> 다카마쓰항에서 육안으로 보일 정도로 가까운 섬, 메기지마와 오기지마. 파란 세토 내해를 유유히 운항하는 빨간 페리를 타고 메기지마까지 20분, 오기지마까지 40분이면 갈 수 있다. 같은 페리 노선이기도 하고 이름부터 한 세트로 묶이는 두 섬이지만 풍경과 볼거리가 서로 달라서 모두 가봐야 그 진가를 확인할 수 있다. 섬마을에는 세토우치 트리엔날레를 통해 설치된 예술 작품도 곳곳에서 볼 수 있다. 배 시간에 맞춰 빨리 2시간, 천천히 4시간 정도 각 섬을 돌아보면 된다.
>
> **요금** 승선료 다카마쓰항~메기지마 370엔·오기지마 510엔, 메기지마~오기지마 240엔 (어린이는 반값)
> **홈페이지** meon.co.jp

오기지마의 상징
오기 교류관 男木交流館

오기지마섬의 관문이자 상징으로 스페인의 현대 예술가 하우메 플렌자Jaume Plensa가 2010년 제 1회 세토우치 트리엔날레 때 완성했다. 작품 명은 〈오기지마의 영혼 男木島の魂〉이다. 조개 껍데기 모양의 하얀 철제 지붕은 8개의 언어로 되어 있다. 건물 바닥과 수공간에 아름다운 그림자를 만든다. 페리 티켓을 구입하거나 화장실을 이용할 수 있고 관광 안내소도 겸한다.

Data 지도 318p-A
가는 법 오기지마항 앞
주소 香川県高松市男木町1986 오픈 06:30~17:00
전화 087-873-0006

섬마을 변화의 중심
오기지마 도서관 男木島図書館

오기지마 이주의 구심점이 된 마을 도서관. 초·중학교가 다시 개교하면서 아이들 교육과 지역 주민의 커뮤니티로서 도서관의 필요성이 대두되었다. 크라우드 펀딩으로 자금을 조달하고 지역 주민과 자원 봉사자가 참여해 쓰러질 듯한 고민가를 2016년 어엿한 마을 도서관으로 재탄생시켰다. 옛 집의 온기가 남아 있는 도서관에는 기증 도서를 포함해 3,500여 권의 책이 채워졌다. 오기지마 풍경과 사람을 담은 책자나 엽서도 제작한다. 전시나 이벤트가 열리기도 한다. 마당에는 작은 카페도 마련했다. 수제 도넛, 허브티 등 아이들도 건강하게 즐길 수 있는 먹거리를 판다.

Data 지도 318p-A
가는 법 오기지마항에서 도보 5분
주소 香川県高松市男木町148-1
오픈 토·일·월요일 13:00~17:00 (계절마다 다름)
휴관 화~금요일 부정기 휴일
가격 허브티 650엔, 도넛 330엔
전화 080-3860-8401
홈페이지 ogijima-library.or.jp

세토우치 트리엔날레 작품 투어

| 메기지마 |

1 단단노 카제 段々の風

계단식 논이었던 곳에 400여 개의 세라믹 블록을 설치해 마치 오래된 유적처럼 보인다. 스기우라 야스요시杉浦康益 작품. 세토 내해 전망 포인트이기도 하다.

2 본사이 BONSAI deepening roots

다양한 분재를 현대 예술의 요소로 재해석했다. 고민가와 분재, 조명이 어우러져 신비로운 분위기를 자아낸다. 히라오 나루시平尾成志, 가가와현 분재 협회의 공동 작품.

3 메콘 女根

폐교된 메기지마 초등학교를 오타케 신로大竹伸朗가 폐자재를 활용해 형형색색의 정글처럼 꾸몄다. 예술제 회차마다 작품이 추가된다.

4 메기지마 영화관 女木島名画座

빈 창고를 요다요 이치로依田洋一朗가 미국의 빈티지 영화관처럼 꾸몄다. 48석의 극장에는 흑백 영화가 상영된다. 로비에는 영화 배우 브로마이드가 전시되어 있다.

5 부재의 존재 不在の存在

대칭의 방과 거울을 이용해 착시를 일으키는 공간으로 아르헨티나 출신의 레안드르 엘리히Leandro Erlich 작품. 흰 자갈이 깔린 정원도 작품의 일부다. 레스토랑 이아라IARA에서 빠에야와 치킨 카레를 즐길 수 있다.

| 오기지마 |

6 기억의 병 記憶のボトル

섬 사람들의 옛날 물건이나 사진을 작은 병 안에 담은 작품. 반짝거리는 전구 불빛을 따라 아련한 향수를 불러일으킨다. 구리 마유미栗真由美 작품.

8 온바 팩토리 ONBA FACTORY

오르막이 많은 오기지마에서 주민들이 애용하는 '온바オンバ'(유아차 겸 손수레)가 개성 있는 예술 작품으로 재탄생했다. 한쪽에는 전망 좋은 고민가 카페도 자리한다.

7 스페이스 플라워·댄스·링 The Space Flower·Dance·Ring (宇宙華 · 舞 · 環)

2016년 행사 때 흑백 그림으로 가득한 집을 선보였고, 2019년에는 세토우치에서 영감을 받아 색이 더해진 그림으로 돌아왔다.

9 바닷속 The Sea Within

깜깜한 고민가 안으로 들어서면 거대 문어가 헤엄치는 세토우치 심해가 나타난다. 독일 출신 예술가 사라 웨펄Sarah Westphal의 영상 작품으로 오묘하고 기괴하다.

10 워얼라이 wallalley

오기지마 골목을 밝고 경쾌하게 만드는 벽화 작품. 마카베 리쿠지眞壁陸二가 거리 곳곳의 나무 외벽에 작업했다.

※ 전시장은 예술제 기간 외 부정기 운영(야외 작품 및 상업 시설 제외)

EAT

사누키를 요리에 담다

가든 카페 리쓰린 ガーデンカフェ栗林

리쓰린 공원 내 상공장려관 서관 1층에 자리한 레스토랑. 가가 와현의 식문화를 재해석한 이탈리안 요리를 선보인다. 사누키 우동, 사누키 소와 돼지고기, 세토 내해에서 잡은 생선 등의 식재료와 쇼도시마 올리브 오일, 간장, 와산본 설탕 등의 소스 를 이용해 신선하면서도 색다른 요리를 즐길 수 있다. 또한 사 누키 밀가루를 이용한 스위츠와 쇼도시마 올리브 잎을 사용한 티, 세토우치 레몬으로 만든 레몬에이드 등 디저트도 지역색이 확실하다. 와인, 생맥주 등의 주류도 있는데, 리쓰린 공원에서 딴 매실로 빚은 매실주는 정원을 산책한 후에 마시면 한층 더 특별하다.

Data 지도 314p-J
가는 법 JR 리쓰린코엔기타구치역에서 도보 3분 또는 노면 전차 리쓰린코엔역에서 도보 10분 또는 JR 리쓰린역에서 도보 20분 리쓰린 공원 내 **주소** 香川県高松市栗林町1-20-16 栗林公園
오픈 10:00~22:00(식사 메뉴는 11:00부터)
휴무 월요일(공휴일이면 그다음 날) **가격** 메인 요리 1,100엔부터, 쇼도시마 올리브 차 770엔 **전화** 087-802-2123
홈페이지 ritsurincafe.com

밤에 먹는 우동
데우치우동 쓰루마루 手打ちうどん 鶴丸

아침과 점심 장사를 하는 보통의 우동집과 달리, 늦은 밤 사누키 우동을 맛볼 수 있는 심야 우동집. 야식으로 출출한 배를 달래거나 술 한잔 하고 나서 속 풀 겸 찾아오는 손님들로 개점 전부터 줄이 길게 늘어선다. 대표 메뉴인 카레 우동은 술 해장용으로 특히 인기가 좋다. 즉석 튀김이 일품인 덴푸라 우동, 질 좋은 고기가 듬뿍 올려진 니쿠 붓가케 우동도 추천. 탱탱한 면발을 즐기고 싶다면 차가운 우동을 주문할 것. 우동 메뉴 외에 꼬치어묵도 판매한다. 좋아하는 것을 골라 가져오면 되는데, 국물이 잘 배어 들어 있어서 하나같이 맛이 좋다. 그중에서도 부드러운 두부와 쫄깃한 스지(힘줄)는 꼭 맛볼 것.

Data 지도 315p-G
가는 법 노면 전차 가타하라마치片原町역 또는 가와라마치瓦町역에서 도보 5분 **주소** 香川県高松市古馬場町9-34
오픈 20:00~03:00(매진 시 영업 종료) **휴무** 일요일·공휴일
가격 카레 우동 850엔, 니쿠 붓가케 우동 800엔
전화 087-821-3780 **홈페이지** teuchiudon-tsurumaru.com

감각적인 빈티지 카페
우미에 Umie

옛 창고를 개조한 상업시설 '기타하마 앨리'에 자리한 분위기 좋은 카페. 지붕 구조가 그대로 드러난 높은 층고의 공간은 외관에 걸맞게 빈티지한 느낌으로 꾸며졌다. 제각기 모양이 다른 앤티크 소파와 테이블이 자리하고, 감성적인 소품이 곳곳에 놓여서 감각적인 조화를 이루고 있다. 넝쿨이 타고 올라온 창문에서는 세토 내해의 파란 바다가 한눈에 내려다보인다. 오리지널 원두 커피 메뉴가 인기다. 드라이 로즈로 핑크색을 낸 허니 레몬 스쿼시는 로맨틱한 기분을 들게 한다. 비프 스튜와 베이글, 감자튀김, 샐러드가 푸짐하게 나오는 식사 메뉴도 인기. 종종 음악 관련 이벤트가 열리기도 하니 관심이 있다면 홈페이지를 참고하자.

Data 지도 315p-C 가는 법 JR 다카마쓰역에서 도보 10분, 기타하마 앨리 내 주소 香川県高松市北浜町3-2 北浜alley 오픈 11:00~19:00, 토요일 11:00~21:00 휴무 수요일 가격 비프 스튜 세트 1,300엔, 핑크 허니 스쿼시 650엔 전화 087-811-7455 홈페이지 www.umie.info

인기 만점 키슈 카페

206 쓰마무 206 TSU MA MU

키슈를 전문으로 하는 베이커리 카페다. 창고 건물 기타하마 앨리에 있다. 키슈는 달걀과 생크림이 기본이 되는 프랑스 로렌 지방의 파이 요리다. 여기에 베이컨, 해산물, 버섯, 토마토, 시금치 등의 재료로 다양하게 변형이 가능한데, 이곳의 키슈는 10~15종이나 된다. 가가와현 특산인 올리브 돼지고기와 우동을 이용한 키슈도 있다. 키슈는 하나같이 맛있어 보여 고민이 되는데, 한 손으로 집을 수 있을 정도로 아담한 사이즈라서 두세 개 정도는 거뜬히 먹을 수 있다. 부드러운 달걀 파이 사이로 채소나 고기가 알차게 씹힌다. 손님이 많은 인기 매장으로 종종 줄이 길게 늘어서 있거나 키슈가 매진되곤 한다. 테이크아웃도 가능하니 미리미리 사두는 것도 방법.

Data 지도 315p-C
가는 법 JR 다카마쓰역에서 도보 10분, 기타하마 앨리 내
주소 香川県高松市北浜町4-14 北浜alley **오픈** 11:00~16:30 (매진 시 종료)
휴무 화요일, 비정기 휴무
가격 키슈 600엔부터
전화 087-811-5212
홈페이지 www.206quiche.com

현지인들이 애정하는 우동 맛집
사누키 우동 우에하라야 본점 さぬき うどん 上原屋 本店

리쓰린 공원에서 가까운 곳에 있는 우동 맛집. 여행자도 많지만, 현지인들의 점심 장소로 인기다. 점심 시간이 가까워지면 줄을 길게 늘어선다. 식당에 들어오면 한 줄로 서서 우동과 토핑을 구매한 후 계산한다. 주방에서는 토핑에 쓰이는 각종 튀김을 튀기는 손길이 분주하고, 우동을 건져 차가운 물에 씻는 모습을 볼 수 있다. 우동은 국물이 있는 것과 없는 것, 차가운 것과 뜨거운 것 등 종류가 다양하다. 양도 작은 것과 큰 것으로 나뉘어 있어 원하는 대로 선택할 수 있다. 우동 큰 것에 토핑으로 튀김을 두 개쯤 올리면 성인 남자도 한끼로 든든하다. 우동 두 종을 작은 것으로 시켜 맞춤한 튀김을 토핑으로 추가해도 된다. 우동 투어를 하는 중이라면 작은 것만 시켜 먹어도 된다. 가격이 저렴해 부담 없이 도전할 수 있다. 홈페이지에 우동에 따라 맞춤한 토핑 선택법을 안내해 준다.

Data **지도** 314p-J **가는 법** 노면 전차 리쓰린코엔역에서 도보 10분 **주소** 香川県高松市栗林町1丁目18-8 **오픈** 09:30~15:30 **휴무** 일요일 **가격** 우동 소 320엔, 대 420엔, 토핑 튀김 150~220엔 **전화** 087-831-6779 **홈페이지** ueharayahonten.com

우동은 역에서 먹어야 제맛!
메리켄야 다카마쓰 역전점 めりけんや 高松駅前店

JR다카마츠역과 버스터미널 근처에 있어 기차나 버스 타고 이동 시 편리하게 이용할 수 있다. 도쿄와 오사카 등에 분점이 있는 전국구 우동집으로 다카마쓰에만 4개의 분점이 있다. 이 가운데 역전점은 오전 7시부터 문을 연다. 이른 아침에도 출출한 배를 채우기 좋다. 우동은 소, 대, 특 3가지 타입이 있다. 소는 360엔부터, 특은 600엔부터 있다. 면에 고기나 계란, 해초 등 토핑을 추가할 수 있고, 차갑거나 따뜻한 것을 선택할 수 있다. 우동과 함께 먹을 수 있는 다양한 종류의 튀김류도 준비되어 있다. 맛은 기본은 한다. 음식 사진이 준비되어 어렵지 않게 주문할 수 있다.

Data **지도** 314p-B **가는 법** JR 다카마쓰역에서 도보 1분 **주소** 香川県高松市西の丸町6-20 **오픈** 07:00~20:00 **휴무** 일요일 **가격** 우동 280~820엔, 튀김 100~190엔 **전화** 087-811-6358 **홈페이지** www.merikenya.com

건담 덕후가 운영하는 이자카야
네오 제온 居酒屋ふじさわさくら茶屋G

시코쿠의 독특한 이자카야를 느끼고 싶다면 추천하다. 주인장이 애니메이션 덕후라 실내에 건담 로봇 등 각종 피규어와 영화 포스터가 가득하다. 이자카야라서 주종도 다양하고, 안주도 다양하다. 주인장 추천 메뉴는 오뎅탕. 짙은 육수에 오뎅과 계란, 꼬치 등을 담아낸다. 가가와현의 명물 호네쓰키도리도 맛볼 수 있다. 볶음밥이나 치즈 라면도 괜찮다. 어머니가 주방을 책임져 음식 맛이 좋다. 단, 값이 좀 비싸다. 주문한 음식과 술의 가격을 확인하면서 먹자.

Data 지도 314p-B
가는 법 JR 다카마스역에서 도보 5분 주소 香川県高松市錦町1丁目10-1 오픈 17:00~01:00 휴무 일요일 가격 안주류 1,000엔~, 오뎅탕 2,300엔 전화 087-823-2023

무제한 주류와 함께 즐기는 꼬치구이
쿠시도리 다카마츠점 串どり 高松店

다카마쓰 상점가 안에 있는 꼬치구이 전문점. 근처의 잇카쿠 다카마스점이 닭다리구이 호네쓰키도리로 유명하지만 대기가 길 때 대안으로 선택한다. 2층 야외 좌석은 흡연자에게 인기다. 다양한 종류의 꼬치구이와 안주가 있다. 2시간 동안 맥주와 사케 등 주류를 무제한으로 마시며 8가지 안주를 맛볼 수 있는 세트 메뉴도 있다. 주문이 들어오면 요리를 시작하니 안주부터 먼저 주문한 후 주류를 시키자.

Data 지도 315p-G
가는 법 노면 전차 가와라마치역에서 도보 10분 또는 가타하라마치역에서 도보 10분
주소 香川県高松市鍛冶屋町1-22 2F 오픈 17:30~23:30, 금요일 17:30~24:00, 주말 17:00~24:00
가격 호네쓰키도리 990~1,045엔, 2시간 무제한 주류 세트 메뉴 4,200~4,800엔
전화 087-823-5170

인파로 붐비는 최대 쇼핑 거리
다카마쓰 중앙 상점가 高松中央商店街

다카마쓰 성터 앞에서부터 리쓰린 공원 방면으로 이어진 8곳의 아케이드 상점가를 통칭하며 전체 길이가 2.7km에 달한다. 점포 수만 1천여 개에 이르고, 평일과 주말 할 것 없이 하루 통행량이 10만 명을 넘는 최대 쇼핑 거리다. 돔 광장으로 유명한 마루가메마치丸亀町 상점가에서 시작해 다마치田町 상점가로 끝나는 남북의 상점가를 중추로 해서 동서 방향으로 가로지르는 상점가로 이루어져 있다. 해외 명품 브랜드 매장과 미쓰코시 백화점 등이 자리한 고급스러운 분위기에서 남쪽으로 갈수록 점점 서민적인 식당과 가게로 변모하는 점도 이 상점가의 재미있는 특징이다. 또 어떤 상점가는 주로 먹자 골목이라 대부분의 상점가가 문을 닫은 늦은 밤에 활기가 넘치기도 한다.

Data 지도 315p-G
가는 법 JR 다카마쓰역에서 도보 10분(마루가메마치 상점가), 또는 노면 전차 가타하라마치片原町역에서 바로(가타하라마치 상점가), 노면 전차 가와라마치瓦町역에서 도보 5분(다마치 상점가)

다카마쓰 중앙 상점가 구석구석 즐기기

가가와 라이프 스타일
마치노슈레963
まちのシューレ963

새로운 라이프 스타일을 배운다는 의미에서 학교를 뜻하는 '슈레'란 이름을 붙인 마치노슈레. 가가와현을 비롯해 시코쿠의 맛을 전하는 식품, 일상을 풍요롭게 하는 생활잡화, 손맛이 느껴지는 수제 공예품 등을 골라서 선보이고 있다. 상품마다 생산자가 명확해 믿을 수 있고 지역 고유의 색깔이 확실히 드러나 구매 욕구를 자극한다. 패키지에도 신경 쓴 제품이 많아서 구경하는 재미가 쏠쏠하다. 상품은 주기적으로 바뀌기 때문에 언제 가도 새롭다. 카페도 병설하고 있으며, 지역의 계절 식재료를 이용한 식사 메뉴, 디저트, 음료 등을 즐길 수 있다.

Data 지도 315p-G 가는 법 노면 전차 가타하라마치 片原町역에서 도보 6분 주소 香川県高松市丸亀町13-3 高松丸亀町参番街東館 2F
오픈 매장 월~목요일 11:00~18:30, 금~일요일 11:00~19:00 / 카페 월~목요일 11:30~18:00, 금~일요일 11:30~18:00 휴무 셋째 주 월요일
가격 슈레963 오리지널 티 1,650엔
전화 087-800-7888 홈페이지 www.schule.jp

세토 내해를 품은 전병
오토토 센베이 기사야모토조
おとっとせんべい 象屋元蔵

세토 내해 연안에서 작은 생선이나 새우 등을 센베이(전병)로 만들어 먹던 전통을 계승한 오토토 센베이. 센베이를 즐겨 먹던 다이쇼 시대 분위기로 꾸민 공간도 멋스럽다. 옛 방식 그대로 생선을 통째로 올리고 일일이 손수 구워내는 센베이는 먹기 아까울 정도로 정교하다. 새우, 가자미, 오징어, 보리멸, 빙어 등 10여 종류의 센베이가 있으며 제철 생선을 주로 사용하다 보니 판매되는 상품은 그때그때 다르다. 해산물의 맛은 강하지 않으며 담백하고 바삭하다. 모양이 깨진 것은 따로 모아서 저렴하게 판매하기도 한다.

Data 지도 315p-K
가는 법 JR 리쓰린역에서 도보 9분
주소 香川県高松市藤塚町1丁目9-7
오픈 10:30~17:30
휴무 월요일
가격 선물 세트 1,100엔부터
전화 087-861-2530
홈페이지 www.ototosenbei.com

레트로 감성 충만한 공간
기타하마 앨리 北浜alley

바닷바람이 불어오는 항구의 낡은 창고를 개조한 기타하마 앨리는 옛 공간과 요즘 감각이 만나 탄생한 상업 시설이다. 넝쿨이 뒤덮인 외벽과 목 구조를 살린 지붕이 멋스러운 분위기를 연출하고, 개성이 넘치는 10여 곳의 점포가 자리한다. 복층 또는 단층으로 된 창고 몇 동을 기웃거리다 보면 카페, 갤러리, 옷 가게, 레스토랑, 잡화점 등을 발견할 수 있다. 창고 사이의 광장에서는 플리마켓이나 콘서트 등이 열리기도 한다. 바닷가의 석양과 어우러진 풍경을 즐길 수 있어 낮보다는 해가 진 이후 더욱 북적거린다.

Data 지도 315p-C 가는 법 JR 다카마쓰역에서 도보 10분
주소 香川県高松市北浜町4-14
홈페이지 www.kitahama-alley.com

기타하마 앨리 구석구석 즐기기

취향이 묻어난 작은 책방
북 마루테 BOOK MARÜTE

사진집과 예술 관련 서적을 취급하는 작은 서점. 너덧 명만 들어가도 꽉 찰 정도로 아담하지만 커피를 마실 수 있는 자리도 있고 구석구석 알차게 꾸몄다. 바로 옆 공간에 갤러리도 있는데, 기발하고 가볍게 즐길 수 있는 테마가 주를 이룬다. 여기서 10분 거리에 북 스테이(@bookmarute)도 운영하고 있으니 이곳이 마음에 든다면 묵어보자.

오픈 평일 12:00~19:00, 주말·공휴일 10:00~19:00 휴무 부정기 휴일 전화 090-1322-5834
인스타 @bookmarute

세토우치 스타일의 기념품
기타하마 블루 스토리즈
Kitahama Blue Stories

세토우치 테마의 디자인 제품이 한데 모인 셀렉트 숍. 열 개의 섹션으로 나뉜 숍 내에는 등대와 배를 테마로 한 철제 작품, 요트의 돛을 재사용한 에코백 등 세토 내해를 연상케 하는 것부터 가가와현의 전통 공예를 재해석한 액세서리와 소품, 패브릭에 이르기까지 하나하나 특색 있어 선물이나 기념품으로 딱 좋다.

오픈 11:00~18:00 휴무 화요일
전화 087-823-5220
홈페이지 www.blue-stories.com

# SLEEP

최상의 입지와 전망
JR 호텔 클레멘트 다카마쓰 JR ホテルクレメント高松

JR 다카마쓰역에서 바닷가 쪽으로 높이 솟은 4성급 호텔. 역에서도 항구에서도 가까운 최적의 입지를 자랑한다. 객실 창밖으로 역 광장 또는 세토 내해의 바다가 한눈에 내려다보인다. 결혼식장과 연회장을 갖추고 있어 로비가 꽤 호화롭게 꾸며졌다. 싱글룸도 17~19㎡로 넓은 편이며 컴팩트, 스탠다드, 디럭스 등 객실 옵션에 따라 맞춤 선택을 하기 좋다. 조식 뷔페는 사누키 올리브 돼지고기, 세토 내해에서 잡은 생선, 사누키 우동 등 지역의 맛을 선보이고 있다.

Data **지도** 315p-C **가는 법** JR 다카마쓰역에서 도보 2분 **주소** 香川県高松市浜ノ町1-1 **요금** 싱글룸 8,100엔~ **전화** 087-811-1111 **홈페이지** www.jrclement.co.jp/takamatsu/

합리적인 가격의 신축 호텔
JR 클레멘트 인 다카마쓰 JR CLEMENT INN 高松

JR 호텔 클레멘트 다카마쓰 바로 옆에 자리한 삼각형 모양의 호텔로 2018년 오픈했다. 탁월한 입지와 더불어 신축 건물의 깔끔함과 합리적인 가격이 장점이다. 화이트톤의 심플한 객실은 싱글룸 15㎡, 트윈룸 22㎡로 꽤 여유로운 편이다. 침대 사이즈도 넉넉하다. 최상층인 9층에는 바다 전망의 널찍한 대욕장도 이용할 수 있다. 2층 로비에는 사누키 공예품으로 꾸민 라이브러리와 셀프 커피 머신도 갖췄다. 1층에 편의점도 자리한다.

Data **지도** 315p-C **가는 법** JR 다카마쓰역에서 도보 2분 **주소** 香川県高松市浜ノ町1-3 **요금** 싱글룸 7,100엔~ **전화** 087-811-1200 **홈페이지** www.jrclement.co.jp/inn/takamatsu/

세토우치 스타일 게스트하우스
써니 데이 호스텔 SUNNY DAY HOSTEL

다카마쓰 상점가에서 살짝 벗어나 조용한 주택가에 자리한 써니 데이 호스텔은 세토우치의 멋과 맛을 콘셉트로 한 게스트하우스다. 이사무 노구치의 조명을 비롯해 지역 작가의 그릇, 공예품 등이 작은 공간 구석구석 채워져 있다. 세토우치의 식재료를 이용한 음료와 식사도 선보인다. 특히, 조식에서는 호텔과 료칸에서 오랜 경력을 쌓은 주인장의 내공을 느낄 수 있다. 1층에는 카페 겸 바, 2층에는 1~3인실, 3층에 2~5인실, 4층에는 패밀리룸이 있다. 각 층마다 전용 욕실과 화장실을 이용할 수 있다.

Data 지도 315p-C
가는 법 JR 다카마쓰역에서 도보 12분 또는 노면 전차 가타하라마치片原町역에서 도보 4분 주소 香川県高松市丸の内9-13 요금 1인 8,000엔, 패밀리룸(어른 2명+아이 2명) 16,000엔 전화 087-826-3210 홈페이지 www.sunnyday hostel.com

상점가의 정겨움은 덤
텐 토 센 게스트하우스 TEN to SEN Guesthouse

활기 넘치는 다카마쓰 중앙 상점가 내에 있는 텐 토 센은 현지인처럼 하룻밤 보낼 수 있는 게스트하우스다. 주인장이 직접 만든 주변 맛집과 카페 지도는 꽤 유용하고, 손수 꾸민 공간은 따듯하면서도 정감이 간다. 공용 거실과 부엌에서는 음악을 들으며 간단한 음식을 만들어 먹거나 여행 정보를 찾아보기 좋다. 4인실 여성 전용과 8인실의 혼성 도미토리 외에 1~3인실이 있다. 공용 화장실과 샤워실은 깨끗하고 관리가 잘되어 있다. 상가 건물의 2층부터 4층까지 자리한다.

Data 지도 315p-G 가는 법 노면 전차 가와라마치瓦町역에서 도보 5분 주소 香川県高松市田町1-11 2F 요금 도미토리 3,000엔, 2인실 1인 5,000엔·2인 7,000엔 전화 087-813-0630 홈페이지 tentosen.jp

물 좋고 전망 좋은 온천 호텔

하나주카이 花樹海

해발 80m의 고지대에 자리한 온천 호텔. 모든 객실에서 시가지와 세토 내해가 발아래 펼쳐진다. 옥상에 자리한 노천 대욕장에서는 탁 트인 전망을 바라보며 온천을 만끽할 수 있다. 천연 원천에서 공수한 온천수는 매끌매끌한 감촉이 제대로 느껴져 따로 로션을 바르지 않아도 될 정도이다. 객실은 다다미방을 기본으로 한다. 히노키나 천연 바위를 파서 만든 노천탕이 딸린 호화로운 객실도 있다. 가가와현 지역 식재료를 엄선해 선보이는 요리 또한 예산에 따라 4등급으로 선택 가능하다. 숙박객은 JR 다카마쓰역을 오가는 셔틀 차량(사전 예약)을 이용할 수 있다.

Data 지도 315p-E
가는 법 JR 다카마쓰역에서 택시 또는 호텔 셔틀 차량으로 10분
주소 香川県高松市西宝町 3-5-10
요금 16,200엔부터(2인 이용 시 1인 요금, 조·석식 포함)
전화 087-861-5580
홈페이지 www.hanajyukai.jp

> **Tip** 게스트하우스 여행자에게 추천하는 붓쇼잔 온천 仏生山温泉
> 여행의 피로를 미끌미끌한 노천 온천에서 제대로 풀 수 있는 곳. 미술관 같은 외관에 미니멀한 공간 디자인도 마음을 사로잡는다. 밤 12시까지 영업해서 그날 일정 마무리로 들르기 좋다. 노면전차 붓쇼잔역에서 도보 10분.
> **홈페이지** busshozan.com

쇼도시마
小豆島

일본에서 최초로 올리브 재배에 성공해 일명 '올리브섬'으로 불리는 쇼도시마. 세토 내해에서 두 번째로 큰 섬이자 가가와현을 대표하는 섬 여행지다. 지중해성 기후의 온화하고 풍요로운 정취가 섬 곳곳에 가득하다.

쇼도시마 돌아보기

쇼도시마 교통

쇼도시마는 의외로 면적이 넓어 렌터카로 다니는 게 가장 효율적이다. 시간이 좀 걸리긴 하지만 노선 버스 '올리브 버스'로 대부분의 관광지를 갈 수 있다. 정기 관광 버스도 운행 중이니 이 코스도 한 번 살펴보자.

쇼도시마 올리브 버스 小豆島オリーブバス

쇼도시마 내에서 운행하는 노선 버스. 도노쇼항에서 이케타항, 구사카베항을 경유해 사카테항 방면으로 가는 사카테선坂手線에 올리브 공원, 간장마을 등 주요 관광지가 몰려 있다. 30분~1시간 간격으로 운행하니 시간표를 잘 확인하자.

요금 1일권 1,000엔, 2일권 1,500엔, 도노쇼항~올리브 공원 편도 300엔(어린이는 반값)
홈페이지 www.shodoshima-olive-bus.com

시마메구리 관광 버스 島めぐり観光バス

대중교통으로 가기 어려운 쇼도시마의 관광지를 묶은 한나절 투어 버스. 도노쇼항에서 오전에 출발해 조시케이 원숭이의 나라, 간카케이 로프웨이, 24개의 눈동자 영화마을, 올리브 공원 등을 섭렵한다. 전 좌석 사전 예약제이고, 각 시설 입장료나 로프웨이 탑승료는 별도이다.

요금 성인 4,200엔, 어린이 2,100엔
홈페이지 shodoshima-kotu.com/service/shuttlebus.html

렌터카

JR 다카마쓰역이나 다카마쓰공항에서 렌트 한 경우 페리를 이용해 싣고 가면 된다. 이때 차량의 운임비(운전자 1인 포함)가 발생한다. 또는 쇼도시마 도노쇼항 인근에서 빌리는 방법도 있다.

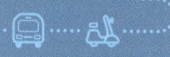

자전거

쇼도시마 내에서 공유 자전거인 '헬로 사이클링Hello Cycling'을 이용할 수 있다. 서울시 자전거 따릉이와 같은 방식으로, 스마트폰 애플리케이션을 다운받아 회원가입 및 신용카드 입력을 한 후 사용하면 된다. 쇼도시마 곳곳에 대여·반납이 가능한 스테이션이 있어서 상황에 따라 대중교통과 함께 이용할 수 있어 편리하다.

요금 15분 100엔, 1일 1,500엔
홈페이지 www.hellocycling.jp/h_island/

••• Plus Info •••

도노쇼항 관광센터 土庄港観光センター

가는 법 도노쇼항 터미널 내 주소 香川県小豆郡土庄町甲6194-10 오픈 08:00~18:00
전화 0879-62-1666 홈페이지 www.s-olive.co.jp/kankou-center/

나오시마 & 데시마 & 쇼도시마

쇼도시마
📍 당일 추천 코스 📍

쇼도시마의 도노쇼항에서 출발해 섬의 남쪽을 여행하는 한나절 일정이 가장 무난하다. 대중교통이나 자전거로도 가능하지만, 좀 더 여유롭게 돌아보고 싶다면 렌터카를 추천한다.

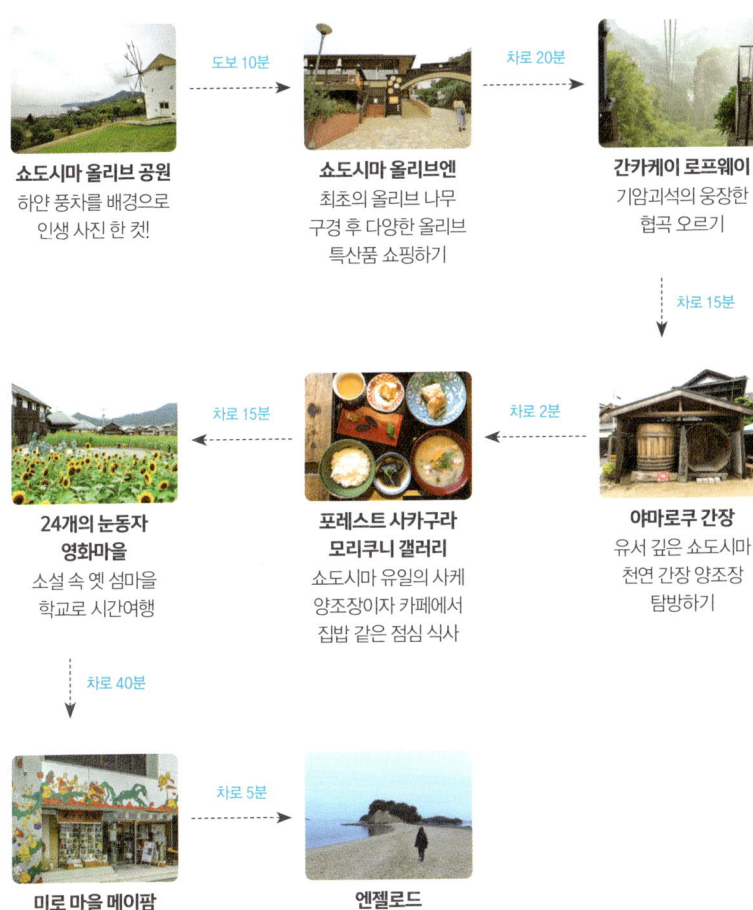

쇼도시마 올리브 공원
하얀 풍차를 배경으로 인생 사진 한 컷!

→ 도보 10분

쇼도시마 올리브엔
최초의 올리브 나무 구경 후 다양한 올리브 특산품 쇼핑하기

→ 차로 20분

간카케이 로프웨이
기암괴석의 웅장한 협곡 오르기

↓ 차로 15분

야마로쿠 간장
유서 깊은 쇼도시마 천연 간장 양조장 탐방하기

← 차로 2분

포레스트 사카구라 모리쿠니 갤러리
쇼도시마 유일의 사케 양조장이자 카페에서 집밥 같은 점심 식사

← 차로 15분

24개의 눈동자 영화마을
소설 속 옛 섬마을 학교로 시간여행

↓ 차로 40분

미로 마을 메이팜
기묘하고 재미있는 요괴마을 구경하기

→ 차로 5분

엔젤로드
간조 때 나타나는 신비한 바닷길 산책하기

SEE

'마녀 키키'가 살던 하얀 풍차 언덕
쇼도시마 올리브 공원 道の駅 小豆島 オリーブ公園

세토 내해가 내려다보이는 언덕에 하얀 그리스 풍차와 2천 그루의 올리브 밭이 펼쳐진 공원. 동화적인 풍경의 이 언덕에서 지브리 애니메이션 〈마녀 배달부 키키〉의 실사판 영화가 촬영되기도 했다. 공원에 마녀 키키의 집 세트가 그대로 남아 있으며, 지금은 자연 소재의 액세서리와 포프리를 판매하는 잡화점으로 쓰이고 있다. 마녀 키키가 배달할 때 타고 다니던 마법 빗자루를 누구에게나 무료로 대여해 준다. 풍차를 배경으로 점프하는 순간을 포착해 마치 공중에서 빗자루를 탄 것처럼 촬영하는 것이 포인트. 아테네 여신상이 있는 올리브 기념관에는 쇼도시마 올리브의 역사를 전시하고 있다. 올리브 소프트 아이스크림, 올리브 사이다를 맛보고 올리브 오일과 드레싱, 초콜릿, 화장품 등을 구입할 수 있다. 올리브 오일을 이용한 샐러드 피자 등을 즐길 수 있는 레스토랑도 있다. 계절에 따라 다양한 허브가 자라는 정원과 온실에서는 올리브 오일 공예 체험도 진행한다.

Data 지도 340p-E
가는 법 도노쇼항에서 쇼도시마 올리브 버스(사카테선) 타고 약 30분 후 올리브코엔구치 オリーブ公園口 하차, 도보 5분
주소 香川県小豆郡小豆島町西村甲1941-1
오픈 08:30~17:00, 레스토랑 11:00~15:00
휴관 수요일(레스토랑)
요금 입장 무료
전화 0879-82-2200
홈페이지 www.olive-pk.jp

쇼도시마 최초의 올리브 나무
쇼도시마 올리브엔 小豆島 オリーブ園

쇼도시마에 뿌리내린 첫 번째 올리브 나무가 있는 농원으로 2019년에 100주년을 맞이했다. 각종 품평회에서 호평 받는 오리지널 올리브 오일을 비롯해 통조림, 페이스트, 잼, 드레싱 등 다양한 상품을 판매한다. 올리브 숲과 세토 내해가 창밖으로 펼쳐진 레스토랑에서는 쇼도시마 특산품을 이용한 요리를 맛볼 수 있다. 세계 각국의 올리브 오일을 혼합해서 단 하나뿐인 나의 올리브 오일을 제작하는 공방도 있다. 이곳에서 올리브만큼 놓치지 말아야 할 것! 세계적인 조각가 이사무 노구치ｲｻﾑ・ﾉｸﾞﾁ가 디자인한 아트 놀이터와 조각이다. 세토 내해가 한눈에 내려다보이는 언덕에 아이들이 즐길 수 있는 놀이기구를 설치한 점이 이채롭다. 이 언덕에는 그가 디자인한 조명과 가구를 전시한 갤러리도 자리한다. 올리브 숲 산책로를 따라가면 하얀 풍차가 있는 올리브 공원과 이어진다.

Data 지도 340p-E 가는 법 도노쇼항에서 쇼도시마 버스(사카테선) 타고 약 30분 후 올리브가오카 オリーブヶ丘 하차, 도보 1분 주소 香川県小豆郡小豆島町西村甲2171 오픈 08:30~17:00 요금 입장 무료 전화 0879-82-4260 홈페이지 www.1st-olive.com

웅장한 기암괴석 계곡

간카케이 로프웨이 寒霞渓ロープウエイ

간카케이는 쇼도시마 최고봉 호시가조星ヶ城와 시호자시四方指 사이의 깊은 계곡으로 1300만 년 전 화산활동에 의해 형성된 기암괴석이 웅장함을 뽐낸다. 일본에서 아름다운 계곡으로 손꼽히는 경승지이자 가을 단풍 명소로도 유명하다. 로프웨이를 타고 장쾌한 협곡의 풍경과 세토 내해를 조망하며 산 정상까지 단 5분 만에 오를 수 있다. 맑은 날 산정상 전망대에서 바라보는 연봉과 계곡의 경치도 장관이다. 홈페이지에서 로프웨이 특별 할인권을 프린트해 오거나 스마트폰에 저장해 직원에게 보여주면 10% 할인받을 수 있다. 간카케이는 야생 초목과 기암괴석을 가까이서 볼 수 있는 등산로가 잘 조성되어 있다. 로프웨이로 올랐다가 등산로로 내려오면 간카케이를 100% 즐길 수 있다. 등산은 1시간~1시간 반 정도 소요된다. 렌터카 이용자라면 차량을 산정상 쪽에 주차하고 반대로 이동하는 방법도 있다. 산정상에는 특산품 매장이 있는데, 간카케이 한정 올리브 초콜릿이 인기 품목이다.

Data **지도** 340p-B **가는 법** 구사카베항에서 쇼도시마올리브 버스(간카케神懸선) 타고 약 15분 후 종점 고운테이紅雲亭 하차(하루 6회 운행), 도보 5분 **주소** 香川県小豆郡小豆島町神懸通乙327-1 **오픈** 08:30~17:00(계절에 따라 다름) **요금** 왕복 1,970엔, 편도 1,100엔(어린이는 반값) **전화** 0879-82-2171 **홈페이지** www.kankakei.co.jp

쇼도시마 간장 투어

쇼도시마에서 올리브만큼 유명한 것이 간장이다. 전통 방식을 고수하는 양조장이 대를 이어 남아 있는 마을에선 콤콤한 간장 발효 냄새가 풍겨온다.

간장의 고향, 쇼도시마

쇼도시마 간장의 역사는 400년에 이른다. 쇼도시마는 과거 해상 무역의 거점으로 콩과 밀가루를 구하기 용이하고, 해안가에 염전이 발달해 간장 양조에 최적의 환경이었다. 전성기 때는 간장 양조장이 400곳에 이를 정도로 성행했다. 현재 쇼도시마에는 20곳의 간장 양조장이 남아 있다. 전통 양조장이 점차 사라지는 추세를 감안하면 적지 않은 수다. 특히, 간장 천연 발효 숙성에 꼭 필요한 나무통이 일본 전역에 3,000~4,000개 정도 있는데, 쇼도시마에만 1,000개 이상이 있다. 그만큼 쇼도시마는 독보적인 전통 간장마을이다.

쇼도시마 간장의 미래
야마로쿠 간장 ヤマロク醤油

창업 150년의 야마로쿠 간장은 5대째 대를 이어가며 전통 간장 제조법을 지켜나가고 있는 양조장이다. 100년 이상 된 창고와 지름 2.3m, 높이 2m의 나무통은 간장 발효와 숙성의 핵심. 오랜 세월 축적된 효모와 각종 미생물이 간장의 맛과 향에 깊이를 더한다. 나무통을 제작하는 장인이 점점 사라지고 있는 현실에서 야마로쿠는 쇼도시마의 목수 두 명과 함께 '나무통 장인 부활 프로젝트'를 진행하며 쇼도시마 간장의 미래를 준비하고 있다. 일단 누구든 양조장을 찾아오면 직원이 나와 간장이 익어가는 양조장 내부를 견학시켜 주고 야마로쿠의 간장을 맛 보여 준다. 대표 간장인 '쓰루히시오鶴醤'는 2년 숙성한 간장에 다시 원료를 더해 2년 더 숙성시킨 것으로 깜짝 놀랄 만큼 맛이 깊고 진하다. '단짠'의 오묘한 조화를 이루는 간장 푸딩도 맛볼 수 있다.

Data 지도 340p-G
가는 법 도노쇼항에서 쇼도시마 올리브 버스(사카테선) 타고 40분 후 야스다安田 하차, 도보 10분 주소 香川県小豆郡小豆島町安田甲1607
오픈 09:00~17:00
요금 견학 무료, 간장 푸딩 330엔, 간장 계란 밥 430엔
전화 0879-82-0666
홈페이지 yama-roku.net

쇼도시마 최대 규모의 간장 양조장

마루킨 간장 기념관 マルキン醬油記念館

1907년 창업한 마루킨 간장丸金醬油은 아키타 삼나무로 만든 나무통 300여 개를 보유한 쇼도시마 최대 규모의 천연 간장 양조 회사이다. 100년 된 간장 양조장을 개조한 마루킨 간장 기념관에서 마루킨 간장의 역사와 간장 제조법 등을 관람할 수 있다. 인근의 물산관에서는 다양한 마루킨 간장 제품과 함께 간장을 이용한 도넛, 롤 케이크 등을 판매한다. 특히 오리지널 간장 소프트 아이스크림은 꼭 맛봐야 할 별미로 은은하게 간장 향이 감돈다. 기념관 옆에 압착 공장이 있어서 견학할 수 있으며, 도보로 3분 정도 떨어진 곳에는 간장 숙성실이 있다. 너비 95m의 100년 된 목조 창고에 간장 발효 나무통이 줄을 맞춰 열지어선 모습이 장관이다.

Data 지도 340p-G
가는 법 도노쇼항에서 쇼도시마 올리브 버스(사카테선) 타고 45분 후 마루킨마에丸金前 하차
주소 香川県小豆郡小豆島町苗羽甲1850 오픈 09:00~16:00
휴무 부정기 휴일(홈페이지 확인)
요금 기념관 입장료 400엔 (어린이는 반값), 간장 소프트 아이스크림 300엔
전화 0879-82-0047
홈페이지 moritakk.com/know_enjoy/shoyukan/

일본의 밥도둑 간장조림
쓰쿠다니야산 2호점 つくだに屋さん 2号店

간장이 유명한 쇼도시마는 일본식 간장 조림 '쓰쿠다니佃煮'도 아주 유명하다. 1948년 창업한 쓰쿠다니야산은 쇼도시마 쓰쿠다니를 전국적으로 알린 일등공신이다. 갖가지 채소, 해산물, 해조류, 조개류 등으로 만든 쓰쿠다니는 종류만 50가지가 넘는다. 특히 다시마(곤부昆布) 쓰쿠다니를 최고로 친다. 쓰쿠다니야산 직매장 2호점은 구사카베항과 멀지 않고 간장 양조장이 밀집된 지역의 국도변에 자리해 찾아가기 좋다. 외벽 간판의 빨간 바탕에 그려진 인물이 2대 점주이다. 거의 모든 쓰쿠다니 제품을 시식할 수 있으며, 진공 포장으로 판매한다.

Data 지도 340p-G 가는 법 도노쇼항에서 쇼도시마 올리브 버스(사카테선) 타고 35분 후 쇼도시마초야쿠바마에 小豆島町役場前 하차, 도보 2분 주소 香川県小豆郡小豆島町片城甲44-270 오픈 09:00~17:00 가격 곤부 츠쿠다니(100g) 756엔 전화 0879-82-6066 홈페이지 www.tsukudaniyasan.com

만능 간장 올리브 드레싱
긴료 간장 金両醤油

1880년 창업한 긴료 간장은 다양한 요리에 활용도가 높은 간장을 선보이고 있다. 4대 점주가 개발한 국물용 다시 간장과 5대 점주의 드레싱 간장이 대표적. 가가와현 산마늘을 올리브 오일에 넣고 끓여 만든 마늘 오일도 판매한다. 마늘 오일과 간장, 올리브 오일을 섞어 만든 쇼도시마 드레싱은 쇼도시마의 두 가지 특산품으로 조합해 만든 것으로 샐러드, 파스타에 곁들이면 훌륭한 요리로 재탄생한다. 사용하기 전 병을 흔들어서 오일과 간장이 섞이도록 하는 것이 포인트. 계란밥 전용 간장은 귀여운 패키지와 함께 호불호가 없어서 선물용으로 좋다.

Data 지도 340p-G 가는 법 도노쇼항에서 쇼도시마 올리브 버스(사카테선) 타고 40분 후 야스다安田 하차, 도보 7분 주소 香川県小豆郡小豆島町馬木甲842-1 오픈 09:00~17:00 가격 쇼도시마 드레싱(100ml) 864엔 전화 0879-82-3333 홈페이지 kinryo-shoyu.co.jp

섬마을 여교사와 12명의 아이들
24개의 눈동자 영화마을 二十四の瞳映画村

소설가이자 시인인 쓰보이 사카에壺井栄가 쓴 〈24개의 눈동자〉는 1928년부터 종전 이후까지 일본의 작은 섬마을을 배경으로 한 소설이다. 아름답지만 가난한 섬마을로 부임한 젊은 여교사가 12명의 초롱초롱한 눈망울을 가진 아이들과 소중한 인연을 맺지만 전쟁의 소용돌이에 휘말리며 아픔을 겪게 되는 내용을 담고 있다. 일본의 국민 소설로 불리며 영화와 드라마로 숱하게 리메이크 되었다. 이곳은 1987년에 건립된 영화 세트장으로 세토 내해가 바라다보이는 해안가에 다이쇼·쇼와 시대 섬마을을 재현했다. 갤러리 쇼치쿠자에서는 1일 3회 〈24개의 눈동자〉 영화가 상영된다. 그 위층에는 북카페도 있다. 영화마을 인근에 자리한 미사키노 분교는 소설의 모티브가 된 곳이자 영화가 촬영되었던 초등학교로, 함께 둘러보면 좋다. 영화에서처럼 여교사가 마을로 가기 위해 탔던 나룻배가 지금도 오가고 있다. 영화마을에서 올리브 공원까지 차로는 30분 정도 걸리지만 나룻배로는 10분이면 된다.

Data **지도** 340p-E **가는 법** 도노쇼항에서 쇼도시마 올리브 버스(사카테선) 타고 1시간 10분 후 에이가무라映画村 하차 **주소** 香川県小豆郡小豆島町田浦 **오픈** 09:00~17:00 **요금** 미사키노 분교 350엔, 영화마을 세트장 890엔, 미사키노 분교+영화마을 세트장 1,000엔 (어린이는 반값) **전화** 0879-82-2455 **홈페이지** www.24hitomi.or.jp

썰물 때 나타나는 신비한 바닷길
엔젤로드 エンジェルロード

하루 두 번 바닷길이 열리는 쇼도시마의 관광 명소. 나타났다가 사라지는 신비한 바닷길이라 '천사의 산책길Angel Road'이라고도 불린다. 하루 두 차례 썰물 전후 약 두 시간 동안 엔젤로드가 열리는데, 작은 바위섬 벤텐시마弁天島에서 그 뒤편으로 이어진 요시마余島 섬까지 약 500m를 모래사장 위로 걸어갈 수 있다. 석양이 질 때 드라마틱한 풍경이 연출되기도 한다. 매일 달라지는 썰물 시간은 홈페이지에서 날짜를 입력해 확인할 수 있다. 쇼도시마 인터내셔널 호텔 앞 해변에 자리한다.

Data **지도** 340p-D
가는 법 도노쇼항에서 쇼도시마 올리브 버스(다노우라에가무라田ノ浦映画村선) 타고 약 10분 후 고쿠사이호텔·엔제루로도마에国際ホテル·Eエンジェルロード前 하차
주소 香川県小豆郡土庄町銀波浦 **전화** 0879-62-7004 (도노쇼초 상공관광과)
홈페이지 www.shodoshima-kh.jp/angel/

요괴마을로 떠나는 기묘한 여행
미로마을 메이팜 MeiPAM

'요괴는 눈에 보이지 않는 것뿐'이라는 모토로 전 세계 800종 이상의 요괴를 전시하고 있는 미술관. 경외의 대상뿐 아니라 위로와 문화, 엔터테인먼트로서 요괴를 재발견할 수 있다. 쇼도시마의 요괴 화가 야규 주베이柳生忠平가 마을의 빈 창고나 민가를 개조해 '요카이(요괴) 아트뮤지엄'을 열었다. 미로처럼 된 마을 곳곳에 있는 전시관에서는 야규 주베이가 그린 일본 전통 요괴 그림을 소개하고(1관), 쇼도시마의 간장 창고에 살고 있는 요괴(2관)와 현대사회에 숨어든 요괴(3관)를 볼 수 있다. 또 만다라 천정화가 그려진 어둠 속의 명상 공간(4관)과 해외 아티스트의 특별 전시관(5관)도 있다. 미로처럼 얽혀 있는 오래된 마을 길을 걸으며 하나하나 찾아가는 재미가 쏠쏠하다. 음식점과 카페, 특산품 매장 등도 잘 갖추고 있다. 2019년에는 종이학 아티스트 오노가와 나오키小野川直의 세계를 엿볼 수 있는 '나오키 오노가와 뮤지엄'이 6관으로 오픈했다. 사방 1센치미터의 종이학 3,000마리로 만든 분재 작품은 경이롭기만 하다. 홈페이지에서 티켓 구매 시 최대 400엔까지 할인받을 수 있다.

Data 지도 340p-D 가는 법 도노쇼항에서 도보 15분 주소 香川県小豆郡土庄町甲405 오픈 09:00~22:00, 목요일 14:00~22:00 휴관 수요일 및 부정기 휴일 요금 나오키 오노가와 뮤지엄 성인 1,600엔, 중·고등학생 800엔 / 요괴 미술관 전관(5관) 성인2,900엔, 중·고등학생 1,450엔 전화 0879-62-0221 홈페이지 meipam.net

세토우치 트리엔날레 작품 투어

1 태양의 선물 Gift of The Sun

쇼도시마의 도노쇼항에 자리한 한국 작가 최정화의 설치 작품으로 올리브가 숨어 있다. 잎사귀에는 섬의 아이들에게 전하는 작가의 메시지가 담겨 있다.

2 러브 인 쇼도시마 Love in Shodoshima

매 회 예술제마다 만날 수 있는 대만 작가 왕웬친Wang Wen Chih의 거대한 대나무 작품은 쇼도시마 최고의 화제작이다. 나카지마의 계단 논에 자리하며 고치 같은 내부는 아늑하고 신비로운 분위기가 감돈다.

3 우리가 도달할 수 있는 해안
The Shore Where We Can Reach

중국의 전통 고가구로 만든 파빌리온 작품으로 바다를 상징하는 배와 등대를 표현했다. 우아하고 섬세한 디테일이 돋보인다. 중국 작가 시안양Xiang Yang의 작품.

4 경계를 넘어 Beyond the Borders

대만 작가 린성롱Lin Shuen Long이 오베의 해변에 2013년 '오션Ocean', 2016년 '타이드Tide', 2019년 '웨이브Wave'를 선보였다. 전쟁으로 난민이 되어 목숨을 잃은 아이들을 추모하는 이 작품은 쇼도시마의 바다와 어우러져 깊은 울림을 만든다.

※ 예술제 기간 외 철거(영구 설치 작품 제외)

| 데시마 豊島 |

데시마는 쇼도시마와 나오시마 중간쯤 자리한 작은 섬이다. 세토 내해로 층층이 펼쳐진 계단식 논밭과 올리브, 귤이 자라는 풍경은 쇼도시마와 흡사하다. 하지만 유니크한 미술관과 예술 작품이 곳곳에 있어 나오시마를 떠올리게도 한다. 다카마쓰항, 우노항, 쇼도시마의 도노쇼항, 나오시마의 미야노우라항, 이누지마에서 데시마의 이에우라家浦항·가라토唐櫃항으로 가는 배편이 있으며 어디서든 편도 20~30분 정도 소요된다. 섬 안에서의 이동은 이에우라항과 가라토항을 오가는 노선버스 또는 자전거로 가능하다. 이에우라항 쪽에 자전거 렌탈 숍이 많고, 오르막이 좀 있으므로 전동 자전거를 추천한다.

요금 다카마쓰항~이에우라항·가라토항 1,350엔 / 우노항~이에우라항 780엔·가라토항 1,050엔 / 도노쇼항~이에우라항 780엔·가라토항 490엔 / 미야노우라항~이에우라항 630엔 / 이누지마~이에우라항 1,250엔 (어린이는 반값)
홈페이지 www.t-ferry.com (다카마쓰항), www.shodoshima-ferry.co.jp (우노항·도노쇼항), www.shikokukisen.com (미야노우라항·이누지마)

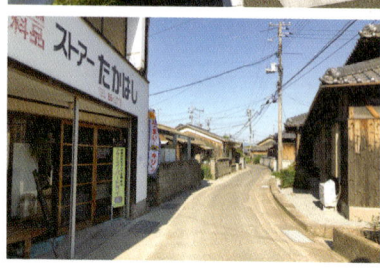

> **Tip 체크! 미술관 휴무일**
> 데시마 미술관을 비롯해 데시마 내 대부분의 시설이 매주 화요일 휴관이다. 일정 계획 시 반드시 휴무일을 확인하자.

© Rikuji Makabe Project for wall paintings in lane, Ogijima, wallalley Photo(Osamu Nakamura)

섬의 바람, 빛, 그리고 물방울
데시마 미술관 豊島美術館

세토 내해가 내려다보이는 계단식 논밭 가장자리에 자리한 데시마 미술관은 땅에서 솟아난 것 같은 거대한 돔 구조물과 그 사이를 잇는 산책로로 이루어져 있다. 40x60m, 최고 높이 4.5m의 기둥 하나 없이 단일 콘크리트로 이루어진 이 미술관에는 그림 한 점, 조각 작품 하나 전시되어 있지 않다. 대신 천정의 열린 부분을 통해 바람의 소리와 구름의 움직임, 빛의 흐름, 이름 모를 새의 지저귐이 시시각각 달라진다. 또 바닥의 설치물에서 퐁퐁 솟아나는 물방울이 또르르 굴러다니며 묘한 긴장감을 만든다. 섬세하고 긴장감 넘치는 설치 미술을 선보여온 나이토 레이内藤礼의 작품은 건축가 니시자와 류에西沢立衛의 공간 디자인과 만나 비어 있음으로 해서 더 없이 충만해지는 경험을 선사한다. 미술관의 축소 버전이랄 수 있는 또 하나의 돔 구조물은 카페 겸 갤러리 숍이다. 이곳에서는 자유롭게 사진을 찍거나 음식을 먹을 수 있고, 나이토 레이와 니시자와 류에의 작품집도 구입할 수 있다.

Data **지도** 352p-B **가는 법** 이에우라항에서 노선버스 타고 10분 후 데시마비주쓰칸豊島美術館 하차. 또는 가라토항에서 노선 버스 타고 5분 후 데시마비주쓰칸 하차 **주소** 香川県小豆郡土庄町豊島唐櫃607 **오픈** 3~10월 10:00~17:00, 11~2월 10:00~16:00 **휴관** 3~11월 화요일(월·화요일이 공휴일인 경우 수요일), 12~2월 화·수·목요일 **요금** 1,570엔, 15세 이하 무료 **전화** 0879-68-3555 **홈페이지** benesse-artsite.jp/art/teshima-artmuseum.html

일상과 비일상의 경계

데시마 요코관 豊島横尾館

삶과 죽음을 테마로 작업해온 미술가·그래픽 디자이너 요코다다노리横尾忠則의 작품 세계를 건축가 나가야마 유코永山祐子가 고민가를 개조해 담아냈다. 안채, 정원, 창고 등으로 이루어진 전체 구조는 그대로 두고 색유리, 색색의 돌, 둥근 탑 등을 통해 낯선 풍경을 재창조했다. 익숙한 듯 생경한 공간에 죽음을 연상시키는 회화 작품 11점이 전시되어 음울하고 기묘한 분위기를 고조시킨다. 요코의 작품에서 생명을 상징하는 혈액의 색인 빨간색은 이 전시관에도 중요한 모티브가 되었다. 붉은 유리를 통해 본 저쪽 너머의 세계는 일상과 비일상, 삶과 죽음의 경계를 연상케 한다. 관람을 마치면 사후 세계를 경험한 듯 강렬한 잔상이 오래 남는다.

Data 지도 352p-A
가는 법 이에우라항에서 도보 5분 주소 香川県小豆郡土庄町豊島家浦2359 오픈 3~10월 10:00~17:00, 11~2월 10:00~16:00
휴관 3~11월 화요일(단, 월·화요일이 공휴일인 경우 수요일), 12~2월 화·수·목요일 요금 520엔, 15세 이하 무료
전화 0879-68-3555 (데시마 미술관)
홈페이지 benesse-artsite.jp/art/teshima-yokoohouse.html

EAT

| 쇼도시마 |

쇼도시마 유일의 사케 양조장
포레스트 사카구라 모리쿠니 갤러리 フォレスト酒蔵森國ギャラリー

쇼도시마 유일의 사케 양조장 모리쿠니의 제품을 판매하는 갤러리 숍이자 술과 음식을 즐길 수 있는 카페&바. 80년 된 간장조림 공장을 활용한 멋스러운 공간에 사케가 진열되어 있다. 세토 내해의 자연을 모티브로 한 세련된 패키지의 모리쿠니 사케는 일반적인 720ml 사이즈뿐 아니라 300ml, 100ml 제품도 있어서 기념 선물로도 안성맞춤. 사찰의 툇마루를 가져다 만든 카운터 바에서 사케 시음도 가능하다. 점심에는 할머니의 손맛으로 정성껏 만든 정식 세트 '도지노마카나이한杜氏のまかない飯'을 맛볼 수 있다. 양조장에서 평상시 먹던 가정식을 재현한 것인데, 술지게미를 넣어 만든 된장국과 제철 나물 반찬, 생선조림 등 집밥처럼 담백하면서도 깊은 맛이다. 별관에는 술 쌀의 쌀가루로 만든 빵을 선보이는 작은 베이커리도 자리한다. 쌀가루 핫도그번에 술지게미 단팥을 채운 빵은 술의 독특한 풍미가 느껴진다.

Data **지도** 340p-G **가는 법** 도노쇼항에서 쇼도시마 올리브 버스(사카테선) 타고 40분 후 우마키馬木 하차, 도보 3분 **주소** 香川県小豆郡小豆島町馬木甲1010-1 **오픈** 갤러리 숍&베이커리 09:00~17:00, 카페 11:00~17:00 **휴무** 갤러리 숍&카페 목요일, 베이커리 화·수·목요일
가격 정식 세트 1,100엔 **전화** 0879-61-2077 **홈페이지** www.morikuni.jp

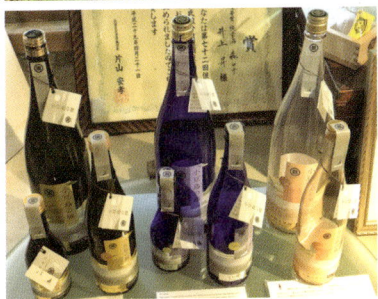

맛깔스런 쇼도시마 한 상

고마메 식당 こまめ食堂

계단식 논밭이 한가로이 펼쳐진 마을 어귀에 자리한 고마메 식당은 늘 손님으로 북적이는 인기 점이다. 방앗간으로 쓰이다가 방치되었던 창고 건물을 말끔히 정돈하고 쇼와 시대 빈티지 소품으로 채운 공간은 그 자체로 볼거리다. 2010년 세토우치 트리엔날레 첫 개막 당시 관광들을 위해 마련한 이벤트 식당이었는데, 축제가 끝나고 재정비한 후 정식 오픈하게 되었다.

이곳의 주력 메뉴는 쇼도시마를 한 상에 차려낸다는 야심이 엿보이는 푸짐한 주먹밥 정식(다나다노오니기리테쇼쿠 棚田のおにぎり定食)이다. 계단식 논에서 수확한 쌀로 만든 주먹밥(오니기리)과 세토 내해의 제철 생선을 이용한 요리, 제철 나물로 만든 반찬 등으로 구성된다. 사용하는 간장도 쇼도시마의 명품 야마로쿠 간장이다. 아낌 없이 재료를 쓰는 만큼 맛도 좋다. 또 다른 간판 메뉴로는 올리브 사료로 키운 쇼도시마 소고기를 이용한 수제 햄버거가 있다. 계절 과일을 넣어 만든 머핀을 비롯해 고구마 타르트, 딸기 슈크림 등 디저트 메뉴도 충실하다.

Data 지도 340p-B
가는 법 도노쇼항에서 쇼도시마 올리브 버스(나카야마中山선) 타고 약 20분 후 가스가진자마에春日神社前 하차(하루 5회 운행), 바로
주소 香川県小豆郡小豆島町中山1512-2
오픈 11:00~15:00
휴무 화요일·격주 수요일, 부정기 휴일
가격 주먹밥 정식 1,380엔
전화 080-2984-9391
홈페이지 www.dreamisland.cc/cafe/komame-cafe.html

정갈한 쇼도시마 향토요리

고요미 創作郷土料理 暦

〈24개의 눈동자〉로 유명한 쇼도시마 출신 작가 쓰보이 사카에의 문학 작품 속 쇼도시마 향토요리를 선보이고 있는 고요미. 상호 역시 그의 소설 제목에서 따왔다. 간장, 올리브, 소면, 쓰쿠다니 등 쇼도시마의 특산품을 한 상에 담은 정식 메뉴는 구성이 알차다. 생선과 채소 등 식재료도 최대한 쇼도시마 산을 사용했다. 자극적이지 않고 하나하나 정갈한 맛을 즐길 수 있다. 올리브 공원 건너편의 바닷가 인근 고민가를 개조한 곳으로, 아늑한 분위기가 느껴지며 식사 후 바닷가를 산책해도 좋다.

Data 지도 340p-E 가는 법 도노쇼항에서 쇼도시마 올리브 버스(사카테선) 타고 약 30분 후 올리브코엔구치オリーブ公園口 하차, 도보 5분 주소 香川県小豆郡小豆島町西村甲1816-1 오픈 점심 11:30~14:00, 저녁(예약제) 18:00~21:30 휴무 월·화요일 가격 런치 정식 1,500엔 전화 0879-62-8234 홈페이지 koyomishodoshima.jimdo.com

| 데시마 |

옛 집에서 즐기는 건강한 섬 요리

시마키친 島キッチン

데시마의 옛 집과 아늑한 마당이 어우러진 시마키친은 2010년 세토우치 트리엔날레에서 '음식과 예술'이란 테마 아래 지역 음식을 선보이는 장으로 조성되었다. 도쿄 마루노우치 호텔 요리사의 도움을 받아 지역의 풍부한 식재료로 개발한 섬 요리는 큰 호평을 받았고, 축제 이후에도 계속 맛볼 수 있게 되었다. 제철 생선이 큼지막하게 나오는 시마키친 세트와 특제 카레에 제철 채소튀김을 곁들인 키마카레 세트가 대표 메뉴. 레몬 드레싱의 샐러드와 나물 반찬까지 하나하나 건강해지는 맛이다. 섬의 전통 된장으로 만든 된장국 '고지루呉汁'는 짜지 않고 콩의 담백한 맛이 느껴진다.

Data 지도 352p-B 가는 법 가라토항에서 도보 30분 또는 노선 버스 타고 10분 후 시미즈마에清水前 하차 도보 3분 주소 香川県小豆郡土庄町豊島唐櫃1061 오픈 토·일·월요일 및 공휴일 11:00~16:00 (식사는 ~14:00) 가격 시마키친 세트 1,760엔, 키마카레 세트 1,430엔 전화 0879-68-3771 홈페이지 www.shimakitchen.com

푸르른 바다가 뒷마당
우미노 레스토랑 海のレストラン

이에우라항에서 해안로를 따라가다 보면 나오는 우미노 레스토랑은 이름처럼 바다를 뒷마당으로 가지고 있다. 꽃 정원이 가꾸어진 앞마당을 지나 둥근 아치형의 레스토랑 안으로 들어가면 유리 너머로 세토 내해가 푸르게 펼쳐진다. 야외 테라스 자리에선 바다의 짠 내가 그대로 밀려온다. 레스토랑의 텃밭에서 수확한 채소와 세토 내해의 식재료로 만든 피자를 비롯해 이탈리안 일품 요리를 즐길 수 있다. 커피와 생맥주도 판매한다. 그날그날 달라지는 오늘의 디저트도 있다.

Data **지도** 352p-A **가는 법** 이에우라항에서 도보 15분 **주소** 香川県小豆郡土庄町豊島家浦525-1
오픈 점심&카페 11:00~15:30, 저녁(예약 필요) 18:00~21:00 **휴무** 부정기 휴일(주로 화요일 또는 수요일)
가격 피자 1,320엔~ **전화** 0879-68-3677 **홈페이지** il-grano.jp/umi

| 데시마 |

메이드 인 데시마
데시마 마르셰 豊島マルシェ

이에우라항 매표소 건물 바로 옆에 자리한 기념품 숍 및 특산품 매장. 레몬, 딸기, 올리브, 쌀 등 데시마의 농가에서 수확한 농산물로 만든 과자, 잼, 소스 등을 판매한다. 섬을 이미지화한 패키지가 귀여워서 선물로도 좋다.

Data **지도** 352p-A **가는 법** 이에우라항에서 도보 1분
주소 香川県小豆郡土庄町豊島家浦3841-21
오픈 09:00~17:30(12~2월 17:00까지) **휴무** 화요일
전화 0879-68-3135

| 쇼도시마 |

엔젤로드가 펼쳐진 온천 호텔
덴쿠 호텔 카이로 天空ホテル海廬

이름처럼 하늘과 가까운 고지대에 자리한 온천 호텔. 로비에서부터 객실과 복도, 온천탕까지 세토 내해가 시원하게 펼쳐진다. 특히 쇼도시마의 관광명소인 엔젤로드가 한눈에 보여서 따로 전망대를 갈 필요가 없을 정도이다. 오래된 호텔이지만 리뉴얼을 한 덕분에 전반적으로 현대적이고 세련된 느낌을 준다. 넓고 쾌적한 실내 전망탕과 아늑한 바위 노천탕에서 느긋하게 몸을 담글 수 있다. 저녁 가이세키 요리는 간소한 것부터 최고급까지 다양한 선택이 가능하다. 어린 자녀를 위한 식사도 따로 주문(사전 예약)할 수 있다.

Data 지도 340p-D
가는 법 도노쇼항에서 송영 차량으로 7분 주소 香川県小豆郡土庄町甲1135 가격 10,000엔(2인 이용 시 1인 요금, 조·석식 포함) 전화 0879-62-1430 홈페이지 www.kairo-shodoshima.jp

나오시마
直島

세계적인 예술 작품과 굵직굵직한 건축 프로젝트를 통해 예술의 섬으로 거듭난 나오시마. 인구 3,000여 명의 작은 섬이 지나온 30년의 발자취는 그 자체로 섬과 예술에 관한 패러다임을 뒤바꾼 역사적 사건이 되었다.

나오시마 돌아보기

나오시마 교통

전 세계 여행자가 많이 찾는 곳인 만큼 대중교통이 잘 되어 있다. 미야노우라항과 혼무라항, 그리고 베네세 아트 사이트는 서로 2.5~3km 정도 거리라 자전거로도 무리 없이 다닐 수 있다.

나오시마 마을버스 直島町営バス

미야노우라항에서 출발해 이에 프로젝트가 있는 혼무라항을 경유한 후 베네세 아트 사이트와 가까운 쓰쓰지소つつじ荘까지 운행한다. 미야노우라항에서 혼무라항까지 버스로 약 8분, 쓰쓰지소까지는 12분 정도 소요된다. 쓰쓰지소에서 구사마 야요이의 유명한 작품 〈노란 호박〉까지 300m 떨어져 있다.
요금 1회 성인 100엔, 어린이 50엔

자전거

미야노우라항 주변에서 자전거 렌탈숍을 어렵지 않게 찾을 수 있다. 오르막 구간이 좀 있어서 부담된다면 전동 자전거를 이용하자. 대여 시 짐을 무료로 맡아주기도 한다.
TVC 나오시마 렌탈
요금 전동 자전거 1일 1,500엔, 일반 자전거 1일 500엔 (1일 이용 시간 09:00~18:00)
전화 087-892-3212
홈페이지 tvc-service.com/bicycle-rental_jp

베네세 아트 사이트 무료 셔틀버스

쓰쓰지소 정류장에서 베네세 아트 사이트에 자리한 베네세 하우스 뮤지엄, 이우환 미술관, 지추 뮤지엄을 왕복 운행한다. 주말이나 연휴에는 자리가 없거나 정체되는 경우가 종종 발생하기 때문에 도보로 이동하는 것이 낫다. 미술관 휴무일인 월요일에는 운행하지 않는다.
요금 무료

••• Plus Info •••

나오시마 관광안내소 直島町観光案内所
가는 법 나오시마 미야노우라항 터미널 내
주소 香川県香川郡直島町2249-40
오픈 08:30~18:00 전화 087-892-2299
홈페이지 www.naoshima.net

나오시마
📍 당일 추천 코스 📍

작은 섬이지만 볼 것, 가야 할 곳이 많아서 한나절도 빠듯하다. 지추 뮤지엄은 예약 시간에 맞춰야 하므로, 그에 따라 계획을 짜도록 하자.

우미노에키 나오시마
빨간 호박이 있는
나오시마의 대문

→ 마을버스 8분

이에 프로젝트
섬마을 골목을 따라
전시장으로 변신한
고민가 탐방하기

→ 도보 5분

아이스나오
섬의 재료로 만든 채식
식단으로 점심 식사

↓ 나오시마 마을버스 4분+도보 15분

베네세 하우스 뮤지엄
세계적인 예술 작품
감상하기

← 도보 15분

이우환 미술관
'모노파' 거장의
작품 감상하기

← 도보 10분

지추 뮤지엄
건축, 예술, 자연이
하나된 미술관 탐색하기

↓ 도보 25분

센토 아이러브유
유니크한
대중 목욕탕에서
시원하게 마무리

> **Tip 체크! 미술관 휴무일**
> 지추 뮤지엄, 이우환 미술관 등 나오시마의 관람 시설은 대부분 매주 월요일(월요일이 공휴일이면 그다음 날) 휴관이다. 이에 따라 휴관일에는 나오시마 혼무라항에서 데시마 이에우라항으로 가는 배편이 추가 편성되기도 하니 일정에 참고하자.

SEE

© Hiroshi Sugimoto Time Exposed Photo: Shigeo Anzai

© Benesse House Museum Photo: Naoharu Obayashi

나오시마 미술관 감상 시작
베네세 하우스 뮤지엄 ベネッセハウスミュージアム

세계적인 예술 작품을 전시하는 미술관이자 호텔로 1992년 문을 열었다. 세토 내해가 내려다보이는 고지대에 자리해 시시각각 달라지는 나오시마 풍경을 내부로 끌어들인 공간은 일본을 대표하는 건축가 안도 다다오安藤忠雄가 설계했다. 일본과 해외 작가의 회화, 조각, 설치 등의 소장품과 더불어 예술가들이 직접 위치를 정하고 장소에 어울리도록 제작한 작품도 있다. 작품은 미술관 안뿐 아니라 숲과 해안가에서도 찾아볼 수 있다. 구사마 야요이의 〈노란 호박〉도 그중 하나. 큰 창을 통해 세토 내해가 한눈에 펼쳐지는 카페(2층)와 레스토랑(지하1층)이 자리하고, 카페에 병설된 뮤지엄 숍에서 오리지널 아트 상품을 구입할 수 있다. 호텔 베네세 하우스에도 작가의 작품이 곳곳에 배치되어 미술관의 연장선에서 하룻밤을 보낼 수 있다. 이 가운데는 숙박자에게만 공개되는 작품도 있다.

© Benesse House Photo: FUJITSUKA Mitsumasa

Data 지도 360p-1-D
가는 법 미야노우라항에서 마을버스 타고 종점 쓰쓰지소 하차, 도보 15분(또는 쓰쓰지소에서 베네세 아트 사이트 나오시마 셔틀버스 승차)
주소 香川県香川郡直島町琴弾地 **오픈** 08:00~21:00
요금 1,300엔, 15세 이하 무료, 베네세 하우스 숙박자 무료
전화 087-892-3223
홈페이지 benesse-artsite.jp/art/benessehouse-museum.html

© Lee Ufan 'Porte vers l'infini' (2019) Photo:Tadasu Yamamoto

여백의 미학
이우환 미술관 李禹煥美術館

대한민국을 대표하는 예술가이자 일본 '모노파'의 거장 이우환 작가의 미술관. 모노파(모노하物派)는 1970년대 일본에서 나타난 예술 경향으로 '모노物' 즉 돌, 철, 나무 등의 물체를 자연 그대로 제시해 근본적인 존재성을 부여하고 사물과 사물 사이의 관계성을 묻는 방식이다. 이우환 작가는 철학적 사유에 기반해 자신만의 모노파를 정립하고 독보적인 작품 활동을 통해 유일무이한 예술가로 우뚝 서게 된다. 앞으로 너른 바다가 펼쳐진 야트막한 산 사이에 자리한 미술관은 건축가 안도 다다오와의 협업으로 완성되었다. 수직으로 치솟은 돌기둥 작품과 대응하듯 수평의 노출 콘크리트 벽체로 된 미술관 내외부에는 그의 작품이 놓여 있다. 나오시마의 자연과 조응하는 그의 작품은 다양한 해석과 감상을 불러일으킨다.

Data 지도 360p-1-D
가는 법 미야노우라항에서 마을버스 타고 종점 쓰쓰지소 하차, 도보 30분(또는 쓰쓰지소에서 베네세 아트 사이트 무료 셔틀버스 승차)
주소 香川県香川郡直島町字倉浦1390 **오픈** 10:00~18:00 (10월~2월 17:00까지)
휴관 월요일(공휴일이면 그다음 날)
요금 1,050엔, 15세 이하 무료
전화 087-892-3754
홈페이지 benesse-artsite.jp/art/lee-ufan.html

© Chichu Art Museum Photo:FUJITSUKA Mitsumasa

땅과 하나된 미술관
지추 뮤지엄 地中美術館

'자연과 인간의 공생'이라는 모토를 건축으로 구현한 지추 뮤지엄은 건축가 안도 다다오의 대표작으로 손꼽힌다. 세토 내해의 아름다운 경관을 해치지 않도록 미술관은 지상이 아닌 땅 아래 지어졌다. 하지만 곳곳의 '선큰 가든(지하 정원)'을 통해 자연광이 쏟아져 빛의 변화나 계절에 따라 달라지는 분위기 속에서 작품을 감상할 수 있다. 프랑스 인상주의 화풍의 대가 클로드 모네Claude Monet의 유명한 수련 시리즈 가운데 5점을 전시 중이다. 또 모네가 자신의 정원에 심었다고 전해지는 200종의 꽃과 나무로 구성된 정원도 자리한다. 빛의 마술사라 불리는 제임스 터렐James Turrell의 설치 작품과 개념미술의 선구자 월터 드 마리아Walter De Maria의 작품도 상설 전시되어 있다. 세토 내해가 한눈에 펼쳐지는 테라스에 자리한 카페는 관내에서 유일하게 사진 촬영이 가능한 곳이다. 관람은 예약제로 운영되며, 홈페이지를 통해 날짜와 시간을 정하고 온라인 티켓을 구매해야 한다.

Data 지도 360p-1-C
가는 법 미야노우라항에서 마을버스 타고 종점 쓰쓰지소 하차, 도보 40분(또는 쓰쓰지소에서 베네세 아트 사이트 나오시마 무료 셔틀버스 승차) 주소 香川県香川郡直島町3449-1 오픈 10:00~18:00(10월~2월 17:00까지) 휴관 월요일(공휴일이면 그다음 날) 요금 2,100엔(온라인 예약제), 15세 이하 무료
전화 087-892-3755 홈페이지 benesse-artsite.jp/art/chichu.html

나오시마의 랜드마크
빨간 호박과 호박 Red Pumpkin & Pumpkin

섬 가장자리에서 세토 내해를 배경으로 자리한 구사마 야요이草間彌生의 작품 〈빨간 호박〉과 〈호박〉은 예술의 섬 나오시마를 상징하는 설치 작품이다. 각각 나오시마의 대문인 미야노우라 항구와 베네세 하우스 뮤지엄에서 방문객을 맞는다. 빨간색과 노란색 호박에 구사마 야요이 특유의 점박이 무늬가 있다. 빨간 호박은 내부에도 들어갈 수 있다.

빨간 호박 가는 법 미야노우라 항구 앞
호박 가는 법 베세네 하우스 뮤지엄에서 도보 5분

"Red Pumpkin" ©Yayoi Kusama, 2006 Naoshima
Miyanoura Port Square Photo ; Daisuke Aochi

© Yayoi Kusama "Pumpkin" Photo: Shigeo Anzai

예술로 탄생한 동네 목욕탕
나오시마 센토 아이러브유 直島錢湯「I♥湯」

동네 목욕탕이 일본 현대 예술가 오타케 신로大竹伸朗에 의해 독창적인 공간으로 만들어졌다. 목욕탕 건물은 동남아풍의 이색적인 분위기로 꾸며져 있다. 안으로 들어가면 남탕과 여탕 사이를 나누는 벽 위에 코끼리 조각상이 있고 다양한 이미지의 그래픽이 그려져 있다. 영어의 'you' 대신 일본어로 목욕이란 의미의 '유湯'를 넣어 만든 이름도 재미있다. 예술 작품인 동시에 나오시마 여행 후 피로를 풀기에도 좋은 곳이다. 오리지널 수건은 기념품으로 많이 사간다.

Data 지도 360p-1-A
가는 법 미야노우라항에서 도보 4분 **주소** 香川県香川郡直島町 2252-2 **오픈** 13:00~21:00
휴무 월요일(공휴일이면 그다음 날)
요금 660엔, 15세 이하 310엔
전화 087-892-2626
홈페이지 benesse-artsite.jp/art/naoshimasento.html

© Shinro Ohtake Naoshima Bath "I♥湯" photo:Osamu Watanabe

SPECIAL PAGE

예술을 통한 섬 마을의 복원

이에 프로젝트 家プロジェクト

나오시마 빈집을 이용한 예술 프로젝트. 1998년 「가도야角屋」를 시작으로 현재(2023년) 7곳의 이에 프로젝트가 공개되었다. 주민들이 살고 있는 동네 여기저기에 흩어져 있는 이에 프로젝트를 찾아다니며 정겨운 골목과 바닷가 마을의 정취를 동시에 느낄 수 있다.

Data **지도** 360p-2 **가는 법** 미야노우라항에서 마을버스 타고 4분 후 야쿠바마에役場前 하차(하이샤 인근) **오픈** 10:00~16:30 (상세 영업 시간은 웹사이트 개관 캘린더 확인) **휴관** 월요일(공휴일이면 그다음 날) / 긴자 월~수요일 **요금** 일반 티켓 1,050엔(긴자를 제외한 6곳 감상), 원 사이트 티켓(긴자를 제외한 1곳 감상) 420엔, 긴자 520엔, 15세 이하 무료 **홈페이지** benesse-artsite.jp/art/arthouse.html

① 가도야 角屋

약 200년 전 지어진 가옥을 복원한 이에 프로젝트 1탄. 현대 예술가 미야지마 다쓰오宮島達男가 나오시마 주민과 함께 완성한 발광 다이오드LED 작품을 감상할 수 있다.

ⓒ Art House Project "Kadoya" Photo: Norihiro Ueno

ⓒ Art House Project "Kadoya" Tatsuo Miyajima Sea of Time '98 Photo: Ken'ichi Suzuki

② 미나미테라 南寺

마을에서 신성시되는 절터에 건축가 안도 다다오가 건물을 짓고 빛과 어둠에 관한 제임스 터렐James Turrell의 작품을 전시했다. 혼무라 라운지에서 번호표를 받아 지정 시간 내에 관람해야 한다.

③ 긴자 きんざ

지어진 지 100년이 넘은 빈집을 복원한 것으로 데시마 미술관의 작가 나이토 레이内藤礼의 작품을 전시하고 있다. 한 명씩 15분 동안 감상하는 방식이라 홈페이지 예약 필수.

ⓒ Art House Project "Minamidera" Architect:Tadao Ando Photo: Ken'ichi Suzuki

ⓒ Art House Project "Kinza" Photo:Naoya Hatakeyama

④ 고오 신사 護王神社

사진가이자 설치 예술가인 스기모토 히로시杉本博司가 설계했다. 본전에서 석실로 이어진 유리 계단은 생과 사를 잇는 매개체이기도 하다.

ⓒ Art House Project "Go'o Shrine" Hiroshi Sugimoto
Appropriate Proportion Photo: Hiroshi Sugimoto

⑤ 이시바시 石橋

메이지 시대 소금 생산업으로 번성했던 이시바시 가문의 집을 과거의 모습과 거의 비슷하게 복원했다. 내부에는 일본화가 센쥬 히로시千住博의 작품이 전시되어 있다.

ⓒ Art House Project "Ishibashi" Photo: Ken'ichi Suzuki

⑥ 고카이쇼 碁会所

주민들이 바둑을 두던 장소에 만들어진 스다 요시히로須田悦弘의 작품이다. 안에는 〈동백〉이라는 작품이 전시되어 있으며 마당에 동백나무가 심어져 있다.

ⓒ Art House Project "Gokaisho" Photo: Osamu Watanabe

⑦ 하이샤 はいしゃ

치과 의원 겸 주택이었던 곳이 통째로 작품으로 꾸며졌다. 센토 아이러브유의 작가 오타케 신로大竹伸朗가 '꿈'을 테마로 다양한 이미지를 덕지덕지 공간에 채워 넣었다.

ⓒ Art House Project "Haisha" Shinro Ohtake Dreaming Tongue/ BOKKON-NOZOKI Photo: Ken'ichi Suzuki

안도 다다오의 건축세계
안도 뮤지엄 ANDO MUSEUM

나오시마의 수많은 미술관에 참여한 건축가 안도 다다오의 작품 세계를 엿볼 수 있는 건축 박물관. 100년 된 고민가 안으로 들어서면 그의 시그니처라 할 수 있는 노출 콘크리트와 빛이 만들어내는 공간을 마주할 수 있다. 과거와 현재, 빛과 어둠, 콘크리트와 나무라는 안도 다다오의 건축 세계를 설명하는 대립적인 요소가 작은 공간에 응축되어 있다. 이에 프로젝트, 지추 뮤지엄 등 나오시마 프로젝트의 모형과 스케치, 사진 등도 함께 전시되어 있으며 관련 서적과 오리지널 상품도 판매한다.

Data 지도 360p-2-C 가는 법 미야노우라항에서 마을버스 타고 8분 후 혼무라 하차, 도보 2분
주소 香川県香川郡直島町736-2 오픈 10:00~16:30 휴관 월요일(공휴일이면 그다음 날)
요금 520엔, 15세 이하 무료 전화 087-892-3754 홈페이지 benesse-artsite.jp/art/ando-museum.html

자연에 순응하는 건축
나오시마 홀 直島ホール

거대한 편백나무 지붕이 눈길을 사로잡는 나오시마 홀은 지역 주민의 레크레이션과 모임을 위한 다목적 시설이다. 건축가 산부이치 히로시三分一博志가 주변의 바람, 지하수, 태양의 움직임을 2년 반에 걸친 리서치를 통해 자연에 순응하는 건축을 탄생시켰다. 핵심은 '공기의 흐름'이다. 지붕의 삼각형 개구부를 통해 자연스럽게 실내외 공기가 순환한다. 건물 주변에 흙을 쌓아 지열과 바깥 공기의 온도 차로 여름에는 서늘하고 겨울에는 따듯한 공기가 흐른다. 이는 나오시마의 옛 민가에서 배운 지혜이기도 하다. 다목적 홀과 예배당, 정원으로 이루어져 있으며 세토우치 트리엔날레 기간에는 전시 장소로 활용된다.

Data 지도 360p-2-C 가는 법 혼무라항에서 도보 6분
주소 香川県香川郡直島町696-1 요금 입장 무료 전화 087-892-2882(나오시마 교육위원회)
홈페이지 www.town.naoshima.lg.jp/about_naoshima/shisetsu/naoshimahall.html

혼무라항의 랜드마크
나오시마항 터미널 直島港ターミナル

미야노우라항 여객 터미널을 완공한 건축가 그룹 사나SANNA가 2017년 혼무라항에도 터미널을 지었다. 13개의 플라스틱 구체로 만든 지붕이 마치 뭉게구름을 연상시키는 터미널은 작은 어촌 동네에 유니크한 균열을 만든다. 터미널은 높이가 8m로 인근에서 한눈에 띄는 랜드마크다. 야간 조명이 켜지는 저녁에는 더욱 확실한 존재감을 드러낸다. 안에는 자전거와 오토바이를 세워두거나 앉을 수 있는 자리, 그리고 화장실이 있다.

Data 지도 360p-2-B 가는 법 혼무라항 앞

🍽 EAT

몸이 건강해지는 맛
아이스나오 玄米心食 あいすなお

세토우치 지역의 제철 식재료로 차린 건강한 요리를 맛볼 수 있는 비건 식당. 오카야마산 현미밥과 세토우치 향토 음식인 '고지루吳汁(대두 으깬 것을 넣은 된장국)', 두부 요리와 제철 나물로 만든 반찬 등 생선이나 고기를 일절 사용하지 않은 채식 요리에선 슴슴한 자연의 맛이 느껴진다. 계란이나 유제품을 사용하지 않은 비건 디저트도 맛볼 수 있다. 90년 된 고민가를 개조해 가정집 같은 분위기의 공간은 건강한 음식과도 잘 어울린다.

Data **지도** 360p-2-C **가는 법** 혼무라항에서 도보 3분 **주소** 香川県香川郡直島町761-1 **오픈** 11:00~15:00 **휴무** 월요일(공휴일이면 그다음 날) **가격** 아이스나오 세트 1,000엔, 쌀가루로 만든 말차 케이크 450엔 **전화** 087-892-3830 **홈페이지** aisunao.jp

섬의 작은 카페
오카시 토 커피 おかしとコーヒー

예스러운 민가가 잘 남아 있는 나오시마 골목에 원래 제자리인 양 스며든 작은 카페. 2019년 세토우치 트리엔날레에 맞춰 공터 옆의 창고를 개조해 문을 열었다. 에스프레소 커피 메뉴부터 수제 레몬 소다 등 작은 카페에 메뉴가 꽤 알차다. 쿠키, 스콘, 케이크 등 디저트는 그때그때 달라진다. 음료는 테이크아웃 해가도 되고, 옆 공터에 놓인 테이블에 앉아서 먹고 가도 된다.

Data **지도** 360p-2-C **가는 법** 혼무라항에서 도보 5분 **주소** 香川県香川郡直島町710 **오픈** 10:00~16:00 **휴무** 수~금요일, 부정기 휴일 **가격** 카페 라테 500엔, 데시마 레몬 소다 600엔 **홈페이지** www.instagram.com/okashi.to.coffee/

나오시마의 관문
우미노에키 나오시마 海の駅「なおしま」

나오시마의 관문 미야노우라항에 자리한 페리 터미널 겸 방문자 센터. 개방적인 이 건물은 길이 70m, 너비 52m의 넓고 가벼운 지붕을 열주와 유리가 떠받치고 있다. 세지마 가즈요妹島和世와 니시자와 류에西沢立衛가 공동 대표로 있는 사나SANNA가 설계했다. 지붕 아래의 반 외부 공간은 대기실, 카페, 주차장, 관광안내소, 기념품 숍, 마을버스 정류장 등 다양한 기능을 수행하고 있다.

Data 지도 360p-1-C
가는 법 미야노우라항 터미널 내
주소 香川県香川郡直島町 2249-40 오픈 09:00~18:00
전화 087-892-2299

이에 프로젝트의 출발점
혼무라 라운지 & 아카이브 本村ラウンジ＆アーカイブ

과거 농협 슈퍼마켓으로 쓰던 공간을 개조해 나오시마 이에(집) 프로젝트의 전초기지로 활용하고 있다. 기본 공간 구조를 남겨 빈티지한 멋이 느껴진다. 건축가 니시자와 류에西沢立衛가 디자인했다. 이에 프로젝트의 티켓을 수령하고 이용 방법을 안내받을 수 있다. 이에 프로젝트 관련 서적이나 디자인 상품도 판매하고 예술 작품도 전시되어 있다. 그밖에 나오시마 여행 정보를 얻을 수 있고, 라운지의 소파에서 쉬어가도 된다.

Data 지도 360p-2-B
가는 법 혼무라항에서 도보 3분
주소 香川県香川郡直島町850-2
오픈 09:30~16:30 휴무 월요일
(공휴일이면 그다음 날)
전화 087-840-8273
홈페이지 benesse-artsite.jp/art/arthouse.html

SLEEP

나오시마 아트 스테이

베네세 하우스 ベネッセハウス

외딴 섬을 찾은 여행자가 하룻밤 동안 오롯이 섬과 예술의 아름다움을 느낄 수 있는 비일상의 아트 스테이다. 건축가 안도 다다오가 설계한 호텔은 총 4가지 타입으로 미술관과 가장 가까운 뮤지엄동, 높은 언덕에 위치한 오벌동, 해안가에 자리한 비치동과 파크동이 있다. 각 객실에는 아티스트의 작품이 걸려 있고 넓은 유리창으로 세토 내해의 섬과 바다가 그림 같이 펼쳐진다. 호텔 내 곳곳에도 예술 작품이 있으며 전문 가이드투어를 통해 감상할 수 있다.

Data 지도 360p-1-D
가는 법 미야노우라항에서 무료 송영 차량 이용(숙박자 전용)
주소 香川県香川郡直島町琴弾地
요금 트윈룸 32,670엔부터
전화 087-892-3223
홈페이지 benesse-artsite.jp/stay/benessehouse/

고민가와 텐트의 컬래버레이션

시마코야 島小屋

혼무라항과 가까운 게스트하우스 시마코야는 숙박 방식이 좀 독특하다. 고민가 안에 각자 텐트를 치고 그 안에서 하룻밤을 보내는 방식. 120년 된 고민가의 풍취를 그대로 전달하고 싶다는 생각에서 이런 방식을 택했다. 숙박 요금에는 텐트와 침낭 대여 비용이 포함된다. 반 실외나 다름없기 때문에 겨울에는 운영하지 않는다. 고민가 한쪽에는 북카페가 자리하고, 샤워시설(유료)과 화장실은 외부에 따로 마련했다. 마당에서는 중고책과 도자기를 판매하는 플리마켓이 열리기도 한다.

Data 지도 360p-2-A
가는 법 혼무라항에서 도보 2분
주소 香川県香川郡直島町882-1
요금 1인(텐트, 침낭 포함) 3,500엔, 2인 6,000엔
전화 090-4107-8821
홈페이지 shimacoya.com

사카이데시 & 마루가메시 & 고토히라
坂出市 & 丸亀市 & 琴平

다카마쓰시 서쪽의 사카이데, 마루가메, 고토히라로 이어지는 지역은 세토 내해의 아름다운 풍광과 역사적인 경관이 어우러진 곳이다. 또한 예로부터 밀 농사가 발달해 전통 있는 사누키 우동집이 몰려 있는 우동 성지이기도 하다.

사카이데시 & 마루가메시 & 고토히라
돌아보기

사카이데시 & 마루가메시 & 고토히라 교통

고토히라, 마루가메의 관광지는 역에서 멀지 않다. 반면, 사카이데시 하면 빼놓을 수 없는 세토대교는 역에서 약 7km 떨어져 있어서 버스 또는 택시를 타야 한다. 시간 구애 없이 여행하고 싶다면 렌터카를 이용하자.

사카이데시 시영 버스 坂出市営バス
JR 사카이데역에서 출발해 세토대교 기념공원과 가가와 현립 히가시야마 가이이 세토우치 미술관을 경유하는 시영 버스. 1일 5회 왕복 운행하며, 여름 휴가 시즌에는 2회 임시 증편한다. 약 20분 소요.
요금 370엔 (어린이는 반값)
홈페이지 www.city.sakaide.lg.jp/soshiki/seisaku/sieibus.html

렌터카
다카마쓰공항, 또는 일정에 따라 JR 다카마쓰역과 JR 고토히라역에서 렌터카를 이용하면 된다. (046~047p 렌터카 이용법 참고)

✦✦✦ Plus Info ✦✦✦

가가와・곤피라 관광안내소 かがわ・こんぴら観光案内所
가는 법 JR 고토히라역에서 도보 10분, 고토히라궁 계단 입구 앞
주소 香川県仲多度郡琴平町811
전화 0877-75-3500 오픈 10:00~17:00
홈페이지 www.kotohirakankou.jp

마루가메시 관광안내소 丸亀市観光案内所
가는 법 JR 마루가메역 내
주소 香川県丸亀市新町6-2
전화 0877-22-0331 오픈 09:00~17:30
홈페이지 www.love-marugame.jp

사카이데시 관광안내소 坂出市観光案内所
가는 법 JR 사카이데역 내
주소 香川県坂出市元町1-1-1
전화 0877-45-1122 오픈 09:00~17:30
홈페이지 sakaide-kankou.com

사카이데시 & 마루가메시 & 고토히라
📍 2일 추천 코스 📍

예스러운 온천마을과 유서 깊은 신사가 자리한 고토히라에서 일본의 정취를 느끼고, 마루가메와 사카이데의 미술관으로 아트 투어를 떠나는 1박 2일 여행을 계획해 보자.

 1일차

→ 도보 10분 →

가가와 현립 히가시야마 가이이 세토우치 미술관
따뜻한 색감의 동화적인 미술 작품 감상하기

세토대교 타워
360도로 빙글빙글 도는 전망대에서 세토 내해 전망하기

→ 버스 20분 + JR 열차 8분 + 도보 2분 →

잇카쿠 마루가메 본점
육즙 가득한 명물 닭 요리 호네쓰키도리로 점심 식사

↓ 도보 2분

← 도보 10분 + JR 열차 20분 + 송영 차량 10분 ←

← 도보 15분 ←

고토히라 가단
아름다운 정원을 가진 프라이빗 료칸에서 하룻밤

마루가메성
웅장한 돌담 따라 천수각까지 오르기

마루가메시 이노쿠마 겐이치로 현대미술관
아이와 어른이 모두 즐거운 역 앞 미술관 탐방하기

2일차

고토히라 가단

→ 도보 10분 →

나카노 우동 학교
내가 만든 사누키
우동으로 점심 식사

→ 고토히라궁 입구까지 도보 10분 →

고토히라궁
본궁까지 785계단을 올라
'행복의 부적' 사기

↓ 도보 10분

**옛 곤피라 대극장
가네마루자**
가장 오래된
가부키 극장 구경하기

← 도보 5분 ←

기노쿠니야 본점
상점가에서 곤피라
기념품 쇼핑 즐기기

← 도보 20분 ←

가미쓰바키
파르페로 달콤한
디저트 타임

SEE

| 사카이데시 |

예술과 건축이 조화로운 미술관
가가와 현립 히가시야마 가이이 세토우치 미술관
香川県立東山魁夷せとうち美術館

따뜻한 색감과 몽환적인 화풍의 작품으로 유명한 일본 화가 히가시야마 가이이(1908~1999년). 일본의 국민화가라 일컬어지는 그의 작품을 소장 및 전시하는 미술관이 사카이데시에 있다. 화가의 가족 연고지인 것이 인연이 되어 그의 판화 작품 270여 점을 기증받아 2005년 개관했다. 세토 내해가 바로 앞에 펼쳐지고 그 너머로 세토대교가 보이는 부지에 다니구치 요시오谷口吉生의 설계로 완성된 미술관은 단아하면서도 절제된 공간미를 느낄 수 있다. 미술관 곳곳에서 세토 내해의 전경을 오롯이 담아내고 있는데, 특히 카페에서 바라보는 바다 풍경이 매우 근사하다. 소장 작품뿐 아니라 나가노현 시나노 미술관·히가시야마 가이이관, 효고 현립미술관 등에서 작품을 대여해 전시 내용이 충실하다. 소도시의 작은 미술관이지만 아름다운 그림과 건축을 보기 위해 사람들의 발길이 끊이지 않는다.

Data 지도 377p 가는 법 JR 사카이데역에서 시영 버스 또는 승합 택시 타고 약 20분 후 비주쓰칸마에 美術館前 하차 주소 香川県坂出市沙弥島字南通224-13 오픈 09:00~17:00 휴관 월요일, 12/27~1/1 요금 성인 310엔, 고등학생 이하 무료(기획전 별도) 전화 0877-44-1333
홈페이지 www.pref.kagawa.lg.jp/higashiyama/

360도 빙글빙글 전망 타워
세토대교 타워
瀬戸大橋タワー

시코쿠의 관문이자 오카야마현의 구라시키시와 가가와현의 사카이데시를 잇는 총 연장 13.1km의 장대한 세토대교를 가장 가까이서 볼 수 있는 곳이다. 지상 108m로 우뚝 솟은 타워는 360도로 빙글빙글 돌며 세토대교와 세토 내해의 섬, 세토대교 기념공원 등을 조망할 수 있다. 시설은 꽤 낡았지만 기대 밖의 흥미진진한 풍경이 펼쳐진다. 세토대교 타워가 자리한 세토대교 기념공원은 1988년 세토대교 개통을 기념해 세토대교 박람회가 열린 곳이기도 하다. 그 역사를 전시한 기념관이 자리했는데, 기념관 2층 전망대에서 바라보는 풍경은 또 다른 느낌이다.

Data 지도 377p **가는 법** JR 사카이데역에서 시영 버스 타고 약 20분 후 세토오하시키넨코엔 瀬戸大橋記念公園 하차 **주소** 香川県坂出市番の州緑町6-6 **오픈** 09:00~17:00(타워 입장 16:20까지) **휴관** 월요일(공휴일이면 그다음 날) **요금** 성인 800엔, 중학생 이하 500엔/기념관 입장 무료 **전화** 0877-46-8791 **홈페이지** www.setoohashitower.com

| 마루가메시 |

모두를 위한 역 앞 미술관
마루가메시 이노쿠마 겐이치로 현대미술관
丸亀市猪熊弦一郎現代美術館

가가와현 출신으로 뉴욕에서 활동한 화가 이노쿠마 겐이치로 (1902~1993년)의 작품 2만여 점을 소장하고 전시하는 미술관. 미모카MIMOCA라는 애칭으로 불린다. 미술관으로서는 드물게 역 바로 앞에 자리하고 있는데 이는 미술관의 설립 철학과 관련이 깊다. 이노쿠마 겐이치로는 지역 주민, 특히 아이들이 언제든 편하게 찾아와서 창조적인 현대 예술을 만날 수 있는 곳이 되길 바랐다. 이러한 생각을 건축가 다니구치 요시오谷口吉生와 함께 공유하였고, 마치 하나의 예술 작품 같은 미술관이 탄생하였다. 어린 아이의 낙서 같은 독창적인 벽화와 형형색색의 오브제가 놓인 광장은 자연스럽게 외부로부터 미술관 안으로 이어주는 역할을 한다. 자연 채광이 들어오는 내부는 개방적이면서 따듯한 분위기가 감돈다. 미술 관련 서적을 볼 수 있는 도서관과 강연회나 콘서트가 열리는 뮤지엄 홀, 다양한 워크숍이 진행되는 조형 스튜디오 등 전시 이외에 여러 측면에서 예술을 경험할 수 있다. 3층의 옥상 정원에 작은 폭포 공간과 카페 레스토랑도 자리한다. 다카마쓰시의 '마치노슈레963'이 프로듀스한 음식과 디저트를 즐길 수 있다.

Data 지도 379p-A
가는 법 JR 마루가메역 남쪽 출구에서 도보 1분
주소 香川県丸亀市浜町80-1
오픈 10:00~18:00
휴관 월요일, 12/25~31 및 전시 교체를 위한 임시 휴관
요금 성인 300엔, 대학생 200엔, 고등학생 이하 무료(기획전 별도)
전화 0877-24-7755
홈페이지 www.mimoca.org

웅장한 돌담의 성
마루가메성 丸亀城

해발 66m의 가메야마산 위에 축성된 마루가메성은 시내 어디서나 볼 수 있는 랜드마크이다. 에도 시대 건립되어 현존하는 12덴슈카쿠(천수각)의 성 중 하나로 그 역사가 400여 년에 이른다. 해자 뒤편으로 중요문화재이자 성의 입구인 오테니노몬大手二の門과 오테이치노몬大手一の門을 지나면 꽤 가파른 언덕길을 따라 산노마루와 니노마루, 혼마루까지 차례대로 접근할 수 있다. 마루가메성은 '돌담의 성'이라 불릴 정도로 웅장한 돌담이 유명하다. 부채꼴 모양으로 기울어지고 삼단으로 쌓아올린 돌담은 그 높이가 60m에 이르는 일본 최대 높이를 자랑한다. 덴슈카쿠의 높이는 14.5m로 아담한 편이지만 고지대에 조성되어 있어 조망이 탁월하다. 전망대에 오르면 시가지와 함께 세토 내해와 세토대교까지 한눈에 조망할 수 있다.

Data 지도 379p-D 가는 법 JR 마루가메역 남쪽 출구에서 도보 10분 주소 香川県丸亀市一番丁 오픈 09:00~16:30 요금 천수각 입장료 성인 200엔, 어린이 100엔 전화 0877-22-0331 홈페이지 www.marugame-castle.jp

| 고토히라 |

행복의 노란 부적
고토히라궁 金刀比羅宮

고토히라궁은 '곤피라상'이라는 애칭으로 불리는 바다의 수호신을 모신 신사다. 에도 시대에는 서민들이 고토히라궁을 방문하는 것이 크게 유행했다. 현재도 연간 300만 명이 다녀간다. 조즈象頭산 중턱에 자리한 고토히라궁을 가려면 끝없이 펼쳐진 계단 길을 올라야 한다. 본궁까지 785계단, 안쪽 신사인 오쿠샤奧社까지는 1,368계단이다. 돌 계단을 오르는 방문객을 위해 기념품 가게나 관광 안내소에서 대나무 지팡이를 대여해 주기도 한다.

계단 양 옆으로 점포가 즐비한 상점가를 지나면 365계단에 신사의 정문인 오몬大門이 나오고 본격적인 참배길이 시작된다. 예전에는 고토히라궁을 사정상 못 오는 사람들을 위해 대리 참배도 가능했다. 심지어 개를 보내기도 했다고 전해진다. 신사 곳곳에 자리한 개 동상은 고토히라궁의 인기를 대변해 준다. 국보급 미술품이 자리한 서원을 지나 화려한 조각 장식의 아사히샤旭社가 보이면 본궁에 거의 다 왔다는 의미다. 본궁에 오르면 사누키 평야와 시내가 훤히 내려다보인다. 날이 좋으면 세토 대교도 볼 수 있다. 본궁에 오면 너나 할 것 없이 '행복의 노란색 부적'을 구입한다. 더 높은 곳의 오쿠샤까지는 깊숙한 산길이 이어진다. 힘이 드는 만큼 더욱 웅장한 전망을 마주할 수 있다.

Data 지도 381p-D 가는 법 JR 고토히라역 또는 고토덴 고토히라역에서 계단 입구까지 도보 10분
주소 香川県仲多度郡琴平町892-1 오픈 오몬 06:00~18:00, 본궁 07:00~17:00, 오쿠샤 09:00~16:30
요금 무료 입장 전화 0877-75-2121 홈페이지 www.konpira.or.jp

사누키 우동 내 손으로 만들어 먹기
나카노 우동 학교 中野 うどん学校 琴平校

남녀노소 누구나 사누키 우동을 손쉽게 만들어볼 수 있는 체험교실. 일본에서 최초로 우동 만들기 교실을 열어 100년 넘는 역사를 자랑한다. 전문 우동 장인에게서 밀가루 반죽부터 밀대로 얇게 편 후 칼로 썰어 면을 만들고 끓는 물에 삶아 먹는 과정까지 1시간 가량 우동 만드는 방법을 전수받는다. 친절하고 자세한 설명으로 어린아이도 쉽게 따라 할 수 있는 수준이다. 또한 신나는 음악과 구령에 맞춰 족타 반죽을 하다 보면 스트레스까지 확 풀리는 기분. 체험 종료 후에는 간단한 졸업식과 함께 인증서를 받고 기념 촬영을 할 수 있다. 친구나 가족끼리 추억을 만들 수 있는 체험으로 인기가 높다. 체계적인 수업 과정과 넓은 교실을 갖춰 500명까지 단체도 소화 가능하다. 고토히라궁으로 가는 계단 입구 인근에 자리한다. 다카마쓰 시내에 분교도 있다.

나카노 우동 학교 1층에는 사누키 우동 만들기 패키지를 판매하는 넓은 매장이 자리한다. 기념품이나 선물로 인기 만점. 가가와현 전통 과자인 구슬 모양의 '오이리おいり'를 뿌린 귀여운 소프트아이스크림도 있다.

Data 지도 381p-E
가는 법 JR 고토히라역에서 도보 10분 또는 고토덴 고토히라역에서 도보 7분
주소 香川県仲多度郡琴平町796
오픈 09:00~15:00 (체험), 08:30~18:00 (매장)
요금 우동 체험 1인 1,600엔 (15인 이상 단체 1인 1,500엔)
전화 0877-75-0001
홈페이지 www.nakanoya.net

참배 후에 즐기는 온천
곤피라 온천향 こんぴら温泉郷

고토히라궁 아래 자리한 작은 온천마을로 신사를 돌아본 후 피로를 풀기에 안성맞춤이다. 무색 투명하고 온도가 그리 높지 않아서 남녀노소 누구나 부담 없이 즐길 수 있다. JR 고토히라역에서 고토히라궁에 이르는 거리를 따라 10곳의 온천 료칸 및 호텔 점점이 흩어져 있다. 유명 관광지인 고토히라궁이 가까운 만큼 숙박 요금이 다소 비싼 편이다. 온천 숙소 중에 당일 입욕만 가능한 곳이 몇 군데 있으니 관광 안내소에 문의해 보자. 전세 온천탕이 있는 경우에는 가족끼리 또는 홀로 오붓하게 이용할 수 있다.

Data 지도 381p-B
가는 법 JR 고토히라역 또는 고토덴 고토히라역에서 하차
홈페이지 www.kotohirakankou.jp/hotel

최고의 가부키 극장
옛 곤피라 대극장 가나마루자

旧金毘羅大芝居「金丸座」

1835년 곤피라 대극장으로 문을 연 가나마루자는 일본에서 현존하는 가장 오래된 소극장이다. 에도 시대 이 지역은 고토히라궁의 참배객으로 붐비면서 연극, 스모, 인형극 등의 공연도 성황을 이루었다. 그 당시의 붐을 되살리고자 옛 극장이 이축 및 복원되었고, 1985년 제1회 '시코쿠 곤피라 가부키 연극'이 다시 막을 올렸다. 현재 매년 봄에 정기적으로 가부키 공연이 개최된다.
공연이 없는 시기에는 극장 내 관람이 가능하다. 1층과 2층 총 730석의 좌석과 전통 방식대로 가부키 공연을 할 수 있는 다양한 무대장치, 가부키 배우 및 스태프의 대기실을 모두 볼 수 있다. 특히 무대 아래에서 인력으로 작동시키는 회전 장치가 눈길을 사로잡는다. 천장에 걸려 있는 등롱은 이 극장의 후원사를 나타낸다.

Data 지도 381p-E 가는 법 JR 고토히라역 또는 고토덴 고토히라역 도보 15분 주소 香川県仲多度郡琴平町乙1241 오픈 09:00~17:00 휴관 공연이 있을 때 요금 입장료 성인 500엔, 중고등학생 300엔, 초등학생 200엔(공연 요금 별도) 전화 0877-73-3846
홈페이지 www.konpirakabuki.jp

| 마루가메시 |

푸짐한 고기 우동
와타야 마루가메점 麺処 綿谷 丸亀店

1948년 문을 연 마루가메의 인기 셀프 우동집. 소고기 또는 돼지고기를 듬뿍 올린 '니쿠 붓카케 우동肉ぶっかけ'은 푸짐한 양에 비해 합리적인 가격으로 인기가 높다. 하프 사이즈도 있으니 자신의 양을 고려해서 주문하자. 다양한 종류로 먹음직스럽게 진열된 튀김과 주먹만 한 크기의 유부 초밥을 골라도 가격이 얼마 되지 않는다. 카운터 맨 왼쪽에서 쟁반을 들고 우동과 사이드 메뉴를 주문해 받은 후 오른쪽 끝에서 계산을 하면 된다. 계산대 뒤편에 고추나 생강 등의 양념과 덴카스天かす(튀김 부스러기)가 있으니 취향대로 더한다. 몇 년 전 매장을 넓힌 덕분에 식사 시간에도 제법 자리가 있고, 대기가 있더라도 금세 자리가 난다.

Data **지도** 379p-A **가는 법** JR 마루가메역 북쪽 출구에서 도보 8분 **주소** 香川県丸亀市北平山町2-6-18 **오픈** 08:30~14:00 **휴무** 일요일·공휴일 **가격** 니쿠 붓카케 우동 510엔, 튀김류 120~140엔, 유부초밥 190엔 **전화** 0877-21-1955 **홈페이지** www.maruwa-wataya.com

가가와현의 '치느님'
잇카쿠 마루가메 본점 骨付鳥 一鶴 丸亀本店

가가와현의 명물 닭 요리 '호네쓰키도리骨付鳥'의 원조 집. 1950년대 할리우드 영화에서 여주인공이 닭다리를 호쾌하게 뜯어먹는 모습을 보고 고안해냈다고 한다. 닭다리를 통째로 오븐에 구워 육즙이 제대로 살아 있고 특제 마늘 양념을 더해 입맛을 돋운다. 단단하고 탄력 있는 육질의 오야도리おやどり와 부드럽고 촉촉한 '히나도리ひなどり' 중 선택할 수 있다. 꽤 짭짤해서 시원한 맥주와 찰떡궁합을 자랑한다. 식사로 할 요량이라면 닭을 넣어 밥을 지은 '도리메시とりめし'를 추천. 같이 나오는 닭 수프도 깔끔하다. 본점은 고급 레스토랑 같은 분위기에 좌석이 넉넉한 편이다. 다카마쓰 시내와 요코하마, 오사카에도 분점이 있다.

Data 지도 379p-A **가는 법** JR 마루가메역 북쪽 출구에서 도보 1분
주소 香川県丸亀市浜町317 **오픈** 11:00~14:00, 17:00~22:00, 주말 11:00~22:00 **휴무** 화요일
가격 히나도리 1,001엔, 오야도리 1,129엔
전화 0877-22-9111
홈페이지 www.ikkaku.co.jp

| 고토히라 |

고토히라궁 길목의 전망 카페
가미쓰바키 神椿

고토히라궁을 오르는 500계단에 자리한 카페 레스토랑. 시원한 에어컨 바람에 달아오른 볼을 식히며 커피 한 잔과 달콤한 디저트를 즐길 수 있다. 탁월한 위치 선정 덕분에 손님이 늘 북적거린다. 숲에 둘러싸인 카페는 전망이 좋다. 도쿄 긴자의 시세이도 팔러에서 운영하는 곳으로 1층에 카페, 그 아래층에 레스토랑이 자리한다. 가장 인기 있는 메뉴인 가미쓰바키 파르페. 과일, 팥, 말차 아이스크림, 와라비 모찌わらび餅 등을 층층이 쌓아 올리고 가가와현 명과인 색색의 오이리로 장식되어 있다.

Data 지도 381p-D **가는 법** JR 고토히라역에서 도보 30분, 고토히라궁 내 **주소** 香川県仲多度郡琴平町892-1
오픈 카페 10:00~17:00 / 레스토랑 런치 11:30~15:0
휴무 화요일(레스토랑만) **가격** 가미쓰바키 파르페 1,230엔
전화 0877-73-0202 **홈페이지** kamitsubaki.com

동네 슈퍼 옆 우동집
스자키 식료품점 須崎食料品店

주택가의 오래된 동네 슈퍼, 그 옆에 간판도 없이 자리한 우동집 스자키는 현지인의 숨은 맛집으로 통한다. 맛도 맛이지만 주문 방식이 재미나다. 메뉴는 차가운 우동과 뜨거운 우동뿐이다. 사이즈를 선택한 다음 주문한 우동 면을 받아 들고 각자 알아서 간장(쇼유), 다진 파, 다진 생강을 올린다. 날계란과 반숙 계란(온센타마고溫泉玉子)을 추가하면 더 맛있다. 따뜻한 우동엔 날계란, 차가운 우동엔 반숙 계란을 추천. 그다음 옆문을 통해 슈퍼로 가면 과일이 놓인 선반에 고로케와 튀긴 어묵이 있으니 추가한 후 슈퍼에서 계산한다. 물이나 음료수를 이때 함께 구매해도 좋다. 그런 다음 밖으로 나와 가게 밖 의자에서 먹으면 된다. 족타로 반죽한 면은 쫄깃하게 탱탱한 식감이 입안에서 춤을 춘다. 고로케는 그 자체로도 맛이 좋지만 우동과의 궁합이 최고다. 다 먹은 후 그릇을 반납하면서 우동 값을 계산하면 된다. 오전에 두 시간 정도만 문을 열기 때문에 오픈 시간에 맞춰 가는 것이 요령이다. 우동 택시(077p)를 신청해 갈 수도 있다.

Data 지도 377p
가는 법 JR 고토히라역에서 차로 15분 또는 우동 택시 이용
주소 香川県三豊市高瀬町上麻3778 오픈 09:00~11:30(면이 매진되면 영업 종료) 휴무 수요일, 그 외 임시휴무 가격 우동 280엔(소)·400엔(대), 날계란 40엔, 반숙 계란 70엔, 고로케 100엔 전화 0875-74-6245
홈페이지 www.suzaki-udon.com

진한 멸치 육수의 우동
미야카와 제면소 宮川製麵所

1950년에 제면소로 창업해 대를 이어 내려온 우동집으로 특히 진한 멸치 육수가 유명하다. 옛 제면소의 모습을 그대로 간직한 건물 안으로 들어가면 모든 과정은 셀프로 이루어진다. 우동 그릇을 집어 들고 소·대·특대 중 선택해 면을 받는다. 그다음 따뜻하게 먹으려면 물이 끓고 있는 솥에 10초 정도 담갔다가 다시 그릇에 담는다. 따뜻한 면에 멸치 육수를 부어 넣으면 가케 우동かけうどん, 차가운 면을 간장 소스에 찍어 먹으면 쓰케 우동つけうどん, 차가운 면에 간장 소스를 뿌리면 붓가케 우동ぶっかけうどん이 된다. 꼭 맛봐야 할 것은 역시 가케 우동. 세토 내해의 큰 멸치가 듬뿍 들어간 황금색 육수는 감칠맛이 남다르다. 쫄깃한 면의 식감을 좋아한다면 붓가케 우동을 추천. 토핑으로 유부, 어묵, 채소 튀김 등을 올려 먹으면 좀더 풍부한 맛을 즐길 수 있다.

Data 지도 377p 가는 법 JR 젠쓰지善通寺에서 도보 10분, 또는 우동 택시 이용 주소 香川県善通寺市中村町1-1-20 오픈 08:00~18:00 휴무 일요일 및 임시 휴무(인스타그램 @miyagawaseimensyo 공지) 가격 우동 210엔(소)·310엔(대)·410엔(특대), 튀김 110~180엔 전화 0877-62-1229

| 고토히라 |

고토히라 명물 만주와 센베이
기노쿠니야 본점 紀の国屋 本店

고토히라궁으로 올라가는 52계단에 자리한 화과자점. 1882년 창업한 이래 고토히라궁의 명물 '이시마쓰 만주石松まんじゅう'와 '후네후네 센베이舟々せんべい'를 한결 같이 구워내고 있다. 촉촉한 계란 카스텔라에 팥 앙금이 가득 들어 있는 이시마쓰 만주는 설명이 필요 없는 익숙한 맛. 돛 모양을 한 후네후네 센베이 같은 경우 할아버지가 솜씨 좋게 굽는 모습에 자꾸 눈길이 간다. 고토히라궁을 오를 때 간식으로 사가면 좋다. 오래된 가게 한쪽에는 가가와현의 특산품 셀렉트 숍이 자리하고 있으니 눈여겨 봐두었다가 내려올 때 구입하도록 하자.

Data 지도 381p-C 가는 법 JR 고토히라역 또는 고토덴 고토히라역에서 도보 12분 주소 香川県仲多度郡琴平町983 오픈 10:00~17:00 가격 이시마쓰 만주 150엔, 후네후네 센베이(2개) 100엔 전화 0877-75-2474 홈페이지 www.kinokuniya52.com

| 고토히라 |

정원이 아름다운 럭셔리 료칸
고토히라 가단 琴平花壇

400년 전 창업해 메이지·쇼와 시대에는 고토히라궁을 참배하러 온 유명 문인도 묵었던 료칸이다. 당시의 별채를 그대로 남겨둔 채 현대적인 호텔이 둘러싸고 있다. 세 동의 별채는 지금도 숙박이 가능하다. 특히, 별채와 어우러진 정원은 일본화를 실사로 보고 있는 것처럼 아름답다. 널찍한 테라스를 통해 정원을 감상하며 족욕을 즐길 수도 있다. 재즈 음악이 흐르고 라이브러리와 바가 자리한 라운지가 분위기 있게 꾸며져 있다.

대나무숲에 둘러싸인 히노키 노천탕에서는 사누키 평야가 펼쳐진다. 일명 '사누키의 후지산'이라 불리는 이노산飯野山이 보이기도 한다. 탕의 규모가 그리 크지 않은 것은 노천탕이 딸려 있는 객실이 있기 때문. 고급스럽고 프라이빗한 분위기에서 온천을 즐길 수 있다. 객실은 일본식 다다미 또는 침대 객실 중 선택 가능하다. 사누키 지역 제철 재료로 차려진 정갈한 식사도 나무랄 데가 없다.

Data 지도 381p-E 가는 법 JR 고토히라역에서 도보 15분 또는 송영 차량 이용 가능
주소 香川県仲多度郡琴平町1241-5 요금 20,900엔~ (2인 이용 시 1인 요금, 조·석식 포함)
전화 0877-75-3232 홈페이지 www.kotohira-kadan.jp

다채로운 탕에서 즐기는 온천 순례
하나노유 고바이테이 華の湯紅梅亭

차분하면서 화려한 느낌의 고급스러운 료칸. 지하 1층과 1층, 8층에 온천 시설이 있어 같은 공간이지만 마치 유메구리(온천 순례)를 즐기는 듯한 기분을 느낄 수 있다. 또한 총 15종의 다양한 분위기의 욕조를 배치해 재미를 더했다. 지하 1층에는 히노키탕에 장미 또는 난초가 아름답게 흩뿌려진 꽃 노천탕과 가가와현 귤이 둥둥 떠 있는 항아리탕이 자리한다. 1층 노천탕은 야외로 탁 트여 있어 좀 더 시원하고 개방적인 느낌을 준다. 8층에는 가족이나 친구끼리 오붓하게 즐길 수 있는 전세 노천탕(유료)이 있다. 다다미방의 일반 객실부터 마사지 의자가 있는 객실, 노천탕이 딸린 객실, 전망 좋고 널찍한 스위트룸 등 맞춤 선택할 수 있다.

Data 지도 381p-B 가는 법 JR 고토히라역에서 도보 7분 주소 香川県仲多度郡琴平町556-1
요금 23,100엔부터(2인 이용 시 1인 요금, 조·석식 포함) 전화 0877-75-1111
홈페이지 www.koubaitei.jp

고토히라 온천의 대중적인 료칸
고토산카쿠 琴参閣

높은 천장의 큼지막한 로비와 단체 손님도 거뜬한 대규모 료칸. 고토히라 온천 숙소 중 한국 관광객을 많이 볼 수 있는 곳이기도 하다. 객실은 로비가 있는 '히텐관飛天の館'과 3층의 통로로 연결된 '산스이관讃水の館'으로 나뉜다. 노천탕이 딸린 고급스러운 방부터 일반 호텔 같은 방까지 예산에 맞게 선택하면 된다. 온천 시설은 3층에 자리했다. 널찍한 실내탕과 바위 노천탕, 장미 히노키탕 등이 있으며 매일 여탕과 남탕이 바뀐다. 숙박객뿐 아니라 당일 입욕객도 많이 찾아 시설 이용이 편리하게 되어 있다.

Data 지도 381p-B 가는 법 JR 고토히라역에서 도보 5분 주소 香川県仲多度郡琴平町685-11
요금 14,650엔~ (2인 이용 시 1인 요금, 조·석식 포함) 전화 0877-75-1000
홈페이지 kotosankaku.jp

SPECIAL PAGE

아와지시마 淡路島

혼슈와 시코쿠 사이에 자리한 세토 내해에서 가장 큰 섬 아와지시마. 일본 탄생 신화의 배경이기도 한 태고의 섬으로 짙푸른 바다와 사시사철 피어나는 꽃이 천상의 화원 같은 풍경을 선사한다. 바다와 땅에서 난 식재료가 풍부해 미식 여행에서 빼놓을 수 없는 섬이기도 하다.

아와지시마 돌아보기

아와지시마 교통

렌터카
여행 일정이나 입국 공항에 따라 다카마쓰공항, 다카마쓰역, 도쿠시마현 도쿠시마역 또는 효고현 고베시에서 렌터카를 이용할 수 있다. (046~047p 렌터카 이용법 참고)

아와지 교통 고속버스 淡路交通 高速バス
간사이공항에서 고베산노미야神戸三宮(효고현) 까지 직통 운행하는 리무진 버스로 이동한 후(1시간 5분 소요) JR 산노미야三ノ宮역 앞 아와지교통·신키 버스터미널淡路交通·神姫バスターミナル에서 고속버스 승차, 스모토 버스터미널洲本バスセンター까지 1시간 25분, 후쿠라福良까지 1시간 30분 정도 소요된다. 미치노에키 우즈시오는 후쿠라에서 무료 셔틀 버스로 30분 더 가야 한다.

요금 JR 산노미야역~스모토버스터미널 2,020엔·후쿠라 2,440엔 홈페이지 www.awaji-kotsu.co.jp/express/

니시니혼 JR버스 西日本JRバス
유메부타이는 JR 신코베역 앞 또는 산노미야 버스터미널에서 출발해 JR 마이코舞子역 앞 고소쿠마이코高速舞子 정류장을 경유하는 고속버스를 타고 갈 수 있다. 고베에서는 45분~1시간, 고소쿠마이코 정류장에서는 약 15분 소요된다.

요금 JR신코베역·산노미야 버스터미널~유메부타이 1,050엔, 고소쿠마이코~유메부타이 590엔(어린이는 반값) 홈페이지 www.nishinihonjrbus.co.jp

*** Plus Info ***

미나미아와지 관광안내소 南あわじ観光案内所
가는 법 JR 산노미야역 앞에서 고속버스 타고 1시간 30분 후 후쿠라(종점) 하차, 우즈시오 도무나나이로관 내 주소 兵庫県南あわじ市福良甲1528-4 오픈 09:00~17:00
휴무 화요일 전화 0799-52-2336 홈페이지 www.awajishima-kanko.jp

스모토시 관광안내소 洲本観光案内所
가는 법 JR 산노미야역 앞 스모토 방면 고속버스 타고 1시간 25분 후 하차(종점), 스모토 버스터미널 내
주소 兵庫県洲本市港2-43 洲本バスセンター内 오픈 09:00~17:00 휴무 목요일 전화 0799-25-5820
홈페이지 www.awajishima-kanko.jp

📍 당일 추천 코스 📍

아와지시마 남단에서 북단까지 섬 전체를 관통하는 드라이브 여행. 소용돌이 크루즈부터 레트로 거리 산책, 세계적인 건축가의 작품까지 다채로운 하루를 보낼 수 있다.

미치노 에키 우즈시오
아와지시마의 맛이 다 모인 특산품 매장 쇼핑하기

→ 관내 →

아와지시마 버거
특산물 양파의 풍미와 식감을 살린 수제 버거 맛보기

→ 차로 15분 →

우즈시오 도무나나이로관
근사한 크루즈를 타고 나루토 해협 유람하기

↓ 차로 35분

기세키노호시 식물원
압도적인 규모의 아름다운 유리 식물원 감상하기

← 도보 5분 —

유메부타이
섬의 풍경과 어우러진 건축 공간 산책하기

← 차로 45분 —

스모토 레트로 거리
옛 상가와 고민가가 즐비한 복고풍 골목 거닐기

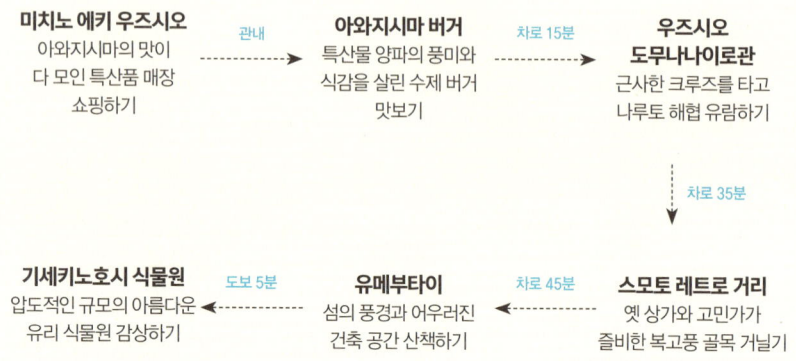

 SEE

안도 다다오의 꿈의 무대
아와지 유메부타이 淡路夢舞台

1960년대 산업화로 인해 헐벗은 땅을 복원한다는 원대한 계획 아래 약 28ha 부지를 사람과 자연이 공생하는 공간으로 재창조한 아와지 유메부타이. 국제 회의장 및 리조트 호텔, 온실 식물원, 야외극장 등으로 이루어져 있지만 이곳의 진짜 주인공은 산책길과 정원이다. 마스터 플랜을 맡은 건축가 안도 다다오安藤忠雄는 '꿈의 무대'라는 이름처럼 그의 모든 건축적 역량을 쏟아부어 작은 녹색 도시와 같은 경관을 완성했다.

홋카이도 수산물 공장에서 가져온 가리비 껍데기 100만 개를 바닥에 깐 수공간 뒤로 우뚝 솟은 기하학적인 형대의 거대한 구조물은 대체로 기능적인 것과는 거리가 멀다. 그보다는 공간 체험을 통해 이곳의 빛과 그림자, 바람, 바다와 하늘을 오롯이 느낄 수 있도록 한다. 타워 포럼과 옥상 회랑, 원형 포럼 등으로 이어지는 건축적 시퀀스는 가장 안쪽에 자리한 100개의 화단 '햐쿠단엔百段苑'에서 절정에 이른다. 1995년 한신 대지진의 피해자를 추모하기 위해 전 세계에서 국화 100종을 모아 조성한 정원 햐쿠단엔은 유메부타이의 심장과도 같다. 흰색, 주황색, 보라색, 노란색의 국화가 화려한 조각보를 만드는 풍경을 3월부터 6월까지 볼 수 있다.

Data 지도 392p-B
가는 법 산노미야 버스터미널에서 히가시우라東浦 방면 고속버스로 45분 후 아와지유메부타이마에淡路夢舞台前 하차. 또는 JR 마이코역 앞 고소쿠마이코 정류장에서 고속버스로 15분 소요
주소 兵庫県淡路市夢舞台2
요금 무료 입장
전화 0799-74-1000
홈페이지 www.yumebutai.co.jp

자연과 사람의 공생
아와지 그린하우스 あわじグリーン館

자연의 경이와 아름다움을 오감으로 느낄 수 있는 온실 식물원. 총 면적 6,700㎡로 압도적인 규모를 자랑하며 높이 17m, 폭 24m, 길이 100m의 거대한 직육면체 두 개가 크로스 되어 있는 형태이다. 가장 높은 곳에서 시작해 점점 단을 내려오면 열대 식물, 온대 식물, 지하에는 고사리 같은 양치 식물로 구성되어 상단과 하단의 온도 차가 5도 정도 난다. 또한 각 전시실에는 진화, 색상, 치유, 문화, 도시 녹화와 같은 키워드를 제시해 자연과 사람의 공생에 대해 다각도로 이해할 수 있는 시간을 제공한다.

Data 지도 392p-B
가는 법 유메부타이 내
주소 兵庫県淡路市夢舞台4
오픈 10:00~18:00
휴관 7·11월 둘째 주 목요일
요금 성인 750엔(특별전 별도 요금), 고등학생 이하 무료
전화 0799-74-1200
홈페이지 awaji-botanicalgarden.com

복고 감성으로 채워진 거리
스모토 레트로 골목 洲本レトロこみち

옛 상가와 고민가를 작은 가게로 살린 골목은 최근 '뉴트로'라는 신조어를 만들며 소도시 여행의 새로운 트렌드가 되고 있다. 400년 전 스모토가와강이 오사카만으로 흘러드는 강 하구에 형성된 아와지시마의 옛 성곽 도시(죠카마치城下町) 스모토시에서도 이런 감성의 골목이 자리한다. 예스러운 간판과 기와지붕 고민가가 잘 남아 있는 100m의 골목 '스모토 레트로코미치'는 빈집에 세련된 카페, 음식점, 잡화점 등이 들어서 복고 감성의 여행자를 불러모으고 있다. 이 골목과 동서로 교차하는 아케이드 상점가는 1960~70년대 분위기를 간직하고 있어서 또 다른 분위기를 느낄 수 있다. 매년 봄과 가을에는 '스모토 레트로 골목 산책洲本レトロなまち歩き'이라는 이벤트를 개최해 평소보다 많은 점포가 문을 열고 각지에서 온 여행자로 북적거린다.

Data 지도 392p-D **가는 법** JR 산노미야역 앞 스모토 방면 고속버스 타고 1시간 25분 후 하차(종점)
홈페이지 sumoto-retro.blogspot.jp

소용돌이 크루즈 여행
우즈시오 도무 나나이로관
うずしおドームなないろ館

최대 직경 20m의 소용돌이를 항해하는 관광 선박이 후쿠라항에서 매일 출항한다. 흰색의 우아한 범선 닛폰마루日本丸호와 날렵한 갈색 범선 간린마루咸臨丸호가 번갈아 운항한다. 소용돌이 가까이 운항하지만 대형 선박이다 보니 흔들림이 적어 어르신이나 아이가 있는 가족도 무리 없이 즐길 수 있다. 넓은 데크 갑판에서 시원한 바람을 맞으며 갈 수 있으며, 소용돌이가 집중된 오나루토교 바로 아래까지 갔다가 다시 돌아오는 데는 1시간쯤 걸린다.

Data 지도 392p-C
가는 법 JR 산노미야역 앞에서 후쿠라선 고속버스 타고 1시간 30분 소요(종점) 주소 兵庫県南あわじ市福良甲1528-1
오픈 09:00~16:00(계절에 따라 다름) 요금 성인 2,500엔, 어린이 1,000엔(유아는 성인 1명당 1명 무료) 전화 0799-52-0054
홈페이지 www.uzu-shio.com

일본 전통 인형극
아와지 인형극장 淡路人形座

'닌교조루리淡路淨瑠璃' 또는 '분라쿠文楽'라 부르는 일본 전통 인형극을 볼 수 있는 상설 극장. 한때 40곳 이상의 인형극단이 있을 정도로 전성기를 누렸던 아와지시마에 남은 유일한 인형극장으로 매일 4회의 정기 공연(10:00, 11:10, 13:30, 15:00)을 올린다. 노能, 가부키歌舞伎와 함께 일본 전통예능의 한 축을 담당하는 닌교조루리는 인형조종사인 '닌교즈카이人形遣い', 반주에 맞춰 이야기를 읊는 '다유太夫', 샤미센 연주자의 합으로 이뤄진다. 세 명의 인형조종사가 각각 인형의 얼굴, 다리, 팔을 맡아 마치 살아 있는 사람처럼 선보이는 정교한 표정과 동작은 닌교조루리의 묘미다. 공연이 없는 시간에는 극장 내부를 둘러볼 수 있으며, 좌석 뒤편에 실제 사용되는 인형과 의상이 전시되어 있다.

Data 지도 392p-C 가는 법 JR 산노미야역 앞에서 후쿠라선 고속버스 타고 1시간 30분 소요(종점)
주소 兵庫県南あわじ市福良甲1528-1 오픈 10:00~17:00 휴관 수요일, 12/25~31(부정기 휴무 있음)
요금 성인 1,800엔, 중·고등학생 1,300엔, 초등학생 1,000엔, 유아 300엔 전화 0799-52-0260
홈페이지 awajiningyoza.com

아와지시마 미식 여행

미치노에키 우즈시오 道の駅うずしお

채소와 육우, 해산물이 풍부해 고대부터 미식의 땅으로 불린 아와지시마. 그 맛을 만끽하기 위해서는 국도 휴게소로 가야 한다. 일본의 국도 휴게소 미치노에키는 휴식이나 식사의 목적뿐 아니라 지역 특산품을 파는 대규모 매장이기도 하다. 도쿠시마현에서 오나루토교를 건너 처음 만나는 미치노에키 우즈시오는 아와지시마의 대표 특산물 양파를 알리겠다는 야심이 돋보이는 곳이다. 입구의 거대한 양파 조형물을 시작으로 양파를 이용한 과자, 수프, 조미료 등 기발한 양파 가공품이 빼곡히 진열되어 있다. 안쪽의 레스토랑은 아와지시마 미식 여행의 방점을 찍는다. 제철 흰살 생선만을 사용한 해산물 덮밥 '시로이 가이센돈白い海鮮丼'과 아와규(소고기)의 특수 부위 4가지를 호사스럽게 담은 '아카이 아부리니쿠돈赤い炙肉丼' 등 아와지시마의 맛을 제대로 즐길 수 있다. 레스토랑 창밖으로 보이는 오나루토교의 장관은 입맛을 한층 돋운다.

Data 지도 392p-C
가는 법 아와지시마미나미IC에서 약 3km **주소** 兵庫県南あわじ市福良丙947-8 道の駅うずしお
오픈 매장 09:00~17:00, 식사 10:00~15:30 **휴무** 목요일
가격 아카이 아부리니쿠돈 2,970엔, 시로이 가이센돈 2,420엔 **전화** 0799-52-1157
홈페이지 eki.uzunokuni.com

양파 버거의 교과서
아와지시마 버거 あわじ島バーガー

각 지역의 특산물을 이용한 전국 버거 대회에서 당당히 1위를 차지한 아와지시마 버거. 주역은 아와지시마 지역의 최대 특산물인 양파다. 대표 메뉴인 어니언 비프 버거オニオンビーフバーガー에는 8mm로 굵게 썬 양파 커틀릿, 슬라이스 생 양파, 바삭하게 튀긴 양파 칩, 시큼하면서 짭짤한 양파 피클, 진한 양파 토마스 소스까지 다섯 가지 맛과 식감의 양파가 아와규(소고기)와 어우러져 빈틈 없는 맛을 뽐낸다. 수제 버거를 한 입 크게 오물거리며 오나루토교와 나루토 해협의 장관을 바라보는 것도 이곳의 묘미. 양파 소프트 아이스크림으로 입가심하면 완벽하다.

본점
Data **지도** 392p-C **가는 법** 아와지시마미나미IC에서 약 3km, 미치노에키 우즈시오 내 **주소** 兵庫県南あわじ市福良丙947-22 道の駅うずしお **오픈** 09:00~16:30 **휴무** 목요일, 12/31~1/1 **가격** 어니언 비프버거 850엔, 양파 소프트아이스크림 400엔 **전화** 0799-52-1157 **홈페이지** eki.uzunokuni.com/etc/hamburger.html

우즈노오카점
Data **가는 법** 아와지시마미나미IC에서 약 1km, 우즈노오카 오나루토교 기념관 내 **주소** 兵庫県南あわじ市福良丙936-3 うずの丘 大鳴門橋記念館 **오픈** 09:00~16:00 **휴무** 화요일, 12/31~1/1 **전화** 0799-52-2888

인기만점 천연 젤라또
지엘무 G.ELM

아와지시마 맛집 검색에서 빠지지 않는 아이스크림 가게. 레트로풍의 아기자기한 외관도 햇살 가득한 섬의 분위기가 잘 어우러진다. 우유, 녹차, 초콜릿, 바닐라와 같은 기본 맛부터 자색 고구마, 망고, 딸기, 귤 등 계절마다 달라지는 10여 가지의 젤라토가 선택을 기다리고 있다. 싱글과 더블 중 선택할 수 있는데, 단연 두 가지 맛을 즐길 수 있는 더블이 인기. 아와지시마 계약 농가의 우유로 만든 진한 우유 젤라토가 대표 메뉴. 여기에 계절 젤라토 하나를 더 골라 먹는 것을 추천한다. 소용돌이 크루즈가 출발하는 후쿠라항과 가까워 접근성도 좋다.

Data **지도** 392p-C **가는 법** JR 산노미야역 앞에서 후쿠라선 고속버스 타고 1시간 30분 후 종점 하차, 도보 3분 **주소** 兵庫県南あわじ市福良甲1530-2 **오픈** 10:00~17:00 **휴무** 수·목요일 **가격** 싱글 330엔, 더블 380엔 **전화** 0799-50-2332 **홈페이지** gelm.amebaownd.com

스마트한 여행준비

스마트폰과 홀리데이 한 권이면 여행준비 끝~!
내 스마트폰 안에 답이 있다!

외국에서도 한국에서처럼 편리하게
스마트폰을 사용하려면 어떻게 해야 하지?

공항에서 입국심사할 때 어렵진 않을까?

낯선 곳에서 길을 잃지는 않을까?

환전은 어디서 어떻게 하는 게 가장 좋을까?

01 스마트폰 데이터

여행 떠나기 전 가장 먼저 챙겨야 할 1단계는 스마트폰 데이터! 스마트폰 안 터지면 우리는 하루도 못 산다. 비행기에서 내리자마자 당장 스마트폰을 쓸 수 있는 방법을 알아보자.

01 가장 핫한 eSIM

요즘 가장 편하고 핫한 데이터 이용법은 이심(eSIM) 이다. 휴대폰에 장착된 디지털 유심을 사용하기 때문에 클립 들고 헤매면서 유심칩을 갈아끼울 필요가 없다. 이메일로 미리 받은 QR코드 스캔하면 끝! 단, 모든 휴대폰이 되는 게 아니라서 내 휴대폰의 기종을 확인해야 한다. 애플의 경우, 아이폰 SE2, XR, XS, XS Max, 아이폰 11 시리즈 이상 기종은 모두 가능하다. 안드로이드의 경우, Flip4, Fold4, 갤럭시 S23 시리즈 및 이상 기종은 모두 사용 가능하다.

그러나 컨트리락이 설정된 휴대폰이나 통신사 자체제작 휴대폰, 아이폰 X 시리즈 이하 모델은 이용이 불가능하다. 특히, 중국 본토나 홍콩, 마카오 등에서 구입한 아이폰은 이심 사용이 불가능하니 참고할 것.

이심은 가격도 저렴한 편이다. 5일 사용 데이터 무제한 상품이 2만 원 정도다. 케이케이데이(www.kkday.com)나 클룩(www.klook.com) 사이트(또는 앱)에 들어가서 예약하면 된다. 도시락통(dosiraktong.com)에서는 와이파이 도시락, 유심칩, 이심(eSIM) 다 살 수 있다.

결제 완료하면 이심 바우처가 메일로 온다. 설명서를 참고하여 실행하면 끝! 주로 출국 당일 인천공항에서 활성화시켜서 가면 일본공항에 내리자마자 바로 빠른 데이터를 사용할 수 있다.

> **TIP 이심 데이터 활성화 방법** (이심 구매하면 사용설명서를 메일로 보내주니까 겁먹지 말자.)
>
> ❶ 설정→셀룰러 ❷ 셀룰러 요금제 추가(eSIM 추가 버튼이 있는 경우도 있음) ❸ 바우처에 있는 QR코드 스캔(QR코드 스캔이 어려울 경우, 메일에 첨부된 활성화 코드 입력해도 된다.) ❹ '계속' 버튼 누르기 ❺ 기존 유심-메인→현지이심-보조→'계속' 누르기 ❻ 기본 회선은 '메인' 누르고 '계속' 누르기 ❼ 셀룰러 데이터에서 '보조' 누르고 ❽ 여행지 도착 후, 셀룰러 누르고 '보조' 누른 후 데이터 로밍 'ON'
>
> ※ 보조 회선에서 '데이터 로밍' 활성화(ON)해줘야 정상적으로 이용 가능

02 일본 선불 유심칩

여행 일주일 전에 쿠팡, 11번가, 도시락, 말톡 등에서 일본 유심칩 검색 후 구매하자. 집에서 택배로 미리 받아뒀다가 일본 도착하자마자 유심칩을 갈아끼우면 평소 한국에서처럼 데이터를 사용할 수 있다. 유심칩 갈아 끼우는 걸 어려워하거나 번거롭다고 생각하는 사람들도 있는데, 막상 해보면 어렵지 않다. 클립처럼 생긴 유심핀과 사용설명서도 다 들어 있으니 보고 그대로 따라만 하면 오케이다.

매일 2기가씩 4일 사용할 경우 유심칩 비용은 16,000원 정도다. 이심 eSIM과 가격은 비슷하고, 자동로밍보다는 싸다. 구매 후, 출국 당일 공항에서 수령할 수도 있다. 사이트에서 구매할 때 수령 방법을 선택할 수 있고, 수령 장소에 대한 안내도 문자로 온다. 유심칩은 장착한 순간 자동 개통되며, 장착한 날부터 24시간 동안 1일 '일수'가 적용된다.

원래 쓰던 유심칩은 반드시 잘 보관해둬야 한다.

※ **말톡** store.maaltalk.com
※ **도시락통** dosiraktong.com

03 포켓 와이파이

'도시락'이나 '에그' 등 손바닥만 한 단말기를 들고 다녀야 한다. 휴대용 무선 공유기를 대여하는 것. 이 공유기 한 대로 최대 5명 정도까지 와이파이를 쓸 수 있다. 유심을 교체하지 않기 때문에 한국에서 쓰던 번호가 그대로 살아 있어서, 국내 전화나 문자 수신도 가능하다. 노트북과 태블릿PC 등 다양한 기기의 와이파이도 동시에 잡을 수 있다. 같은 일정으로 움직이는 일행끼리 함께 사용하면 비용이 저렴하다. LTE 무제한 제공 와이파이 도시락은 6천 원 정도. 6일째부터 장기 사용자는 20% 정도 할인.

여행 4~5일 전에 미리 사이트에서 예약해 놓고 출발 당일 공항에서 수령하면 편하고 가격도 저렴하다. 특히, 성수기에 대여할 경우라면 꼭 미리 예약하자. 귀국 후 공유기 반납은 공항 셀프기에 넣으면 끝! (www.wifidosirak.com)

인천공항 제1터미널 와이파이 도시락 부스는 국제선 1층 7번 출구 옆(24시간 운영)이다. 인천공항 제1터미널 3층 5번 출국장 좌측 (L 카운터 부근 하나은행 옆)에도 있다. 인천공항 제2터미널 와이파이 도시락 부스는 국제선 1층 1번 출구 옆이다. 운영 시간은 06:00부터 22:00까지. 예약 시 선택한 출국시간 4시간 전부터 수령 가능하다.

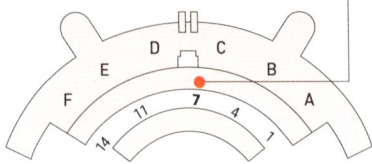

인천공항 제1터미널 1층 도시락 부스 위치.
24시간 운영한다.

인천공항 제1터미널 3층 도시락 부스 위치

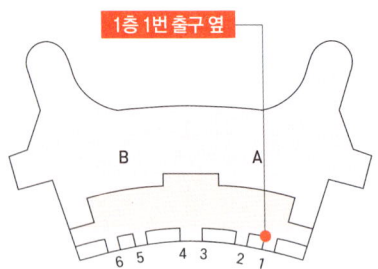

인천공항 제2터미널 1층 도시락 부스 위치

04 자동로밍

가장 편하지만 가장 비싸다. 요즘은 통신사마다 가격 경쟁으로 데이터 할인 상품들이 다양하게 나오고 있지만, 그래도 보통 하루에 1만 원 정도는 한다. 1~2일 여행 갈 때는 괜찮지만, 3일 이상에서는 비추. 출발 전에 내 통신사에 전화해서 해외 자동로밍 서비스의 가격이나 상품 등을 문의하고 신청하자.

02 현지에서 결제하는 다양한 방법

현금 쓸까? 페이 쓸까? 카드 쓸까?

일본 여행 시 현지에서 사용할 수 있는 지불수단은 현금과 페이, 신용카드, 여행 체크카드, QR결제 등 다양하다. 3~4일 정도의 짧은 일정이라면 100% 현금만 사용해도 된다. 하지만 일주일 이상의 여행에서는 현금과 신용카드, 체크카드 등을 섞어서 사용하는 게 낫다. 지불수단에 대해 기본적으로 알아둬야 할 사항을 정리했다.

01 현금 환전

짧은 여행에서 가장 편하게 쓸 수 있는 결제 방법은 현금이다. 긴 여행이라면 모든 돈을 현금으로 바꿔 가기 어려워 별도의 여행 체크카드를 만들기도 하지만, 일주일 이내의 여행에서는 사실 100% 현금만 써도 된다. 특히, 항공과 숙박 등을 미리 결제했다면 현지에서는 쇼핑이나 식대, 교통비 정도만 현금으로 쓰면 된다. 단, 쇼핑은 워낙 개인차가 크니까 값비싼 명품 쇼핑을 제외하면 대략 하루에 10만 원 정도의 예산으로 환전하면 된다.

항상 현금을 가지고 다녀야 하거나 동전이 남는 게 불편하긴 하지만 언제 어떤 곳에서든 현금은 바로바로 사용 가능하다. 도쿄나 오사카처럼 대도시에서야 신용카드 사용에 큰 어려움이 없으나, 일본에는 아직도 신용카드를 사용할 수 없는 가게들이 많다. 그러니 환전은 필수! 가장 알뜰하고 편리하게 환전하는 방법은 무엇일까?

인터넷 환전 주거래 은행 앱이나 인터넷 사이트에서 미리 환전 신청 후 당일 공항 환전소에서 환전 금액 찾기!
이 방법이 기본이다. 꼭 알아두자. 스마트폰에 자신의 주거래 은행 앱을 설치한 뒤 환전 신청하면 끝! 환전은 아무래도 모바일 앱이나 인터넷 사이트에서 직접 하는 게 가장 수수료가 저렴하다. 은행 가기는 번거롭고, 공항 환전소는 비싸다.
우리은행의 앱 우리원뱅킹 환전주머니, 하나은행의 앱 하나원큐의 환전지갑, 국민은행의 KB스타뱅킹 앱에서 외화머니박스, 신한은행의 쏠편한환전 등을 이용하면 간편하다. 스마트폰 사용이 번거롭고 어렵다면 PC를 통해 은행 인터넷 사이트에서 환전 신청을 해도 된다. 은행 사용 실적에 따라 환전 수수료를 최대 90%까지 우대받는다.

> **TIP** 아무도 알려주지 않는 현실팁
>
> 현금을 환전해 갈 때 적당히 쓸 만큼만 바꾸고 남은 현금(특히 짜투리 동전들)은 돌아올 때 공항에서 모두 쓰는 게 낫다. 남은 동전으로 싹 다 결제하고 차액만큼만 신용카드로 결제하면 된다. 환전하고 남은 돈을 다시 한국 돈으로 환전하면 수수료가 이중으로 들고 번거롭기 때문이다.

02 카카오페이나 네이버페이, 애플페이

일본에서는 카카오페이나 네이버페이, 애플페이 등도 사용 가능하다. 물론, 아직 모든 곳에서 사용되는 것은 아니니, 현금과 섞어서 써보자. 알아두면 꽤 편리하다. 페이는 환전 자체가 필요없다. 결제 시 현재 적용환율로 적용된다. 미리 원화를 머니로 충전하여 현장에서 바로 결제하는 방식이다. 따라서 해외 결제 수수료나 환율 수수료도 없다. 단, 실물 카드로는 결제가 불가능하다. '라인페이LINE Pay'나 '알리페이플러스Alipay+' 로고가 붙은 곳에서는 사용할 수 있다.

네이버 라인페이 네이버페이의 일본 이름이 라인페이다. 미리 네이버페이 앱을 깔고 라인 해외결제로 들어간다. 머니를 미리 충전해 놓으면 '현장 결제' 방식으로 쓸 수 있다.
라인페이 사용방법 더 자세히 보기 bit.ly/425b4QR

애플페이 아이폰이나 애플워치 사용자들에게는 애플페이만큼 편한 게 없다. 지하철에서는 아이폰 또는 애플워치를 리더기에 가까이 들고 있기만 하면 게이트를 빠르게 통과할 수 있다. 우리나라에서도 애플페이 출시가 공식화되어, 애플페이를 사용하는 사람들이 늘어날 것이다. 일본에서는 이미 애플페이를 꽤 여러 곳에서 사용하고 있다. 우선 대표적인 선불 교통카드인 파스모PASMO카드나 이코카ICOCA, 스이카Suica카드에 애플페이로 충전이 가능하다. 대부분의 전철 및 버스, 편의점, 스타벅스에서도 애플페이로 결제가 가능. 애플페이를 사용하기 위해서는 아이폰에서 설정 ≫ 일반 ≫ 언어 및 지역 ≫ 지역 ≫ 일본으로 설정을 변경해야 한다. 앱 목록에서 지갑을 열고 지갑앱에 스이카나 파스모 카드를 등록한다. 카드에 애플페이를 충전해서 사용하면 된다. 실물 파스모 카드 등은 공항에서 환불 가능하지만 앱

카드는 앱에서만 환불할 수 있기 때문에 한꺼번에 너무 많은 돈을 충전하지 말 것.
애플페이 사용방법 더 자세히 보기 apple.co/3JFgavX

카카오 알리플러스페이 카카오페이의 해외결제를 알리페이라고 부른다. 카카오톡 오른쪽 아래의 '점 3개(…)'를 눌러 지갑 화면을 열고, 송금/결제/자산 글씨에서 결제를 선택한다. 그다음 바코드 밑의 ▼를 눌러 해외결제를 선택한다. QR로 스캔하여 결제도 가능하다. 물론, 사용할 카카오머니는 미리 충전해 두어야 한다.

03 트래블월렛 카드와 트래블로그 카드

해외여행에 특화된 체크카드다. 트래블월렛 카드는 동남아시아 등 좀더 다양한 해외 여행지에서 사용할 수 있고, 일본 여행 시에는 트래블로그가 더 편하다. 세븐일레븐 편의점의 ATM에서 트래블로그 카드로 인출하는 게 더 쉽기 때문이다. 환전, 결제, ATM인출까지 편하고 다양하게 쓸 수 있는 여행 체크카드. 장기여행자나 해외여행을 자주 다니는 사람은 하나쯤 만들어도 좋겠다.

트래블월렛 카드 트래블월렛은 38개국의 다양한 외화를 충전할 수 있다. 수수료 없이 외화를 충전하고 결제하고, 현지 ATM으로 외화를 인출해서 사용할 수 있다는 게 특징이다. 단, 현금 인출 시의 수수료는 나라마다 다르니 확인할 것. 충전해서 쓰고 남은 외화는 다시 원화로 다 돌려받을 수 있고 이때 수수료도 없다. 트래블월렛 앱을 깔고 나의 계좌를 등록한 뒤 실물카드나 모바일 카드를 신청하면 된다. 물론 앱에서 즉시 충전도 가능하다. 실물 카드는 신청 후 배송까지 시간이 걸리므로, 필요하다면 여행 전에 미리미리 받아두자.
트래블월렛 사용방법 더 자세히 보기 bit.ly/42b7jJt

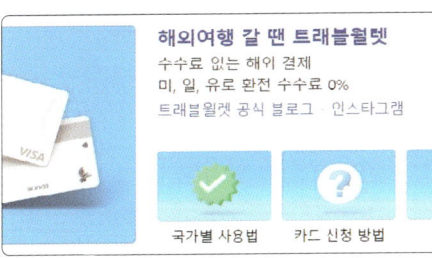

트래블로그 카드 트래블로그 카드는 하나은행 계좌가 있어야 한다. 달러, 유로, 엔화, 파운드화에 특화되어 있고, 캐나다와 중국, 호주, 싱가포르까지는 외화 충전이 가능하다. 나머지 나라들의 통화는 미국 달러로 충전해야 한다. 일본 여행 시에는 트래블월렛 카드보다 트래블로그 카드를 더 많이 쓴다. 일본 ATM 수수료가 무료이기 때문이다. 하지만 모든 곳에서 다 무료는 아니니 확인이 필요하다. 또 트래블로그는 사용 후 남은 외화를 원화로 다시 돌려받을 때 5% 정도의 수수료를 내야 한다는 단점도 있다.

04 VISA, MASTER 등 신용카드

아무리 현금 좋아하는 일본이라도 백화점이나 공항 면세점, 큰 레스토랑 등에서는 다 신용카드를 쓸 수 있다. 그러니 비상용으로라도 꼭 하나 정도의 신용카드는 챙기는 게 좋다. 단, 해외에서 원화로 결제하면 별도의 수수료가 발생한다. 여행 전 미리 해외 원화결제 서비스(DCC·Dynamic Currency Conversion)'를 차단할 것. 신용카드의 영문이름과 여권의 영문이름이 같아야 하는 건 기본이다.

03 길찾기는 구글맵 Google Maps이 원탑!

여행 가이드북은 더 이상 길찾기 용도가 아니다. 길찾기는 가이드북이 아니라 스마트폰으로 하는 게 맞다. 구글맵 하나면 끝난다. 훨씬 쉽고 편하고 정확하다. 유명 관광지, 교통편, 환승역, 주변 맛집의 평점까지 다 볼 수 있다. 데이터 빵빵하게 가지고 구글맵만 켜면 어디든 찾아갈 수 있다. 국내에서는 구글맵보다 카카오맵이나 네이버 지도를 많이 쓴다. 의외로 구글맵을 안 써본 사람들이 많다. 하지만 걱정할 것 없다. 방식은 똑같다. 직접 해보면 너무 쉽다. 일단 해보자!
맵스고 Maps Go나 다른 길찾기 앱도 있지만 No.1은 역시 구글맵이다. 공유 택시 등 다른 교통수단과 연계하기에도 구글맵이 낫다. 길찾기뿐만 아니라 도로교통 상황, 맛집 리뷰 쓰기 등도 이 앱에서 모두 가능하다.

01 구글맵 사용방법

❶ 구글지도 앱 다운로드 (무료)
❷ 구글 회원가입, 계정 만들어 로그인
❸ 앱 열어서 검색창에 목적지 한글로 쓰기
❹ '경로' 누르기
❺ 자동차, 대중교통, 도보, 차량 공유 서비스 등 이동수단 선택
❻ 이동시간과 경로가 표시된다
❼ 오른쪽 아래 나침반 누르면 현재 위치가 표시됨
❽ 따라서 이동하면 하면 끝

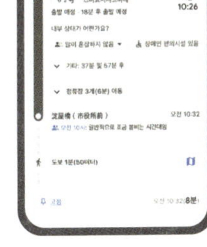

02 오프라인 구글맵 저장방법과 사용방법

도쿄나 오사카 같은 대도시에서는 필요 없지만 소도시에서는 필요할 수도 있다. 알아는 두자. 알아두면 쓸 데 있다. 스마트폰의 데이터가 없거나 안 터져서 구글맵을 켤 수 없는 상황! 상상만으로도 정말 멘붕, 낭패다. 이럴 땐 미리 저장해둔 오프라인 지도가 큰 역할을 한다. 꼭 가보고 싶은 주요 스폿을 찍고 미리 저장해 두자. 방법은 간단하다.

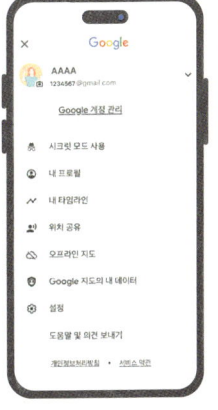

❶ 구글맵 열고 로그인
❷ 오른쪽 위의 내 프로필 사진 누르기
❸ 오프라인 지도 선택
❹ 내 지도 선택하여 다운로드
❺ 다운로드가 완료되면 '다운로드된 지도 목록'에서 사용 가능
❻ 다운로드 기간은 30일

※ 단, 온라인 구글맵보다 기능이 제한된다. 저장된 목적지까지 데려다주긴 하지만 실시간 교통정보나 장소 검색 등은 안 될 수 있다. 참고할 것.

04 일본 여행 가기 전에
꼭 깔아야 할 필수 앱

스마트폰 활용은 '앱'에 달렸다. 아래의 필수 앱만 깔고 잘 이용하면 전문 가이드 뺨친다! 얼마든지 편하고 쉬운 여행을 스스로 해낼 수 있다.

01 필수 앱

구글맵

길찾기와 맛집 검색 등 이동에 필수 앱! 독보적 원탑이다! 복잡한 종이지도 보면서 헤매지 말고 구글맵을 따라가자. 대중교통 실시간 정보와 맛집 정보도 구글맵에서 다 확인할 수 있다.

네이버페이 또는 애플페이

환전 수수료도 아끼고, 동전도 필요 없는 결제 필수 앱이다. 네이버페이를 사용하기 전까지만 해도 일본 여행을 가면 항상 이코카나 스이카 같은 일본교통카드를 사용했다. 우리나라의 티머니 같은 카드. 이런 교통카드를 만들면 지하철이나 버스 이용 시 매번 자판기 앞에서 헤맬 필요가 없으니까 너무 편하다. 하지만 이제 점차 교통카드는 네이버페이로 넘어가는 추세다. 물론 아직 오사카 돈키호테 몰이나 이자카야 같은 데서는 네이버페이를 사용할 수 없지만 곧 페이 사용이 훨씬 늘어날 것이다. 꼭 사용해 보자.

파파고

대표적인 번역 앱이다. 일본어 모르면 무조건 파파고에게! 가끔 잘못 알려주기도 하지만 그래도 일 잘한다.

02 추천 앱

Japan Travel

여행자에게 맞는 최적의 가이드를 제공한다.

일본여행끝판왕

짠내투어, 배틀트립, 원나잇푸드트립 등에 나온 맛집을 모두 담은 앱. 환율계산기, 여행정보 등을 모두 담고 있다. 데이터 없이 무료사용 가능

재팬 트랜짓 JapanTransit

일본 현지인도 많이 쓰는 재팬 트랜짓. 구글맵과 함께 지하철 앱으로 같이 쓰면 좋다.

일본의 열차 카드 잔액 확인

20년 전에 쓰다 남은 스이카 교통카드 잔액까지 확인된다는 리뷰가 있을 정도다.

재팬 오피셜 트래블

일본정부관광국에서 만든 일본 여행 앱. 가볼 만한 곳과 도로, 철도 등의 정보가 있다.

누아 메트로 NUUA metro 오프라인 지하철 앱이라 데이터 없이도 사용할 수 있다.

05 일본 입국 시 필수 절차
비지트 재팬 웹 Visit Japan Web 등록하기

www.vjw.digital.go.jp/

입국 수속을 사전에 등록하는 편리한 방법을 소개한다. 일본 입국 패스트 트랙 서비스. 사이트에 들어가 미리 등록하면 빠른 입국심사가 가능하다. 입국심사, 검역, 세관신고 관련 정보를 사전에 웹사이트에 등록해 놓는 절차다. 2022년 11월부터 검역 패스트트랙과 입국심사 및 세관신고 기능을 했던 MySOS 어플과 웹사이트가 비지트 재팬 웹으로 통합되었다. 물론 종이 수속도 가능하긴 하나, 스마트폰으로 해두면 훨씬 빠르게 공항 밖으로 나갈 수 있다. VJW 등록을 적극 권장한다. 어렵지 않으니, 사이트에 접속하여 순서대로 따라해보자. 미성년 자녀가 있는 경우, 부모는 각자 개인정보를 등록하고 자녀는 부모 중 한 사람이 등록하면 된다.

※ 자세한 입국, 방역, 패스트트랙 관련 문의는 일본 후생노동성 콜센터를 이용하자.

전화 001-81-50-1751-2158 / 001-81-50-1741-8558 운영시간 매일 09:00~21:00(한국어 응대 가능)

Visit Japan Web 계정 생성 방법

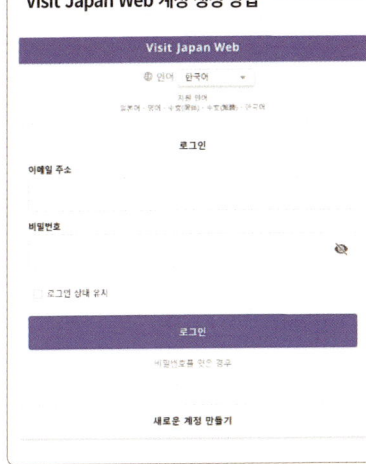

❶ 처음이라면 Visit Japan Web 사이트 들어가서 먼저 새로운 계정을 만들어요.
❷ 계정 만들 때 입력한 이메일로 코드와 날아오면, 날아온 확인코드를 입력해요.
(본인 확인 과정임!)
❸ 본인 확인 후 여행 가는 사람의 정보를 차근차근 입력해요. 입국수속은 각자 개개인이 모두 해야 해요. (일행 한 사람이 대표로 하는 거 아님!)

INDEX

📷 SEE

24개의 눈동자 영화마을	347
가가와 현립 히가시야마 가이이치 세토우치 미술관	376
가류 산장	298
간카케이 로프웨이	343
겐 이와타 마더앤차일드 뮤지엄	283
고라쿠엔	183
고미노이치	236
고산지	162
고칸도	153
고테이	153
고토히라궁	380
곤피라 온천향	383
구 가사이 저택	138
구 하마다의원	259
구라시키 미관지구	205
구라시키 아이비스퀘어	207
구레시 해사 역사 과학관	130
구루시마 해협 급류관람선	280
기로산 전망대	280
기비쓰 신사	186
긴료 간장	346
나오시마 센토 아이러브유	365
나오시마 홀	368
나오시마항 터미널	368
나카노 우동 학교	382
노자키가 염업 역사관	209
다이쇼인	115
다카마쓰 성터 · 다마모 공원	318
다케하라 마치나미 보존지구	136
대관람차 구루린	253
데시마 미술관	351
데시마 요코관	351
도고온천 별관 아스카노유	256
도고온천 본관	255
도고온천 쓰바키노유	256
도모노쓰 뮤지엄	156
도모노우라	154
도코로 뮤지엄 오미시마	282
라 말 드 보아	186
리쓰린 공원	313
마레 그라시아 오미시마	284
마루가메성	379
마루가메시 이노쿠마 겐이치로 현대미술관	378
마루킨 간장 기념관	345
마쓰야마성	249
마치나미 대나무 공방	139
모미지다니 공원	115
목랍 자료관 가미하가 저택	294
미로마을 메이팜	348
미쓰노 와타시	259
미쓰하마	258
미야지마 로프웨이	112
반스이소	252
베네세 하우스 뮤지엄	362
봇짱 가라쿠리도케이	256
봇짱 열차	253
비젠야키 도자기 마을	233
빨간 호박과 노란 호박	365
사이호지 · 후메이카쿠	138
사카노우에노쿠모 뮤지엄	252
상업과 살림 박물관	294
세토대교 타워	377
세토우치 온천 다마노유	223
센스이지마	156
센코지	158
센코지 공원	157
쇼도시마 올리브 공원	341
쇼도시마 올리브엔	342
쇼토엔	131
슈케이엔 정원	101
스모토 레트로 골목	394
스타벅스 커피 도고온천 역사점	254
스타벅스 커피 마쓰야마시역전점	254
스탠드업 패들보딩	114
시마나미온천 기스케노유	279
시오마치 가라코토도리	229
시오마치칸	135
시즈타니 학교	234
시코쿠무라	317
신쇼지 젠토니와노 뮤지엄	152
신코 시계점	134
쓰쿠다니야산 2호점	346
아와지 그린하우스	394
아와지 유메부타이	393
아와지 인형극장	395
아치 신사	208
아트스페이스 아부라카메	185

410

안도 뮤지엄	367	
야마로쿠 간장	344	
야시마	316	
에비스 신사	134	
엔젤로드	347	
옛 곤피라 대극장 가나마루자	383	
오기 교류관	321	
오기지마 도서관	321	
오노미치 U2	160	
오노미치 시립미술관	158	
오니가시마 대동굴	319	
오니가시마 도깨비관	319	
오리즈루 타워	098	
오모이데 소코	299	
오사키시모지마 미타라이 지구	133	
오야마즈미 신사	282	
오즈성	296	
오차야 아토	230	
오층탑	114	
오카야마성	184	
오카야마시립 오리엔트 미술관	185	
오타케 주택	155	
오토리이 나이트 크루즈	114	
오하라 미술관	206	
오하시가 주택	207	
온도 나룻배	132	
온도관광문화회관 우즈시오	132	
온도대교	131	
와슈잔 전망대	210	
요쿠시츠	153	
우시마도 신사	231	
우시마도 올리브 공원	232	
우즈시오 도무 나나이로관	395	
우치코 요카이치·고코구 거리	293	
우치코자	294	
유메지 향토 미술관 본관	184	
이누지마	187	
이누지마 라이프 가든	189	
이누지마 제련소 미술관	188	
이누지마 집 프로젝트	189	
이리후네야마 기념관	130	
이마바리성	278	
이쓰쿠시마 신사	113	
이에 프로젝트	366	
이요나다 모노가타리	298	
이우환 미술관	363	
이쿠치시마	161	
이토 도요 건축 박물관	283	
일본향토완구관	208	
자전거 카페&바 시오마치테	163	
지추 뮤지엄	364	
타월 미술관 이치히로	278	
평화기념공원·원폭 돔	097	
포코펜 요코초	299	
하카타노 시오 오미시마 공장	284	
혼렌지	230	
후나야도 카페 와카초	135	
후지이 주조·사카구라 교류관	139	
후쿠야마성	152	
후쿠젠지 다이초로	155	
히나세	235	
히라야마 이쿠오 미술관	163	
히로시마 미술관	099	
히로시마성	100	
히로시마시 현대미술관	101	

🍴 EAT

10팩토리	263
206 쓰마무	327
가든 카페 미쓰린	324
가미쓰바키	385
가키와이	118
갓포 다코쓰보	103
고마메 식당	354
고시키 본점	262
고요미	355
구니마쓰 핫초보리본점	103
구라시키 라멘 마스야	212
기노시타 쇼텐	238
기리노모리 가시코보 마쓰야마점	265
네오 제온	329
네이버 커피 컴퍼니	213
다나카도	260
다마루 후르츠 카페	104
다마야 상티노레	287
다이카엔	141

INDEX

다코젠	140	
더 커피 바 리트 시티점	194	
데우치우동 쓰루마루	325	
덴신카쿠	118	
도고 맥주관	264	
도고 우오타케	265	
도모노우라 @카페	166	
리테라백	260	
메리켄야 다카마쓰 역전점	328	
멘도코로 미야치	167	
미야지마 브루어리	116	
미야카와 제면소	387	
미야케 상점	211	
미치노에키 우즈시오	396	
바카노 젤라테리아	117	
볼라드 커피	225	
붓가케테혼포 후루이치 나카텐	213	
사누키 우동 우에하라야 본점	328	
사케코보 돗포칸	193	
스가키 식료품점	386	
스타벅스 이쓰쿠시마 오모테산도점	119	
스텔라 카페	237	
시로시타 카페 오모테초점	195	
시마고코로 세토다 본점	165	
시마키친	355	
식당 야마토	192	
신텐치 밋찬	102	
아나고메시 우에노	116	
아사히	262	
아와지시마 버거	397	
아이스나오	369	
아지쓰카사 노무라	190	
야마네코 카페	168	
야마노우에노 로스터리	239	
오마치도 & 프루타스	195	
오마치도 우노항점	225	
오미시마 미나노 와이너리	285	
오사카야 식당	225	
오야쓰토 야마네코	166	
오즈 로바타 아부라야	300	
오카시 토 커피	369	
오카테쓰 상점	164	
오코노미무라	102	
오코노미야키 가몬 에스	191	
오코노미야키 모리	190	
오코노미야키 모리시타	237	
오코노미야키 타쿠	212	
온사야 커피 오모테초점	194	
와타야 마루가메점	384	
우나기 오구라	264	
우도	238	
우미노 레스토랑	356	
우미노에키 시오지	236	
우미에	326	
이마바리 야키토리 마루야	286	
이와무라 모미지야	117	
이치로쿠 혼포	266	
잇카쿠 마루가메 본점	385	
줌 슈바르첸 카일러	300	
지도리 식당	165	
지엘무	397	
친라이켄	141	
카페 바이아 시마나미	164	
카페 엘 그레코	211	
카페BC	263	
코지즈	192	
쿠시도리 다카마쓰점	329	
클라시코	167	
파스타 식당 안토로와	191	
판야코로	167	
페이잔	285	
포레스트 사카구라 모리쿠니 갤러리	353	
하나이치고	195	
하쿠라쿠텐	286	
호리카와	142	
후쿠즈미 플라이케이크	140	
후타바 식당	287	
히노데	261	

🛒 **BUY**

갤러리 사이지	217
고지마 진즈 스트리트	218
구라시키이쇼 아치브랜치	215
기노쿠니야 본점	387
기타하마 블루 스토리즈	332
기타하마 앨리	332
다카마쓰 중앙 상점가	330
데시마 마르셰	356
덴진안	143
도이야초	196
로프웨이 상점가	267

마치노슈레963	331	플라이우드 서버비아	197	베네세 하우스	371
무스타키비	268	하레마치톳쿠 365	198	세키테이	122
무인양품 이온몰 오카야마점	198	하야시 겐조로 상점	214	센추리온 호텔 & 스파 구라시키 스테이션	219
미쓰우쓰와	261	하이카라도리 상점가	269	시마코야	371
미야지마 오모테산도 상점가	120	혼무라 라운지 & 아카이브	370	시쿠로노이에	289
미치노에키 다케하라	144	히로시마 혼도리 상점가	104	써니 데이 호스텔	334
바이스톤	216	히로시마 후데센터	105	아나고노 네도코	171
베터 바이시클스	169			오쿠도고 이치유노모리	272
베티 스미스 청바지 박물관	218	⚓ SLEEP		오하나 게스트하우스	289
북 마루테	332	JR 클레멘트 인 다카마쓰	333	우치코바레	301
빅 카메라 오카야마역앞점	199	JR 호텔 클레멘트 다카마쓰	333	이와소	123
숍 & 카페 미야케 상점	215	게스트하우스 구스시	145	차하루	270
숍 에필로	121	고토산카쿠	389	치산 호텔 히로시마	107
시마쇼텐	106	고토히라 가단	388	텐 토 센 게스트하우스	334
아루네	269	구라시키 아이비스퀘어	219	하나노유 고바이테이	389
야마네타이겐도 갤러리 요	121	구레 한큐 호텔	145	하나주카이	335
에디온 쓰타야 가덴	106	기노에 온천 호텔 세이후칸	146	호텔 리마니	239
오노미치 데님 숍	169	다이와 로이넷 호텔 마쓰야마	272	호텔 미야 리큐	123
오노미치 혼도리 상점가	168	다이와 로이넷 호텔 히로시마	107	호텔 사이클	171
오모리 와로소쿠야	301	다이와 로이넷 호텔 오카야마에키마에	200	호텔 아베스트 그란데 오카야마	200
오카이도 상점가	267	덴쿠 호텔 가이로	357	히바리 테라스	200
오토토 센베이 기사야모토조	331	도고 프린스 호텔	271		
우미노에키 나오시마	370	레후 마쓰야마시에키 바이 베셀 호텔스	273		
이오리	268	마쓰야마 도큐레이 호텔	273		
이온몰 오카야마점	197	미기와테 오치코치	170		
이콧토 니콧토	199				
지자케노 이즈쓰야	217				
컨트리 캣	105				

인덱스 413

꿈의 여행지로 안내하는 친절한 길잡이

최고의 휴가는 **홀리데이 가이드북 시리즈**와 함께~

사진 제공

구라시키시, 고바이테이, 고토산카쿠, 곤피라가단, 베네세 홀딩스, 비젠시, 세토우치 국제예술제, 쇼도시마 관광협회, 오카야마현 관광연맹, 오카야마시, 유메부타이, 에히메현, 오카야마현 관광연맹, 가가와현, 김태용님, 김후진님, 백남재님, 이은영님 사진 협조 감사드립니다.